BIBLIOTHÈQUE
DE PHILOSOPHIE CONTEMPORAINE

L'IGNORANCE

ET

L'IRRÉFLEXION

ESSAI DE PSYCHOLOGIE OBJECTIVE

PAR

L. GÉRARD-VARET

Agrégé de philosophie, Docteur ès lettres

———— ◦❉◦ ————

PARIS

ANCIENNE LIBRAIRIE GERMER BAILLIÈRE ET Cⁱᵉ

FÉLIX ALCAN, ÉDITEUR

108, BOULEVARD SAINT-GERMAIN, 108

1898

L'IGNORANCE

ET

L'IRRÉFLEXION

L'IGNORANCE

ET

L'IRRÉFLEXION

ESSAI DE PSYCHOLOGIE OBJECTIVE

PAR

L. GÉRARD-VARET

AGRÉGÉ DE PHILOSOPHIE, DOCTEUR ÈS LETTRES

—⁂—

PARIS

ANCIENNE LIBRAIRIE GERMER BAILLIÈRE ET Cᵉ

FÉLIX ALCAN, ÉDITEUR

108, BOULEVARD SAINT-GERMAIN, 108

—

1899

INDICATION DU SUJET

———

Trois problèmes peuvent se poser à propos de l'Ignorance : 1º Quelle influence exerce-t-elle sur la pensée ? 2º Quelle influence exerce-t-elle sur l'action ? 3º Que devient-elle quand la science se façonne ? Seul le premier, d'où les deux autres dépendent, fait le sujet du présent travail : on se propose de rechercher quelle peut être la structure de l'intelligence spontanée en qui la réflexion, réduite à de rares et obscures poussées, n'est pas encore devenue un besoin ni une règle.

On ne s'est pas posé la question de savoir si cette intelligence a quelque part fonctionné telle qu'on la dépeint. Ce n'est pas un portrait historique qu'on a prétendu tracer, mais simplement une analyse possible, une théorie où s'encadrent, plutôt que des lois, des *tendances*. Naturellement ces tendances ont entre elles tantôt des affinités, tantôt des répulsions ;

elles se cherchent ou elles se fuient, elles visent à se composer en systèmes. Pourtant là encore il s'agit plutôt d'une *tendance* que d'une réalité. Une connexion logique n'est pas nécessairement et uniquement une concomitance. Les besoins et les idées qui semblent se tenir, en fait ne vont pas d'une même allure ; il en est qui naissent avant les autres, il en est qui survivent longtemps. Dans l'individu et dans la race, la vie, avec sa mouvante complexité, se prête à d'apparentes incohérences. L'homme n'est ni un bloc ni un théorème : comme toute la nature, il obéit à loi souveraine du relatif.

INTRODUCTION

Caractères généraux de l'Ignorance.
Division du sujet.

La pure ignorance est la complète absence de toute idée ; elle se confond avec la pure inconscience. Ainsi comprise, elle ne peut être objet d'observation ni de description. En revanche, entendue en un sens relatif, elle est un état réel de l'esprit, elle exprime une manière de voir et de juger ; elle représente le premier essor de la pensée, antérieur, sinon à toute réflexion, du moins à l'habitude de la réflexion. Elle est l'identité du réel et de l'apparence, et son principe est la passivité mentale.

La terre paraît plate et immobile, donc elle est plate et immobile. Les étoiles semblent être des points lumineux, donc les étoiles sont des points lumineux. Pour la même raison, les couleurs sont des propriétés inhérentes à leurs objets ; la lumière, la chaleur sont de réels fluides qui ont chacun leur vie propre, leur physionomie, leurs qualités. Et si on se figure ainsi les choses d'après leurs représentations, c'est que les représentations sont acceptées sans hésitation et sans mesure. Nos habitudes d'examen et de discussion, chaque jour plus enracinées, font de la réflexion sur la valeur de nos pensées une seconde nature, un instinct acquis. A chaque idée qui se présente nous demandons ses titres, ses origines, ses raisons d'être. Ainsi l'esprit intervient et paye de sa personne. Après mûr examen, il décide de la vérité ou de l'erreur : il est actif.

Au contraire, dans l'ignorance, il est passif. Tout ce que la représentation montre, il l'accepte sans réserve. Quelle qu'elle soit, d'où qu'elle vienne, il l'accueille, il l'installe avec une complète docilité. Et comment en serait-il autrement ? La réflexion, qui suspend son jugement, enveloppe un état de doute, et le doute suppose avant lui quelque croyance trompée, quelque attente déçue. Il est donc un phénomène dérivé. La confiance l'a précédé, et la confiance est entière ou elle n'est pas. Or elle remplit les pensées de l'ignorant encore étranger aux surprises de la vie. De là cette crédulité abondante et intrépide qu'on rencontre partout chez les races jeunes, chez les sauvages, chez les enfants.

Ce sont là des faits connus et s'il n'y en avait pas d'autres, il serait inutile d'insister. Mais un problème nouveau se pose, tout un ordre de questions inattendues surgissent dès qu'on se demande si la conscience spontanée a toujours revêtu les mêmes formes, tenu le même langage. L'ignorance, avons-nous dit, est l'identité du réel et de l'apparence : or l'apparence s'est-elle de tout temps maintenue identique à elle-même ? L'ensemble des représentations qui la composent a-t-il conservé à travers toutes les périodes de l'humanité un aspect immuable ? Depuis que l'homme existe, le monde dans ses grandes lignes et dans ses lois n'a pas bougé : les impressions qu'il envoie à l'esprit n'ont donc, elles aussi, dans leurs grandes lignes, pas changé. Mais les attroupements de ces impressions, leurs modes d'assemblage, leur physionomie ont-ils été les mêmes aux époques primitives qu'à la nôtre ? Ou bien, au contraire, ne faudrait-il pas plutôt admettre des changements profonds introduits à la longue dans la composition et dans la portée des faits de conscience ? En d'autres termes, dans la multitude actuelle des apparences que façonne en nous le jeu des sensations et des images, n'y aurait-il pas lieu de distinguer de l'inné et de l'acquis, du primitif et du dérivé ? N'y aurait-il pas enfin une évolution des données de la conscience ?

Rappelons d'abord ses données actuelles. Elles sont à la fois très variées et très nettes. Elles forment des ensembles nombreux et divers avec leurs caractères distinctifs, elles constituent des provinces d'idées dont chacune a son régime et ses lois.

La première, la plus solide, sinon la plus étendue, comprend les « états forts », c'est-à-dire les impressions sensibles et les perceptions. Elle correspond à la catégorie du réel actuellement présent. Elle contient tout ce que nous saisissons à chaque moment du monde extérieur. Des images coordonnées autour de sensations initiales, le tout, images et sensations, encadré dans les formes de l'espace et du temps, voilà ce qu'il y a dans ce groupe, voilà le groupe lui-même.

Un autre ensemble, plus vaste et plus riche, est celui des « états faibles ». Ces états offrent tous un caractère commun : ils ne sont la réponse immédiate à aucune excitation extérieure ; ils manifestent l'activité actuelle de l'esprit, ils la représentent, la déterminent et la mesurent : ils sont subjectifs.

Mais ce caractère de subjectivité n'est pas partout égal à lui-même. Aussi les états faibles n'ont pas tous même valeur ni même portée ; ils diffèrent de consistance et d'intensité. C'est qu'ils répondent à des objets divers, et pour cette raison ils se répartissent en des cantons distincts avec des limites tranchées.

Les uns, les plus voisins de la perception extérieure, répondent encore à la catégorie du réel. Seulement la réalité, autrefois aperçue, est absente, soit qu'elle échappe actuellement aux sens à cause de la situation ou de l'éloignement, soit qu'elle ait disparu dans un passé sans retour.

Jusqu'à présent elle n'est que concrète et que sensible : elle s'est traduite en sons et en formes, en odeurs et en teintes. Il y en a une autre, conçue et non plus perçue, qui s'exprime en lois et qui est objet de science. Elle enserre dans son rigide réseau de relations immuables les agitations de la matière, les frissons de la vie, les émotions de la conscience ; et, dans l'esprit, elle se déroule en longues chaînes de notions abstraites, de démonstrations, de vérités rationnelles. Ce troisième ensemble, qui pénètre et enveloppe les deux premiers, est celui des idées générales en qui s'achèvent nos sensations et nos images.

Mais le monde actuel ou passé, avec ses corps, ses êtres et ses lois, n'épuise pas notre capacité de penser. Une quatrième espèce de représentations déborde par delà le réel sur le possible. Elle peuple de ses projets, de ses espérances, de ses conjectures, l'organisation de notre avenir et de celui de nos proches, l'activité collective de la cité, de l'État, de l'Église ; elle décide de la façon de se figurer les grands systèmes de mouvements et de forces, les origines et les destinées ; elle va de l'individu à l'univers, embrassant dans l'un et l'autre ce qui sera et ce qui peut être.

Si lointaines que soient les limites du possible, l'esprit les atteint et les franchit pour se mouvoir dans la zone non moins large de l'imaginaire. De là dans le règne de nos idées une cinquième espèce d'états de conscience, la plus abondante peut-être en productions de tout genre et de toute valeur, fictions des conteurs, métaphores des poètes, chimères des rêveurs, qui, selon les époques et selon les races, jaillissent pâles ou colorées, pauvres ou riches, incohérentes ou harmonieuses, et, comme dans Platon les pigeons de la volière, circulent et voltigent au travers de nos affections et de nos pensées.

Et ces groupes multiples, en dépit de leur diversité, vivent ensemble à l'aise sans se gêner et sans se confondre. Nos idées, pour peu qu'elles nous soient familières, portent avec elles leurs signes distinctifs auxquels nous les reconnaissons sans effort. Tout de suite elles nous disent à quelle catégorie elles se rapportent, de quel ensemble elles font partie ; sans incertitude, sans hésitation, comme d'elles-mêmes, elles se classent comme si chacune avait un nom, une place, un numéro d'ordre. Par exemple, en ce moment où j'aperçois devant moi une table et une lampe, la vision de la mer me poursuit, et si je m'y arrête quelques instants, c'est pour revoir ses teintes infiniment diverses à toute heure du jour, ou bien telle côte tourmentée avec ses soulèvements de roches

à pic ou ses subits affaissements, ses poussées au
large ou ses bonds en arrière. Mais à aucun moment,
court ou long, je ne suis tenté de prendre cette cou-
lée d'images pour un afflux de sensations. Pareillement des vers me reviennent à la mémoire, ceux-ci
par exemple, où, à propos de stalactites, le poète

> .... pense aux âmes affligées
> Où dorment d'anciennes amours ;
> Toutes les larmes sont figées,
> Quelque chose y pleure toujours.

Je goûte dans sa pénétrante saveur l'analogie notée
entre les « pleurs pétrifiés » et le mystérieux état
d'âme. Pourtant cette analogie m'apparaît tout entière
et d'un seul coup, différente des ressemblances que le
savant découvre dans les faits ou que dans ses por-
traits le peintre crée. Pas un instant je ne lui attribue
une réalité extérieure. Dans tout le cours de son expo-
sition je la prends pour une vue de l'esprit limitée à
l'esprit, pour un jeu d'imagination de valeur exclusivement subjective.

Et ainsi dans une intelligence de civilisé vivent à
l'aise, chacune avec son domicile et ses relations, une
multitude d'images et d'idées, impressions du moment, évocations d'années vécues, inquiétudes du
futur, rêves légitimes ou insensés de fortune, de conquête, de gloire, hypothèses de la science et théories
métaphysiques, superstitions naïves et religions raffinées, contes interminables des peuples enfants,
légendes héroïques, batailles de géants et de dieux.
Tous ces modes de pensées, nous les reconnaissons
au passage, nous savons leur nature et leur rang, nous
les contemplons sans les confondre. Ils composent un

monde d'espèces irréductibles où chacune a ses propriétés, son rôle, ses résultats.

Sans doute, la conscience n'a pas toujours un coup
d'œil aussi prompt et aussi sûr. Elle a ses heures où
elle hésite et tâtonne. Souvent une proposition nouvelle se présente, dont nous ne savons d'abord ni la
nature ni la valeur : c'est une étrangère qui sollicite
notre attention et notre examen ; elle exprime peut-
être une loi rigoureuse des phénomènes, ou peut-être
simplement une moyenne, ou peut-être enfin une
coïncidence fortuite, une ressemblance apparente,
pure illusion de causalité ou de corrélation. Et ainsi de
recherches en recherches l'esprit traverse tous les
degrés de l'assentiment, la conjecture, le doute, la
probabilité, la certitude. De plus, il n'aboutit pas toujours. Bien des problèmes restent sans solution.
Mais quoi qu'il arrive, quand une idée nouvelle s'offre
à lui, l'esprit sait d'avance qu'elle n'est pas quelconque, qu'elle a une valeur propre, et par suite, dans la
société mentale où elle s'introduit, un rang à déterminer.

En un mot, variété indéfinie des représentations, de
leurs combinaisons, de leurs espèces, de leurs degrés,
voilà ce que la conscience d'un adulte civilisé atteint
et démêle, voilà pour elle l'apparence.

L'ignorance ne travaille pas sur des données aussi
complexes. Pour elle il n'y a ni tant de catégories, ni
tant de systèmes, ni tant de degrés. Alors que nous
échelonnons nos pensées d'après des règles minutieuses
et que nous les disposons suivant une perspective
savante, elle, au contraire, les ramène toutes à un
même plan et à un même niveau. Elle ne se demande
pas si une chose est réelle ou imaginaire, concrète ou

abstraite, nécessaire ou accidentelle, possible ou impossible : pour elle cette chose est, rien de plus. De
même, l'ignorance ne se préoccupe pas de graduer
ses jugements : elle affirme ou elle nie. Avec elle,
toutes les idées se rapportent au seul type du réel,
toutes les variétés de croyance à la seule certitude.

Maintenant, à quelle espèce de réalité cet uniforme
état de certitude s'applique-t-il ? *A priori* deux
sortes de réponses sont possibles. Ou bien la réalité
est conçue comme extérieure à nous, comme objective; l'esprit commence par projeter au dehors ses
impressions en leur attribuant à toutes une vie propre, indépendante de lui : c'est l'opinion de Spinoza et
de Taine. Ou bien, au contraire, l'esprit rapporte à
soi tous ses états de conscience indistinctement; il se
regarde comme leur origine et leur centre; il ne voit
en eux que ses propres manières d'être; leur vie est
interne et leur réalité subjective. C'est la thèse de
Fichte, plusieurs fois reprise depuis, et, de notre
temps, rajeunie par M. Victor Egger. La première
hypothèse est réaliste, la seconde est idéaliste.

A ne consulter que l'observation intérieure et le
raisonnement, toutes les deux semblent également
plausibles et leurs arguments se valent. Il n'en est plus
de même si, dépassant notre individualité, nous in-
terrogeons d'autres hommes, d'autres races, d'autres
époques. La seconde hypothèse, en effet, ne supporte
pas avec le même bonheur que l'autre le contrôle des
faits. C'est ce contrôle qu'on se propose d'essayer en
étudiant l'interprétation par l'ignorance d'abord des
rapports de la conscience avec les choses, du sujet
avec l'objet, ensuite, dans l'objet, des rapports entre
elles de ses diverses parties.

PREMIÈRE PARTIE

La Conscience et les Choses :
La Passivité.

CHAPITRE PREMIER

La Passivité mentale dans la Philosophie.

On ne peut pas entrer d'emblée dans l'idée que l'ignorance se fait des rapports de la conscience avec les choses. De quelle ignorance en effet s'agit-il? Sera-ce celle de l'antiquité classique? Mais cette période, comparée à d'autres plus anciennes, représente déjà un niveau élevé de connaissances. Parlera--on des sauvages? C'est là une appellation vague; il y a parmi ceux qu'on dénomme ainsi une infinie diversité d'aptitudes mentales. De plus aucune de leurs peuplades ne fournirait un type pur de ce qu'on demande, car derrière elle on concevra toujours une autre race plus arriérée, plus proche de ce que fut peut-être l'humanité primitive.

L'ignorance, pour le psychologue, n'est pas dans un bagage plus ou moins restreint de connaissances; elle n'a ni une date ni un domicile déterminés. Elle est un composé de tendances plutôt que d'opinions, et vraisemblablement ces tendances, à des degrés divers, plus ou moins fortes, plus ou moins mêlées, se retrouvent partout. Dès lors le mieux est, semble-t-il, de les chercher en partant de ce qui nous est le plus familier, c'est-à-dire de notre conscience telle que l'ont façonnée savants et philosophes, puis de remonter par degrés, en s'appuyant d'abord à l'histoire, vers des formes d'esprit de plus en plus lointaines, de plus en plus simples, jusqu'au point extrême qui marque avec la conscience naissante la limite de la pensée. Cette marche régressive montrera que plus la réflexion est riche, plus l'esprit rapporte à lui-même de ses propres états, et qu'au contraire plus son ignorance est grande, plus il diminue son rôle et aliène ses manières d'être.

La détermination des rapports du sujet et de l'objet dans la philosophie moderne repose sur la complète identité qu'unanimement on signale entre la conscience et le moi. Tous les états psychologiques, affectifs ou représentatifs, simples ou composés, ne sont que des modifications du sujet ; la sensation est subjective au même titre que l'image ou que l'idée, et l'excitation qui la provoque n'est à son tour qu'une sensation d'une autre provenance et d'une autre forme. Il s'en suit que, envisagés dans leur développement, les états psychiques ont une origine à eux. Ou bien, suivant l'opinion des innéistes, ils sont l'œuvre de l'esprit ; si des agents étrangers interviennent, ils ne sont que des occasions et des points de départ ; l'esprit fait le reste, triture les éléments que le dehors lui procure, les « informe », les convertit en pensées. Ou bien, suivant le point de vue opposé des empiristes, ils constituent l'esprit loin de provenir de lui ; ils dérivent les uns des autres, et tous ensemble de la sensation ; mais celle-ci à son tour n'est pas seulement l'empreinte des choses en nous, elle est un phénomène original, irréductible dans sa forme aux phénomènes matériels, elle est déjà conscience. Et ainsi aux yeux de tous le monde extérieur se résout en un ensemble de visions intérieures, rêve bien

lié et fondé. Phénoménistes et substantialistes, les
uns et les autres en un sens poussent également à
l'extrême l'activité mentale ; dans tout philosophe de
notre temps il y a un idéaliste.

Au delà de Leibnitz et de Berkeley la même tendance
se retrouve, mais elle n'est plus exclusive, et déjà
l'activité mentale se mêle de passivité. Descartes, il
est vrai, ramène la sensibilité à un mode de réaction
du sujet, à la constatation par celui-ci de l'utile ou du
nuisible ; de plus il fait naître les idées de l'entendement. Pourtant, outre qu'il ne s'explique pas clairement sur leur mode de formation, il en est au moins
une pour laquelle il fait exception : l'infini pensé par
un esprit fini est en effet un scandale logique que
seule l'intervention de Dieu peut faire taire.

Sans doute Descartes se refuse à faire du concept
d'infini une émanation directe de la divinité. A plusieurs reprises, dans les Réponses aux objections, il
s'efforce de le ramener au niveau des autres idées,
d'en faire, de même que celles-ci, l'œuvre de l'homme.
Mais ses efforts restent infructueux, car de toutes parts,
il se heurte à des antinomies. Admet-on en effet que
la notion d'infini vient franchement de Dieu ? Alors
l'esprit est une chose où l'on entre et d'où l'on sort, il
se résout en matière ; ou bien il devient, suivant
l'observation de Gassendi, un simple composé d'idées,
et par là on devance le spinozisme. Veut-on au contraire que cette même notion jaillisse, comme toutes
les autres, des profondeurs du sujet pensant ? En ce
cas sa signification objective s'évanouit. Or cette
signification, Descartes y tient, il la conserve avec
soin. Aussi quoiqu'il fasse, l'idée d'infini garde dans

sa doctrine un aspect et un rôle uniques ; seule elle s'impose à l'esprit qui la subit sans la produire ; ses caractères à part lui font une existence à part ; elle est comme une voix d'en haut, une révélation qui continue dans un milieu naturel le surnaturel.

Avant Descartes, et pour rencontrer une philosophie tout à fait originale sur la connaissance, il faut remonter jusqu'à Aristote. Celui-ci, on le sait, a longuement insisté sur la part de l'esprit. Même à n'envisager que le détail, il ferait plus grande que Descartes l'activité mentale ; celle-ci se manifeste dans toute sensation, dans toute idée ; aucune ne se dérobe à cette action, pas plus l'idée de Dieu que les autres. Mais dès qu'on envisage l'ensemble, les choses changent d'aspect et on s'aperçoit que la passivité, niée de notre temps, déjà acceptée par Descartes, se montre dans Aristote en caractères encore plus saillants. Elle se manifeste en effet dans la doctrine qui fait de l'intellect actif une émanation et comme une parcelle du νοῦς divin. Sans doute il s'agit là d'un des points les plus obscurs de la philosophie aristotélicienne. Mais si l'on s'en tient à une des plus récentes et des plus solides interprétations (1), il n'est pas contestable qu'il y eut dans Aristote au moins une tendance à extérioriser, ou mieux, à « *impersonnaliser* » la pensée. Selon Descartes, l'entendement, bien que créé par Dieu, existe par lui-même avec son individualité qu'entame seule la notion d'infini. Suivant Aristote, c'est tout l'entendement qui dans l'homme s'épanche du dehors. Chaque idée, considérée en elle-même, est notre œuvre. Toutes ensemble ont leur source en Dieu.

(1) Chaignet : *La Psychologie d'Aristote.*

CHAPITRE II

La passivité mentale dans Platon

—

I

En abordant la philosophie de Platon, nous entrons dans un monde nouveau auquel il convient de s'arrêter plus longuement.

M. Fouillée a soutenu qu'entre Platon et Aristote les différences étaient accidentelles et les ressemblances essentielles. Déjà on en peut douter pour ce qui concerne les théories du monde. Mais pour ce qui touche la pensée et son rôle, c'est une opinion inadmissible, car il n'y a pas seulement divergence, il y a opposition.

D'après Aristote, la sensation suppose l'action du sujet ajoutée à l'action de l'objet ; de son côté, l'idée générale, le concept exige l'intervention directe de l'intellect actif. L'homme est donc pour quelque chose dans ce qu'il aperçoit, dans ce qu'il pense, dans ce qu'il fait. Selon Platon, il ne contribue en rien à l'élaboration d'aucun de ces états ; il ne leur ajoute, ne leur retranche rien ; il ne les modifie ni ne les transforme. Bien mieux, il ne soupçonne nullement la présence en lui-même d'un pouvoir de métamorphose ou d'invention. Actif, il se croit inerte ; fécond, il se croit stérile.

2

Cette illusion est le point le plus important de la philosophie platonicienne ; elle est le principe explicatif de tout le reste ; elle est le centre d'où partent et où remontent toutes les recherches. Platon ne l'a nulle part formulée expressément, parce qu'il n'en a jamais eu la claire conscience. Elle n'en est pas moins présente à tous les dialogues, et, dans chaque dialogue, à tous les personnages ; elle circule à travers l'œuvre entière, elle en pénètre toutes les pensées, elle en inspire toutes les conclusions. Et comme elle fonde les convictions de Platon, de même elle détermine ses incertitudes ; elle décide de ses croyances et de ses doutes.

Suivant Platon, nos connaissances accourent du dehors, mêlées sans doute, faciles à confondre, néanmoins tout entières façonnées et complètes. L'empirisme moderne nie, lui aussi, l'activité de l'esprit ; mais il admet que, par le jeu mécanique des analogies, des successions, des intensités, les impressions sensorielles, après de profonds changements, s'achèvent en notions et en concepts ; la distance est longue entre le point de départ et le point d'arrivée, et ceci n'a en apparence rien de commun avec cela.

Platon ignore ce travail de trituration et d'assimilation. Pour lui la connaissance se présente à l'esprit et se maintient dans l'esprit tout entière avec ses caractères distinctifs ; elle s'épanche en lui comme l'eau dans un réservoir.

Et ce point de vue est tellement essentiel, que Platon y revient sans cesse pour juger des choses et de leur nature. D'autres, voulant étudier la nature des êtres et du monde, font abstraction de leur propre pensée, l'oublient provisoirement, et s'attachent

exclusivement aux faits, à leurs propriétés, à leurs
relations. Ils cherchent à constater directement leur
existence, ou tout au moins leurs manifestations les
plus proches, leurs effets les plus probants. Platon ne
procède pas ainsi : il examine les êtres, sensibles ou
intelligibles, dans leur action sur l'esprit ; il trouve
dans l'esprit la copie exacte des choses ; la réalité en
nous d'une pensée décide de la réalité hors de nous
d'un objet, et les relations entre elles de nos pensées
représentent les relations entre elles des choses. Aussi
la théorie de la connaissance est-elle la théorie de
l'être, et une analyse mentale devient la métaphysique.

Par exemple, dans la *République* (L. V), Platon
distingue dans l'âme la science, l'ignorance et l'opinion. Il donne pour objet à la science l'être et à
l'ignorance le non-être. Puis il cherche l'objet de l'opinion et le trouve dans le monde sensible. Ce n'est
donc pas la considération hors de nous d'une manière
d'être qui amène la constatation en nous d'un mode
de l'esprit, c'est au contraire la découverte de celui-ci
qui détermine l'observation de celui-là.

Même marche dans le Timée (éd. Didot, 219...), où
l'existence simultanée des deux mondes intelligible
et sensible est prouvée par l'existence simultanée
dans l'intelligence des deux espèces irréductibles de
connaissances :

« *Si la pensée et l'opinion vraie sont deux es-*
« *pèces*, de toute nécessité il y a des idées qui sont
« elles-mêmes par elles-mêmes, non senties, simple-
« ment conçues. *Si en revanche, comme il semble*
« *à quelques-uns, l'opinion vraie ne diffère en*
« *rien de la pensée, alors il faut reconnaître que*

« *tout ce que nous apercevons par le corps est ce*
« *qu'il y a de plus réel. Le vérité est qu'opinion*
« *et pensée sont deux, puisqu'elles se forment sé-*
« *parément et sont différentes;* l'une, en effet, s'ob-
« tient par démonstration, l'autre par affirmation ; la
« première est toujours accompagnée de la droite rai-
« son, l'autre est irraisonnée ; les affirmations n'ébran-
« lent pas la première, elles émeuvent la seconde. Tous
« les hommes participent à celle-ci ; celle-là est présente
« aux dieux seuls et à un petit nombre d'hommes.
« *Ces deux pouvoirs étant posés, il faut convenir*
« *que l'idée, conséquence naturelle de ces prin-*
« *cipes,* est une, non engendrée et non périssable,
« ne recevant rien en elle-même du dehors, ni ne
« sortant jamais d'elle-même, invisible et inacces-
« sible à toute impression sensible, et c'est cette idée
« que la pensée a pour mission de contempler. D'au-
« tre part, il y a une deuxième espèce d'existence, de
« même nom et de même forme que la première, mais
« sensible, engendrée, toujours en mouvement, se
« manifestant en un lieu pour s'en éloigner, acces-
« sible à l'opinion aidée de sensation. »

La vraie preuve de l'existence des Idées ne se tire
pas de l'observation du monde. Leur réalité est certaine parce que la présence en l'homme de leur action
est certaine. Et quand, dans le Phédon, Socrate dé-
clare qu'il n'y a rien « de plus évident à ses yeux que
« l'existence du bien, du beau, du vrai, de l'égal, et
« d'autres choses semblables » ; il l'affirme parce que
rien n'est plus évident à ses yeux que l'existence dans
la pensée de leurs notions.

Cet aspect du platonisme se dégagera mieux encore
si nous parcourons successivement les divers degrés
de la connaissance.

Le premier est la sensation, et les explications qu'en donne Platon dans le Théétète et dans le Timée sont toujours physiques. Pour nous la sensation est l'*interprétation* mentale d'une excitation matérielle, elle est la traduction en langage de pensée d'un mouvement. De plus, elle ne se constitue pas tout entière d'un seul coup, dès le début de la vie. Elle suppose un long travail d'élaboration intérieure et de coordination ; elle prend conscience d'elle-même par degrés et progressivement. Elle n'est pas un commencement ni un principe, elle est un résultat. Tout au contraire, selon Platon, elle arrive d'emblée à la réalité. Par elle, l'esprit passe sans transition et instantanément de l'inconscience à la conscience, de la nuit au jour. En outre, des conditions extérieures à l'âme la préparent et la fondent. Il lui faut un objet, dans cet objet une qualité ; un sujet, dans le sujet un organe conducteur. Par l'action de certains mouvements et suivant les circonstances, la qualité, au lieu de rester soudée à son objet, rayonne au dehors, voyage portée par l'air ou par la lumière, rencontre l'organe qui lui convient, œil, oreille, nez, y pénètre, s'introduit dans le corps, enfin, au terme de son voyage, atteint à l'âme qui la reconnaît : elle est alors sensation. Nulle trace en tout ceci de la distinction, aujourd'hui courante, du physique et du mental, du physiologique et du psychologique. La même chose, voltigeante au travers des corps, est qualité, accueillie par l'esprit est sensation. Par exemple, d'après le Timée, les odeurs ne sont pas les effets en nous de certains changements extérieurs à nous ; elles sont ces changements eux-mêmes. « La transformation de l'eau en air et de l'air « en eau marque le moment où les odeurs se produi-

« sent. En effet, toutes les odeurs sont vapeurs
« ou brouillards : ἔστι τι ἰσχὺα σύμπασαι κακὸς ἢ ὀμίχλη;
« le passage de l'air en eau est brouillard, le passage
« de l'eau en air est vapeur. *C'est pourquoi les*
« *odeurs sont plus subtiles que l'eau, plus*
« *épaisses que l'air.* » Pareillement, le son, réel par
lui-même en tant que son, « est un choc transmis par
« l'action de l'air à travers les oreilles, la tête et le
« sang, jusqu'à l'âme, et le mouvement résultant de
« ce choc, commencé dans la tête, terminé au siège
« du foie, constitue l'audition (1). » Pareillement
enfin, la lumière, créée par les dieux à cet effet,
guide dans leur parcours et soutient dans leur élan
les couleurs jaillies des corps, les apporte à l'œil, « où
« brûle et s'écoule un feu calme de même nature
« qu'elle », puis, en raison même de cette parenté,
les pousse à travers le feu intérieur jusqu'à l'âme.
Dans les trois cas, et plus manifestement encore dans
ceux du toucher et du goût, l'homme est réduit au
rôle d'appareil enregistreur. Toute son activité se
borne à orienter son corps et ses organes dans une
direction favorable.

L'âme ne contribue en rien à l'existence des sensations, elle ne contribue pas davantage à leurs rapports,
à leurs modes d'assemblages, à leurs degrés de consistance ou de fluidité. De là cette autre conséquence
que, fuyantes et insaisissables, les sensations représentent l'existence d'un monde changeant et mobile,
celui que Héraclite avait signalé comme le seul vrai.
En nous un tourbillon les emporte parce que hors de
nous leurs objets s'agitent et qu'un fleuve les entraîne.

(1) Platon, *Timée*, éd. Didot, p. 230.

Pourtant elles ne sont pas pur désordre et leur incohérence n'est pas absolue. Au contraire, il en est parmi elles qui se recherchent et se groupent avec des affinités et des ressemblances. De plus, toutes n'ont pas la même richesse de contenu, les unes sont nues et par suite insignifiantes, les autres complexes et plus instructives. En d'autres termes, les sensations réunies en de communes intuitions constituent un second degré de la connaissance, à savoir l'opinion ou jugement : δόξα.

Deux sortes de conditions le préparent. Ou bien plusieurs impressions sensibles ont frappé l'âme, qui aura noté les plus saillantes, c'est-à-dire celles qui se retrouvent les mêmes à travers des objets divers, par exemple, « l'être et le non-être, la ressemblance et la « différence, l'identité et le changement, et encore « l'unité, les autres nombres, le pair, l'impair, etc ...» En d'autres termes, il y a des sensations qui ont les unes avec les autres des points de contact, des traits communs que le jugement a pour rôle de démêler et d'affirmer. (Théétète).

Un cas tout différent (Républ. L. VII) est celui où une seule et même sensation provoque la réflexion, mais seulement quand elle enveloppe des données contraires. Par exemple, je montre trois doigts de ma main. La vue sait que ce sont des doigts, mais ni elle ni les autres sens ne décident avec la même sûreté s'ils sont grands ou petits, épais ou minces, durs ou mous. Car suivant les circonstances, un même organe dira que le même doigt est dur ou est mou, est grand ou est petit, est épais ou est mince. La vraie nature de ces propriétés lui échappe, et c'est à l'intelligence qu'il convient d'intervenir pour les étudier. Quoiqu'il en soit, le jugement ne s'occupe plus exclusivement des objets particuliers, il les dépasse pour atteindre à leurs *qualités communes*, et l'âme, en tant qu'elle juge, examine ces qualités communes « immédiatement par elle-même. » (Théétète).

On pourrait croire à l'identité de cette opération et de celle que nous appelons abstraction. En réalité elles diffèrent totalement. Pour nous l'abstraction n'est pas dupe de son œuvre, elle isole des propriétés qu'elle sait être parties intégrantes d'un objet, bien plus qu'elle considère comme de simples aspects de l'objet. La qualité abstraite de son groupe n'a plus de réalité ni de consistance ; simple relation, elle ne vit que par les termes qu'elle unit. La disparition de ceux-ci entraîne sa propre destruction. C'est tout le contraire pour Platon. La qualité commune est plus réelle, plus forte, plus vivante que les objets où elle circule. Ceux-ci lui doivent ce qu'ils ont de fixité et de persistance. Elle mesure dans le monde sa part d'ordre et de beauté. A vrai dire, « elle fonde la deuxième espèce d'existence, dont parle un passage du Timée cité plus haut, de même nom et de même forme que la première. » Et c'est parce qu'elle assemble les corps et vivifie la matière qu'elle coordonne les sensations en opinions et qu'elle fonde la possibilité du jugement. L'intelligence qui y tend, rencontre d'abord les sensations, puis elle les traverse pour atteindre à quelque chose de plus stable et de plus parfait. Le jugement n'est pas pour elle une abstraction, mais une étape parcourue, une forme inférieure d'existence dépassée.

Dans le jugement plus que dans la sensation, l'esprit paie de sa personne. Mais il ne faut pas se méprendre sur la nature de son travail. Il ne produit rien, il ne lire rien de son propre fond. Tout son rôle consiste à écarter des représentations encombrantes, à éloigner des importuns. Il va dans la forêt des impressions, repoussant les branches, sur une voie qu'il n'a pas tracée, vers un but qu'il n'a pas posé. Il subit ses jugements comme il subit ses sensations, et il voit par l'organe de l'âme les qualités communes comme il voit par les organes du corps les couleurs et les sons.

Si, pour les modernes, l'abstraction appelle l'idée générale, de même, pour Platon, le jugement amène un troisième type de connaissance, c'est-à-dire la pure notion, ou intuition rationnelle, νόησις.

Tant de dialogues, principalement le Sophiste et le Parménide, le Phèdre, la République, le Phédon, en parlent et s'y arrêtent, qu'il est inutile d'insister. Disons simplement que l'intuition rationnelle est pure de tout alliage de sensation, par suite d'inconsistance et de multiplicité. Elle est simple, elle est parfaite, elle est universelle. Ainsi la notion du beau en soi, la notion du vrai en soi, et de même celle de l'égal, celle du juste, celle du bien, planent au-dessus des impressions et des émotions, remplissent la pensée de leur inaltérable éclat. Par elles tout devient clair et certain. Elles sont le terme et le repos de l'esprit, elles sont la suprême évidence.

C'est qu'elles sont en lui le reflet de réalités intelligibles, elles aussi simples, pures, parfaites, universelles, principes de toute existence dans le monde sensible. Celui-ci tient de la matière la mobilité et l'imperfection, et il tient des Idées la continuité et l'harmonie. Ses genres sont les Idées en tant qu'elles « informent » les corps soit par une « présence effec-

« tive, παρουσία, soit par communication, κοινωνία, soit de
« toute autre façon. » (Phédon).

Ainsi la pensée est l'image mentale du ciel intelligible comme l'opinion est dans le monde matériel la
copie des qualités et des espèces, comme la sensation
est l'écho des événements passagers. Et les obscurités
qu'on rencontre à décrire ce ciel intelligible, à en
déterminer l'étendue, à dénombrer les idées, s'expliquent par l'obscurité qu'on rencontre à tracer le tableau
des concepts. La difficulté éclate surtout quand,
descendant la série des intuitions, on plonge de plus
en plus dans le voisinage de la sensation. Par exemple,
on conçoit encore un type intelligible de l'homme, du
feu, de l'eau, parce que la généralité du concept
garantit dans une certaine mesure sa pureté. Mais
quand il s'agit du poil, de la boue (Parménide), Platon
hésite et recule ; ce n'est pas seulement, comme
l'avoue Socrate, par crainte du ridicule, c'est aussi et
surtout parce que la matière pénètre tellement ces
objets vulgaires qu'il devient impossible d'écarter
leur enveloppe corporelle et de dégager de leurs
impressions sensibles une vraie notion, une idée.

En revanche, quand, au lieu de descendre l'échelle
des pensées, Platon la remonte et se meut dans le
domaine des plus abstraites, alors ses incertitudes se
dissipent. Non seulement les idées générales, comme
le beau, comme le juste ou l'égal, comme l'homme, le
feu ou l'air, ont leurs objets qui sont leurs principes ;
mais les abstractions de ces idées, plus que ces idées
elles-mêmes et par cela seul qu'on les conçoit plus
nettement immatérielles, que par leur contemplation
on domine de plus haut l'image et l'opinion, pour
cette unique raison ont aussi leurs objets, c'est-à-dire

leur origine hors de nous dans le monde intelligible.
Le passage suivant du Sophiste en donne la preuve
décisive (Ed. Tauchnitz III, p. 61).

« Les plus grands entre les genres dont nous avons
« parlé sont : *l'être lui-même, le repos et le mou-*
« *vement.* — C'est cela. — Les deux derniers, avons-
« nous dit, ne peuvent pas se mêler ensemble. —
« Nullement. — Mais *l'être* peut se mêler avec tous
« les deux; ils sont en effet tous les deux. — Sans
« doute. — Cela fait donc trois genres. — Assurément.
« — Chacun d'eux est autre que les deux autres et le
« même que soi. — Oui. — Mais que disons-nous
« donc là, *le même et l'autre ?* Sont-ce encore deux
« genres différents des trois premiers, nécessaire-
« ment toujours mêlés avec eux ? Est-ce cinq genres
« au lieu de trois que nous avons à examiner ? Ou
« bien aurions-nous donné ces noms de *même* et
« d'*autre* à l'un de nos trois genres, sans nous en
« douter ? — Peut-être. — Mais cependant ni *le mou-*
« *vement,* ni *le repos* ne sont ni *le même* ni *l'autre.*
« — Comment ? — Ce que nous appliquons en com-
« mun au mouvement et au repos ne peut être aucun
« des deux. — Pourquoi ? — C'est que dans ce cas le
« mouvement serait en repos et le repos serait en
« mouvement. — Car si l'un d'eux, n'importe lequel,
« s'appliquait aux deux à la fois, il faudrait nécessai-
« rement que l'autre se changeât dans le contraire de
« sa nature, puisqu'il participerait de son contraire.
« Or ils participent tous les deux du *même* et de
« *l'autre.* — Oui. — Ne disons donc pas que *le mou-*
« *vement* est *le même* ou *l'autre,* ni *le repos* non
« plus. — Non. — Mais nous faudrait-il considérer *l'être*
« et *le même* comme ne faisant qu'un ? — Peut-être.

« — Mais si l'être et le même ne diffèrent en rien, en
« disant que le mouvement et le repos sont tous les
« deux, nous déclarerons que tous les deux sont les
« mêmes, puisqu'ils sont. — Mais c'est impossible,
« cela. — Donc il est impossible que le même et l'être
« ne fassent qu'un. — Apparemment. — *Nous*
« *poserons donc comme une quatrième idée à*
« *ajouter aux trois autres, l'idée du même.* —
« Certainement. — Mais quoi ? faut-il voir dans
« *l'autre* un cinquième genre ? ou bien *l'autre* et
« *l'être* doivent-ils être considérés comme les deux
« noms d'un seul objet ? — Il se pourrait. — Mais tu
« m'accorderas, je pense, que, parmi les choses, cer-
« taines sont prises comme étant en elles-mêmes,
« certaines sont rapportées à d'autres ? — Sans doute.
« — Or l'autre se rapporte nécessairement à quelque
« autre, n'est-il pas vrai ? — Oui. — Mais ce serait
« impossible si l'être et l'autre n'étaient pas absolu-
« ment distincts. Car si l'autre pouvait se présenter
« sous les mêmes formes que l'être, parmi les choses
« autres il y en aurait quelqu'une qui serait autre
« sans se rapporter à aucune autre : or ce qui est
« véritablement autre, avons-nous dit, n'est tel que
« par son rapport à une autre chose. — Il en est bien
« ainsi. — *La nature de l'autre doit donc être*
« *considérée comme une cinquième idée et mise*
« *au nombre de celles que nous avons choisies.* »
Le Parménide n'est pas moins explicite :
« Nous disons que l'unité participe à l'être et que
« c'est ce qui fait qu'elle existe. — Oui. — Et c'est
« pour cela que l'unité qui existe a paru multiple. —
« Elle a paru l'être. — Mais quoi ! l'unité même que
« nous faisons participer à l'être, si nous la considé-

« rons par la pensée d'une manière absolue, séparée
« de ce à quoi nous disons qu'elle participe, paraîtra-
« t-elle seulement une ou multiple en elle-même ? —
« Elle paraîtra une, à ce que je crois. — Voyons, ne
« faut-il pas qu'autre chose soit l'être, autre chose
« l'unité, puisque l'unité n'est pas l'être, mais parti-
« cipe seulement à l'être en tant qu'unité ? — Néces-
« sairement. — *Or si autre chose est l'être, autre*
« *chose l'unité, ce n'est point par son essence*
« *d'unité que l'unité diffère de l'être, ni par son*
« *essence d'être que l'être diffère de l'unité, mais*
« *c'est par la différence et par la diversité qu'ils*
« *diffèrent l'un de l'autre* (1) ».

On le voit, l'esprit a beau raffiner les rapports, sub-
tiliser les relations, pas une seule fois il n'ajoute ni ne
retranche rien à la réalité. Les points de vue qu'il
imagine, les aspects qui nous semblent être son
œuvre, comme ceux du même, de l'autre, de l'identité, de la différence, sont autre chose que lui-même,
des parties intégrantes du monde intelligible, des êtres
indépendants. Comme la plus grossière sensation,
l'abstraction la plus vide est une cause efficace, un
type vivant. Pour nous, la penser c'est la créer; pour
Platon, c'est la voir.

La théorie de la Réminiscence est la conclusion logique de cette doctrine. En effet, si l'intelligence ne conçoit rien par elle-même, comment s'expliquer la présence en elle des intuitions rationnelles? — Pour les
sensations, pour les jugements, pas de difficulté : les
corps et les qualités communes agissent réellement sur
l'homme. Il n'en est plus de même des Idées. Par

(1) Parménide, II (tr. Saisset, 228 et suiv.).

elles-mêmes, elles sont invisibles, elles échappent
aux sens : comment dès lors pourraient-elles accourir
dans la mêlée des images et se montrer à l'âme comme
les couleurs à l'œil ? Il reste que la sensation prépare
et excite leur apparition. On sait comment le Phédon
décrit ce mode d'action : nous voyons des arbres
égaux, des pierres égales, de même que, d'après le
Phèdre, nous apercevons de beaux tableaux, et à l'occasion de ces impressions nous concevons l'égalité en
soi, la beauté en soi. Mais un objet particulier peut-il
donc évoquer l'idée d'un principe intelligible ? Oui,
s'il y a entre l'objet et le principe quelque point commun, quelque ressemblance. Seulement toute ressemblance, pour être reconnue, suppose la connaissance antérieure du modèle, et c'est ce qui arrive à
l'âme. Dans une première existence, libre de toute
attache corporelle, elle a contemplé face à face le
chœur des Idées, le cortège de Zeus. Au moment
même où nous nous demandions si Platon n'allait pas
enfin toucher du doigt le pouvoir inventif et créateur
de l'âme, il retombe dans la passivité. « Tirer la
science de son propre fond, dit-il dans le Ménon,
c'est se ressouvenir. » L'élan qui soulève la pensée
par une soudaine illumination aux plus hautes découvertes n'est qu'un cas d'association. Le poème des
notions rationnelles est un simple automatisme.

II

Jusqu'à présent nous n'avons rencontré que des
états isolés. Sensation, jugement, intuition, sont des
parties dans un tout, des éléments dans un ensemble.

C'est que jusqu'à présent nous avons cherché ce qu'il y a hors de nous, des individus, des espèces, des Idées. Mais les uns et les autres vivent par groupes, s'assemblent, se coordonnent, et de même les représentations se réunissent, s'enchaînent pour former la connaissance proprement dite. C'est pourquoi, en étudiant comment nos idées s'allient ou se repoussent, on voit comment les êtres se cherchent ou se fuient. Les combinaisons mentales répètent les combinaisons réelles.

On connaît les quatre groupes qui, d'après Platon, constituent toute la connaissance humaine, conjecture, foi, connaissance raisonnée, science pure : εἰκασία, πίστις, διάνοια, ἐπιστήμη. Les deux premières se ramènent à l'opinion ou connaissance sensible, et les deux autres à l'intelligence ou raison.

Aucun doute n'est possible pour la conjecture et la foi : toutes les deux reproduisent simplement les faits, les qualités physiques et l'ordre même suivant lequel faits et qualités se manifestent. En dépit des apparences, l'intelligence ne procède pas autrement avec le monde intelligible. Celui-ci n'est vraiment connu et compris que si les rapports entre elles des idées sont démêlés. Comment donc atteindre à ce résultat ?

Selon les Mégariques, tout est séparé et aucun genre ne s'allie à aucun autre. Selon les Éléates, tout est dans tout, et tous les genres sont confondus dans l'unité absolue de l'être. Les deux doctrines sont excessives, par conséquent fausses. Parmi les genres, il en est qui peuvent s'associer et d'autres qui ne le peuvent pas. La preuve, comme toujours, se tire de nous-mêmes. En effet, parmi nos pensées, les unes s'accordent, les autres se repoussent, et, de même dans le langage, certains mots réunis constituent des

phrases, d'autres rassemblés forment des amas inco-
hérents.

Si maintenant, parmi nos systèmes d'idées, il en est
de plus solides que les autres, si même les idées s'enchaînent suivant des relations invariables et nécessaires, c'est qu'alors nous atteignons à des rapports
invariables et nécessaires du monde intelligible. Ce
but est celui auquel aboutissent l'arithmétique, la
géométrie, la musique, l'astronomie, c'est-à-dire les
mathématiques, science des propriétés immuables et
des relations absolues. La διάνοια n'a pas d'autre objet,
et c'est pourquoi, de toutes les analyses mentales, elle
est la meilleure et la plus concluante, elle est la vraie
dialectique. De là le passage, au premier abord
étrange, du VIIe livre de la *République* où Platon
cherche la raison d'être de chaque science. La géométrie ne s'applique pas aux figures matérielles, toutes
imparfaites, même les plus habilement dessinées.
Ses véritables objets sont les figures intelligibles, le
carré en soi, le cercle en soi, grandeurs éternelles et
immuables, causes et principes de celles que nous
concevons. Pareillement l'astronomie ne doit pas se
limiter aux mouvements célestes.

« Certainement il faut considérer les ornements qui
« décorent la voûte du ciel comme ce qu'il y a de
« plus beau et de plus accompli dans leur ordre.
« Cependant ils appartiennent à l'ordre des choses
« visibles ; *il faut les regarder comme bien infé-*
« *rieurs à ces véritables astres que la vraie*
« *vitesse et la vraie lenteur selon le vrai nombre,*
« *et toutes les vraies figures produisent dans*
« *leurs mouvements respectifs et dans ceux*
« *qu'elles impriment aux corps célestes qui y sont*

« *attachés...* Il faut donc que les *divers ornements*
« *du ciel visible soient l'image du ciel intelligi-*
« *ble* et servent à notre instruction comme seraient
« pour un géomètre des dessins tracés et exécutés
« avec un art incomparable par Dédale ou par tout
« autre sculpteur ou peintre. Tout en les considérant
« comme des chefs-d'œuvre, un géomètre trouverait
« ridicule de les étudier sérieusement, pour décou-
« vrir la vérité absolue des rapports entre des quan-
« tités égales, doubles et autres. — En effet, ne serait-
« ce pas ridicule ? — Ne crois-tu pas que le véritable
« astronome éprouvera le même sentiment en consi-
« dérant les révolutions célestes ? Toute la beauté que
« l'artiste aura pu mettre dans ses ouvrages, l'astro-
« nome ne pensera-t-il pas qu'il doit la trouver dans
« l'œuvre de celui qui a fait le ciel et tout ce qu'il ren-
« ferme ? Mais quant aux rapports du jour à la nuit,
« des jours aux mois, des mois aux années, enfin des
« astres entre eux ou avec la révolution annuelle du
« soleil, ne *regardera-t-il pas comme une extra-*
« *vagance de s'imaginer que ces rapports soient*
« *toujours les mêmes et qu'ils ne changent jamais,*
« lorsqu'il ne s'agit que de phénomènes matériels et
« visibles et de chercher par tous les moyens à décou-
« vrir dans ces phénomènes la vérité même de ces
« rapports (1). »

L'intelligence, à la vue des astres et de leurs mouvements, conçoit des relations absolues de même qu'en
face d'arbres égaux elle conçoit l'égalité, de même
qu'en face de beaux tableaux elle conçoit la beauté.
Or, rien dans le monde des corps n'est absolu, tout,

(1) République, L. VII, Éd. Didot, p. 184.

au contraire, y est contingence et changement. Il faut donc de deux choses l'une : ou que les rapports de mouvements, conçus comme éternels par l'astronome, soient de pures illusions de l'esprit, ou qu'il les construise à l'imitation des rapports de mouvements intelligibles et réels, seuls immuables. La seconde explication est, comme on vient de le voir, celle de Platon.

La διάνοια est un enchaînement nécessaire de pensées, qui a son origine dans un enchaînement nécessaire de réalités. La méditation scientifique dégage celui-là de la mêlée des images, et, par là même, retrouve celui-ci. Voilà comment et pourquoi le philosophe « a l'esprit sans cesse fixé *sur des objets qui* « *gardent entre eux un ordre constant et sont* « *immuables*, qui, sans jamais se nuire les uns aux « autres, *conservent toujours les mêmes arrange-* « *ments et les mêmes rapports*, et, par là, *imite et* « *exprime en soi, autant qu'il est possible, cette* « *harmonie* ». (Répubj. VI, xiii). Les intuitions rationnelles, après des recherches et des tâtonnements, s'organisent dans l'intelligence comme hors de l'intelligence s'organisent de toute éternité les types absolus de l'être. La déduction dans l'esprit, c'est la déduction dans les choses.

La διάνοια n'est pourtant pas toute la dialectique. Elle se résout en sciences différentes, c'est-à-dire en systèmes multiples et irréductibles de vérités. De plus chaque science part de propositions non démontrées, véritables postulats isolés les uns des autres et inexpliqués. Par exemple l'arithmétique pose à titre d'hypothèses le nombre, le pair et l'impair ; la géométrie fait de même avec ses figures, le carré, le triangle, le cercle, et l'astronomie avec les mouvements

des corps célestes. Le commencement de la science,
a-t-on dit, n'est pas scientifique. Cette remarque de
notre temps, déjà Platon l'avait faite. Pour lui aussi le
commencement de la διάνοια échappe à la διάνοια.

C'est pourquoi il ajoute à la connaissance discursive
la connaissance rationnelle, aux sciences, théories
partielles des choses, la philosophie ou métaphysique, théorie générale du monde. Là est la vraie nature
de cette quatrième espèce de connaissances, que Platon appelle tantôt νόησις, tantôt ἐπιστήμη, et qu'on a con-
fondue à tort avec l'intuition. On sait comment, dans le
vɪᵉ et le vɪɪᵉ livres de la République, il la décrit. Les
principes de chaque science, c'est-à-dire les nombres,
les figures, les mouvements, les gammes, au lieu d'ouvrir la série de leurs conséquences, se présentent
comme des résultats qui appellent leur première
cause, et alors de régression en régression, l'esprit
atteint à un principe suprême, foyer universel de vie
et d'action. Puis de ce sommet il repart, longeant la
chaîne infinie des conséquences; et il va, confiant
et heureux, car il sait que ce voyage par les idées à
travers les idées est une vision de l'universel.

Cet essor sublime de l'âme, cette ivresse métaphysique dont Platon est rempli, pourtant ne calment
pas toutes ses inquiétudes. Parfois des bouffées de
doute montent et se répandent parmi ses affirmations
les plus sûres. Il arrive alors que Platon parle de
Dieu, de l'origine du monde, des idées, de leur parti-
cipation aux choses, de l'âme, de sa nature et de sa
destinée, enfin de la matière, avec des hésitations et
des réserves.

Ce soupçon de scepticisme au fond s'explique de la
même façon que le reste. La διάνοια aboutit à des con-

clusions certaines parce que ses chaînes d'idées sont
indissolubles, et ses raisonnements sont indissolubles
parce que les relations-intelligibles qu'ils expriment
le sont également. L'âme a, dans une existence antérieure, vu les idées, saisi leur ordonnance, leurs rapports immuables. Or la science en réveille le souvenir,
de même que la sensation ressuscite l'intuition. Les
mathématiques sont un moment de la réminiscence.

En revanche, la formation de l'univers n'a jamais
eu de témoin. Dieu seul a dans sa souveraine sagesse
constitué « l'animal éternel », puis les dieux et les
âmes, enfin le monde sensible. Aussi la plus haute
science, la philosophie, peut bien atteindre en toute
certitude à l'existence du premier principe, au Bien,
à Dieu, de la même façon que l'intelligence atteint à
l'Idée, que la sensation atteint à la qualité. Mais l'ensemble de l'action divine, dans le passé et dans le
présent, échappe aux constatations directes; jamais
l'âme n'a été admise à la contempler face à face. C'est
pourquoi l'ἐπιστήμη se résout en un vaste système de
conséquences simplement probables, suspendues à
un principe seul certain. La philosophie première,
comme le Timée en fait foi, est une théorie du vraisemblable. Elle n'a pas comme les mathématiques
une forme unique. Il y en a sans doute une meilleure
que les autres; elle n'empêche pourtant pas les autres
de se constituer; celles-ci l'ont déjà fait, comme le
Pythagorisme avec le Pair-Impair, comme Empédocle
avec l'Amour et la Haine, comme Démocrite avec
les atomes et le vide.

L'ἐπιστήμη offre donc un mélange de vérités évidentes
et d'hypothèses discutables, parce que les unes tiennent à une action directe sur l'âme de leurs objets et

que dans les autres toute action directe fait défaut.
L'esprit est sûr de ses conclusions tant qu'il reste en
contact avec les êtres, tant que la réalité sensible et
intelligible maintient en face de lui sa présence.
Aussitôt qu'elle se dérobe, il tâtonne et chancelle, et
ainsi il accuse à tous les yeux son vice natif, l'impuissance à créer, par suite sa tendance à attribuer aux
choses ses propres états.

III

La théorie de l'erreur fortifie les conclusions de la
théorie de la vérité, et l'embarras où ce nouveau problème jette Platon a pour unique cause la doctrine de
l'âme passive et docile. En effet, si elle se décide
d'après l'aspect de ses représentations, et si de leur
côté celles-ci doivent leur origine et leur contenu à
une influence extérieure, comment comprendre la
présence en nous de pensées fausses, c'est-à-dire de
pensées qui, ne correspondant à aucun objet, par là
même ne proviennent d'aucun objet? Pourtant l'erreur
existe, et puisqu'elle existe, elle a sa nature et sa
cause.

Platon la cherche d'abord en nous parmi les divers
modes de connaissance (1). S'il l'y trouvait, il aurait
enfin découvert l'activité mentale qui jusqu'alors lui
avait échappé. Mais il ne l'y trouve pas et, comme
pour la vérité, il se retourne vers le dehors.

En effet, l'erreur n'est pas dans l'esprit. Et tout
d'abord elle n'est pas dans la sensation. La sensation,
nous le savons, est toujours la sensation de quelque

(1) V. pour l'exposé qui suit Théétète, XXXI-XXXVII.

chose; et elle est infaillible. Mais l'erreur ne serait-
elle pas dans le jugement? N'y a-t-il pas des jugements vrais et des jugements faux? Acceptant provisoirement cette réponse, nous dirons que se tromper, c'est prendre ce qu'on sait pour ce qu'on ne sait pas.

Cette explication pourtant n'en est pas une. Qu'est-
ce en effet au sens le plus général du mot que savoir?
C'est avoir actuellement présente à l'esprit une idée
de quelque chose ; c'est en langage moderne percevoir
un fait ou un groupe de faits de conscience. D'autre
part, ne pas savoir, c'est n'avoir aucune idée de quoi
que ce soit, c'est le vide de l'esprit, c'est un néant de
conscience. L'animal qui éprouve une douleur sait
qu'il l'éprouve. Prendre ce qu'on sait pour ce qu'on
ne sait pas, ce serait donc prendre une idée pour l'absence même de toute idée, faire d'un fait de conscience
réellement perçu un rien : autant d'absurdités, autant
d'impossibilités.

Dira-t-on que c'est prendre une chose que l'on sait
pour une autre chose que l'on sait également? Mais
alors c'est dire que l'on peut prendre l'une pour
l'autre deux idées qui s'accompagnent actuellement
dans notre pensée, croire que l'idée du rouge et l'idée
du blanc, c'est une seule et même idée, qu'un sentiment de joie actuellement perçu est en même temps
un sentiment de peine : toutes choses également
absurdes, également impossibles.

L'erreur ne se rapporte donc pas à ce que nous
savons, en d'autres termes ne se trouve pas dans les
relations les uns aux autres de nos faits de conscience : en un mot, elle n'est pas l'œuvre de l'esprit.
Il reste qu'elle soit dans les relations de l'esprit au
monde, des idées aux choses, ou, comme dit Platon,
du côté de l'être et du non-être.

A ce point de vue, se tromper, c'est croire à la réalité d'un objet qui n'existe pas réellement. Il ne s'agit plus ici d'aller d'une pensée à une autre pensée, mais de la pensée à l'objet de la pensée, du dedans au dehors.

Pas plus que la précédente, cette explication ne satisfait Platon. En effet, la sensation est toujours la sensation de quelque chose, une vision, la vision d'un objet. De même, le jugement est toujours le jugement de quelque chose de réel. Par suite, juger ce qui n'est pas, c'est ne juger de rien, et ne juger de rien, c'est ne pas juger du tout.

L'erreur ne consiste donc pas à prendre ce qui est pour ce qui n'est pas. Elle ne consiste pas davantage à se méprendre (ἀλλοδοξία), c'est-à-dire à confondre un objet réel avec un autre objet réel. Ce serait en effet se prouver à soi-même que le beau est laid, l'injuste juste, que deux sont un, que le cheval est un bœuf, etc.

Jusqu'à présent, nous n'avons envisagé que les rapports actuels des sensations et des objets présents. L'examen des rapports des objets présents avec les objets absents et autrefois perçus, c'est-à-dire des sensations avec les souvenirs, rend possible une troisième hypothèse.

Il se peut que, connaissant deux personnes, l'une des deux seulement soit visible, et en pareil cas le jugement est quelquefois faux. « Lorsque, ayant la « sensation des signes de l'un et non des signes de « l'autre, on applique à la *sensation présente* ce « qui appartient à la *sensation absente*, la pensée en « ce cas erre absolument. Il ne paraît pas qu'on puisse « se tromper ni porter un jugement faux sur ce qu'on « n'a jamais connu ni senti ; et le jugement, faux ou

« vrai, *tourne et roule dans les limites de ce*
« *que nous savons et de ce que nous sentons* ; il
« est vrai lorsqu'il applique et qu'il imprime à cha-
« que objet directement les marques qui lui sont pro-
« pres, et faux lorsqu'il les applique de côté et obli-
« quement. » L'erreur résulte donc du concours de la
sensation avec le souvenir, ou, comme dit Platon, de la
sensation avec la pensée : οὔτε ἐν ταῖς αἰσθήσεσίν ἐστι πρὸς
ἀλλήλας οὔτε ἐν ταῖς διανοίαις, ἀλλ' ἐν τῇ συνάψει αἰσθήσεώς πρὸς
διάνοιαν (1).

　Pourtant, un seul exemple va nous prouver que la
définition ne s'étend pas à tous les cas et, par suite,
nous obliger à chercher une quatrième et dernière explication. En effet, prendre onze pour douze dans
l'addition de sept et de cinq, c'est se tromper, et ici
l'erreur ne se trouve pas dans un rapport entre des
sensations, ni dans un concours de sensations et de
souvenirs, mais uniquement dans une relation de
souvenirs les uns aux autres, dans un rapprochement
de pensées, et nous voilà, en apparence, revenus à
notre point de départ. Parler de souvenirs, c'est, en
effet, parler d'idées, parler de ce qu'on sait, c'est donc
dire, semble-t-il, que l'erreur consiste dans une relation de ce qu'on sait à une autre chose que l'on sait
également.

　Serait-ce donc que nous avons tourné dans un cercle ? Non, si l'on prend garde aux deux sens divers
et possibles du mot *savoir*. C'est qu'en effet, toutes
nos idées ne sont pas perpétuellement sur le même
plan, à une égale portée de la conscience et également
reconnaissables. Il en est dont nous faisons actuelle-

(1) Théétète, XXXV (Edit. Didot, p. 161).

ment usage et que notre attention sonde et parcourt :
celles-là, nous en avons la pleine possession, ἐπιστήμης
ἕξις. Il en est d'autres qui, à ce même moment, vont et
viennent aux extrémités de la conscience, parcourent
dans tous les sens la volière intérieure au hasard des
circonstances et des associations mentales : celles-là se
dérobent, momentanément du moins, au contrôle de
l'attention ; par suite, elles perdent de leur précision
de contours, elles deviennent plus fluides, elles semblent flotter dans un brouillard ; par suite encore leurs
caractères distinctifs s'effacent ; une confuse ressemblance les rapproche, les mêle, les substitue les unes
aux autres, enfin nous fait prendre une idée pour une
autre, une tourterelle pour un pigeon. Cette possession incomplète de la science, c'est l'ἐπιστήμης κτῆσις.

En langage psychologique, cela signifie que l'ensemble de nos pensées se divise en deux groupes, le
groupe des souvenirs actuellement aperçus (ἕξις), et le
groupe des souvenirs actuellement inaperçus (κτῆσις).

C'est ce qui ressort nettement du passage suivant :
« Ainsi comparant cela à la possession et à la chasse
« des pigeons, nous dirons que cette chasse est de
« deux sortes : l'une avant de posséder, dans la vue
« même de posséder ; l'autre quand on est déjà pos-
« sesseur, pour prendre et tenir en ses mains ce qu'on
« possédait depuis longtemps. De même, on peut
« apprendre de nouveau les choses dont on avait les
« sciences en soi depuis longtemps, et qu'on savait
« pour les avoir apprises, en rappelant à sa mémoire et
« saisissant la science de chaque objet, science dont
« on était déjà en possession, mais qu'on n'avait pas
« présente à la pensée : πρόχειρον δ'οὐκ εἶχε τῇ διανοίᾳ (1) ».

(1) Théétète XXXVII.

Ainsi l'erreur consiste dans les relations de nos souvenirs actuellement reconnus à nos souvenirs actuellement inaperçus, en un mot, dans les relations du conscient à l'inconscient.

De là en revanche de nouvelles difficultés qui n'arrêtent pas seulement Platon, mais qui embarrassent encore les modernes.

« Eh quoi, en effet ! Ayant la science d'un objet, on « ignorerait cet objet non par ignorance, mais par la « science même qui lui est propre ? » Sous ces équivoques de langage, cela revient à se demander comment un souvenir peut être souvenir et cependant être dans l'oubli ; quel est au juste l'état propre, la nature intime d'une connaissance tout le temps que cette connaissance ne traverse pas le champ de la conscience.

La difficulté, qui nous embarrasse encore, mais sans nous arrêter, fait reculer Platon. Une science, se dit-il, est donc cause d'ignorance : pourquoi dès lors une ignorance ne serait-elle pas cause de savoir ? Pourquoi les ignorances ne voltigeraient-elles pas au travers des connaissances, aussi réelles que les connaissances !

Plus nous avançons dans la question, plus l'obscurité s'accroît. Des quatre explications proposées, aucune ne s'est trouvée suffisante. Peut-être, comme Théétète qui énumérait les sciences, croyant définir la science même, n'avons-nous fait qu'énumérer les erreurs sans atteindre l'erreur proprement dite, l'erreur en soi. Or l'erreur en soi a sa nature propre, son existence propre ; comme la science, comme la beauté, comme l'essence, elle est une forme de l'absolu. Au contraire l'opinion étant un rapport entre deux termes,

c'est-à-dire entre deux sensations, tout en elle est relation, contingence. Dès lors, chercher l'erreur dans
le jugement, c'est chercher l'immuable dans le changeant, dans le fini l'infini, dans le relatif l'absolu.

L'absolu, sous forme d'idée, est l'objet de l'intuition. Serait-ce donc à l'intuition qu'on doit rapporter
l'erreur ? Nullement. L'intuition, comme la sensation,
est simple et indécomposable; elle est l'Idée même en
tant que l'Idée se révèle ; comme la sensation, l'intuition est certaine et infaillible.

Ainsi, nous avons beau monter et descendre la
chaîne de nos pensées, passer en revue leurs diverses
relations avec les choses, nous rencontrons des
croyances fausses, des erreurs, mais nulle part l'erreur. C'est que, comme la science, comme la vérité,
elle a son objet à elle, son principe et sa cause ; elle
n'est pas en nous, elle n'est pas dans nos communications avec le dehors, elle est dans les choses mêmes,
elle est réalité intelligible.

Cette réalité, le Sophiste la cherche, la définit et la
nomme : c'est le Non-Etre. Le Non-Etre n'est pas le
néant; il n'est pas l'absolue privation, le pur rien. Il
a, au contraire, une essence propre et efficace. C'est
ce que démontre une analyse, en apparence subtile,
très logique cependant et très claire, des rapports du
mouvement et du repos (1).

Le mouvement est une chose, le repos en est une
autre. D'un autre côté, le mouvement existe, le repos
existe aussi. Cela veut dire que le repos et le mouvement, quoique contraires, ont un caractère commun
l'existence. Sa conception représente une Idée, ou,

(1) Le Sophiste. Ed. Tauchnitz; p. 61 et suiv.

comme dit Platon dans le Sophiste, un Genre. Le
mouvement et le repos participent donc d'un même
genre, l'Etre. Voilà un troisième principe qui s'ajoute
aux deux premiers. Ce n'est pas tout. Le repos, en
tant qu'existant, est le même, en tant qu'immobile,
est autre que le mouvement. Mais dire *le même*,
l'autre, c'est exprimer des concepts, par suite désigner des genres. Voilà, en conséquence, deux nouveaux genres, *le même* et *l'autre*, distincts des trois
précédents. Or, tout comme *le même*, *l'autre* est présent partout, réellement universel. Chaque chose, en
effet, est la même qu'elle-même, et autre que toutes
les autres. Mais dire qu'elle est autre, c'est dire qu'elle
n'est pas tout ce dont elle diffère, c'est dire qu'elle est
non-être. L'Etre lui-même subit cette nécessité. Universel puisqu'il est présent à tout ce qui existe, il
ne se confond totalement avec aucun genre. Une
part de chacun lui est étrangère; par là, quelque
chose lui manque; il n'est pas cette chose, il est non-
être.

En d'autres termes, le monde intelligible est un
monde de principes multiples, par conséquent limités. Toute Idée sans doute est simple, parfaite et absolue. Pourtant, elle n'enveloppe pas, à l'exception
peut-être de l'Idée du Bien, l'universelle réalité. Elle
s'arrête où commencent les autres Idées; tout ce que
celles-ci sont par elles-mêmes manque à celle-là.
Aussi, en chacune, la part de l'être est grande, la part
du non-être plus grande encore. « Ce que nous nom-
« mons le non-être n'est donc pas le contraire de
« l'être, mais seulement une chose qui est autre. »
Dès lors, il existe au même titre que les autres principes, il a un rôle dans le ciel intelligible. « N'a-t-il

« donc pas, comme tu disais, autant de réalité et d'es-
« sence que tous les autres genres, et ne faut-il pas
« avoir le courage de déclarer que le non-être possède
« une nature solide et qui lui est propre? Comme le
« grand est grand, et le beau beau ; comme le non-
« grand est non grand et le non-beau non beau,
« n'avons-nous pas dit que le non-être est non être,
« qu'il a sa place et son rang parmi les êtres, dont il
« est une des espèces? (1). »

Présent à tous les genres, il l'est aussi à toutes nos
pensées, images fidèles des genres; il l'est encore à
plus forte raison à nos jugements, expressions indi-
rectes par les qualités communes des Genres intelligibles, reflets de reflets. L'erreur est son action en nous.
Elle est le non-être en tant qu'il envahit et couvre
toute l'intelligence. Il ne faut pas la confondre avec
l'ignorance. L'ignorance est simplement un néant de
pensée ; elle est un silence et un vide. Au contraire,
l'erreur est un acte, l'acte du non-être qui, affirmant
quelque chose, par là même nie tout ce qui n'est pas
cette chose. De là cette conséquence inattendue que
l'erreur, tout d'abord état exceptionnel et, pour ainsi
dire, monstrueux de l'esprit, maintenant en est un
mode nécessaire et fondamental. Elle est une condition essentielle de toute connaissance parce que le
non-être est une condition essentielle de toute réalité.

Ainsi, à travers ses analyses, au cours de ses discussions, Platon n'abandonne jamais son point de
vue. Une même illusion, tenace, invincible, le suit
partout, le domine sans cesse. A ses yeux, l'objet est
agent, le sujet est patient. Celui-ci attend et guette les

(1) Sophiste. Ed. Tauchnitz, p. 67.

communications de celui-là; il peut aussi se mettre à
leur recherche et les poursuivre; c'est alors une véritable chasse avec ses hasards et ses luttes, ses échecs
et ses triomphes. Et, de fait, les comparaisons tirées
de la poursuite des bêtes, de la pêche, de la volière,
sont familières à Platon. Mais qu'on ne s'y trompe pas,
si l'esprit n'est pas inerte et se remue, il reste foncie-
rement stérile. Ses recherches et ses doutes, ses visions et ses rêves, ses impressions les plus concrètes,
ses plus abstraites notions sont à un égal degré des
étrangères appelées du dehors, colombes surprises et
captivées, merveilleuses auxiliaires de sagesse et de
bonheur, qui toutefois, par leurs caprices passagers,
attestent le souvenir en elles persistant de leur première indépendance. La doctrine de Platon sur l'esprit est un empirisme intellectualiste.

IV

On pourrait croire que le point de vue de Platon
lui est particulier. On le retrouve, au contraire, chez
ses contemporains, même parmi les sophistes, comme
en témoigne le Théétète (xii, 156-157, les deux mouvements, actif et passif), même chez Antisthène, dont
l'hostilité connue à l'égard du platonisme ne donne
que plus de prix à sa doctrine.

Selon Antisthène, « la réalité et la pensée se cor-
« respondent exactement; chaque idée a son objet et
« chaque objet son idée (1) ». Hors de nous il n'y a que
des individus. Les essences intelligibles n'existent

(1) M. C. Chappuis, thèse sur Antisthène, p. 59.

pas. « Je vois bien, disait-il, un cheval, non la *cheva-*
« *léité;* un homme, non l'*hommeité* ». Il n'y a donc
qu'une espèce de réalités ; de même il n'y a qu'une
espèce d'idées, les idées particulières qui représentent
les individus. Quant aux concepts, ce ne sont que des
mots.

Pourtant on pourrait maintenir dans l'esprit à côté
des images les idées générales, à la condition de maintenir dans les individus les qualités communes, les
genres. Antisthène s'y refuse. Il n'y a point selon lui
de qualités communes. Ce qui existe, c'est seulement
telle ou telle chose, τὸ ποιόν. Il s'ensuit que « nous con-
« cevons le sujet avec sa manière d'être, la chose avec
« sa qualité, mais non pas la manière d'être et la qua-
« lité, indépendamment du sujet et de la chose ».
(Ibid. p. 58).

Les individus se composent d'éléments simples qu'on
ne peut que sentir et que nommer (Théétète XXXIX).
Comme ils sont des combinaisons d'éléments, on se
fait d'eux une opinion par une combinaison de noms.
C'est là le discours, et le discours est toute la science
(Théétète, ibid.) Chaque chose est ce qu'elle est, et elle
a une expression propre qui montre ce qu'elle est :
οἰκεῖος λόγος,..... λόγος ἐστὶν ὁ τὸ τι ἦν ἢ ἐστι δηλῶν (Diog. Laert.)
De plus chaque chose est unique, par suite chaque
chose est représentée par une seule expression, et l'on
ne peut sur une même chose prononcer plusieurs
affirmations, εἷς ὁ λόγος περὶ αὐτοῦ τοῦ πράγματος.

Réciproquement des expressions différentes représentent des objets différents. Il s'en suit, comme l'ont
remarqué Platon (Euthydème) et Aristote (Métaph.
L. V.), que la contradiction et le mensonge disparaissent, qu'enfin l'erreur est impossible : ἐξ ὧν συνίξαιν

μη εἶναι ἀντιλέγειν, σχεδὸν δὲ μηδὲ ψεύδεσθαι. Deux hommes croient-ils se contredire, c'est qu'en réalité ils parlent de choses différentes.—S'imagine-t-on qu'un homme se trompe : c'est que son langage ne s'adapte pas exactement à son idée. Il parle d'une chose pendant qu'il pense à une autre.

Pour Antisthène comme pour Platon l'esprit est improductif, et son rôle consiste à recueillir les données des choses. Leurs théories de la connaissance s'excluent parce que leurs théories de l'être se repoussent. Pour l'un comme pour l'autre le dedans est un simple reflet du dehors. Comme il arrive souvent dans l'histoire des doctrines, les contrastes de ces deux philosophies dérivent d'un accord fondamental.

CHAPITRE III

La Passivité mentale dans Homère.

Les philosophes de la période antésocratique sont surtout des physiciens. La plupart, il est vrai, ont distingué la sensation et la raison. Démocrite les dépasse tous par la netteté hardie avec laquelle il fait des sensations de chaleur et de froid, de saveur, de teinte, des représentations exclusivement subjectives, des productions de l'esprit : νόμῳ γλυκύ, νόμῳ πικρόν, νόμῳ θερμόν, νόμῳ ψυχρόν, νόμῳ χροιή (1). Par là il devance non seulement ses contemporains, mais ceux qui sont venus après lui, même Platon et Aristote. Aussi a-t-on vu en lui le plus lointain précurseur de l'idéalisme (2). Toutefois, d'une manière générale, la philosophie avant Socrate néglige le problème psychologique, et elle a sur les rapports de l'esprit avec ses propres états peu de chose à nous apprendre.

Il n'en est pas de même des poètes. Plus anciens encore que les premiers physiciens, ils reproduisent en abondance et avec éclat les opinions de leur temps. Les idées générales et les abstractions leur sont indifférentes, mal comprises ou inconnues. En revanche

(1) V. Zeller. Textes cités en notes, surtout ceux de Théophraste.

(2) Pillon. L'année philosophique, 1892.

4

émotions et sentiments accaparent leur attention.
Aussi, allant tout droit au plus grand, à Homère, on
cherchera dans ses œuvres les indices d'une passivité
relative, non plus aux idées, mais aux sentiments. En
outre, pour être plus sûr de ne pas mêler des habitudes d'époques ou d'esprits différents, on considé-
rera dans les poèmes homériques l'Iliade seulement.

La passivité mentale dans l'Iliade gouverne les foules, les individus, les dieux.

Toujours les foules diminuent la personnalité. Les
états communs de joie ou de peine, d'enthousiasme
ou de colère, les larges courants de sympathie ou de
haine effacent les préoccupations individuelles. Chacun
se perd et s'absorbe dans le groupe, prêt aux explosions du sentiment ; en revanche l'aptitude à la
réflexion lucide, la possession de soi, le sang-froid
diminuent de toute la pression qu'exerce la masse
environnante. Puissantes à la façon des forces de la
nature, les foules sont en même temps capricieuses :
une circonstance fortuite, une intervention inattendue changent en un clin d'œil leurs dispositions, les
font tour à tour féroces et magnanimes. Elles sont des
automates collectifs que des impulsions extérieures,
harangues des meneurs, événements accidentels, soutiennent et gouvernent.

Dans l'Iliade, elle ne tirent d'elles-mêmes ni leur
courage ni leur lâcheté. Les attaques vigoureuses, les
subites défaillances ne sont ni leur fait ni leur œuvre ;
elles leur sont inspirées du dehors, le plus souvent
par les dieux (1).

Pas davantage dans les intervalles des combats,

(1) V. par ex. : II, 445... : VIII, 75... : XIV, 148... : XV, 310...

aux heures de repos, elles ne puisent en elles-mêmes
les éléments de leur conduite. Elles accueillent les
impressions qu'on leur communique et elles les gardent tant qu'on les leur conserve. Elles persévèrent
dans l'attitude actuelle de même qu'un mobile continue
la direction commencée ; mais de même aussi que le
mobile est incapable de modifier par lui-même le sens
où la vitesse de son mouvement, de même les foules
sont impuissantes à changer, à suspendre ou à précipiter une suite d'événements. Tout pouvoir d'innova-
tion ou d'initiative leur fait défaut.

Par exemple, ch. II, Agamemnon, après un conseil
des chefs, convoque l'armée. Par une feinte d'ailleurs
assez bizarre, il dit d'abord le contraire de sa pensée et
exhorte les Grecs à regagner leur pays. « Croyez-moi
« donc et faisons tous ce que je vais dire : fuyons
« sur nos vaisseaux aux champs paternels, car nous
« ne prendrons jamais la grande Ilion » (1).
L'avis du roi, à peine formulé, tombe dans ces
cerveaux dociles et tout de suite s'y installe et s'y
épanouit en désir violent, en véritable résolution.
« Ce discours, ajoute Homère, fait battre dans leur
« sein le cœur de ceux de la multitude qui n'ont point
« pris part au conseil. L'agora s'agite comme les
« grandes vagues de la mer d'Icare... Les uns s'élan-
« cent à grands cris vers la flotte, enveloppés d'un
« nuage de poussière que soulèvent leurs pas : d'au-
« tres s'exhortent mutuellement à saisir les vaisseaux,
« à les lancer à la mer divine, et ils commencent à
« déblayer les canaux » (2).

(1) Ch. II, 110-141.
(2) II, 142-153.

Voilà une situation nette : l'armée fait avec joie les préparatifs du départ. Tous les désirs à ce moment tendent vers un but connu et accepté. Brusquement les dispositions changent, non point par une poussée interne de la colère ou de l'orgueil, mais par l'intervention de deux divinités, Héré et Athéné. Ulysse, averti par elles, circule parmi les guerriers et les convoque à une nouvelle réunion. « Bientôt tout entière, « à grand bruit, l'armée revient à l'agora, des tentes « et des navires. » Ulysse alors prend la parole et émet un avis contraire à celui d'Agamemnon. « Croyez-« moi, dit-il en terminant, ô belliqueux Argiens, res-« tons tous ici jusqu'à ce que nous ayons renversé la « vaste ville de Priam. » Il dit. Les Grecs lui répon-« dent par leurs acclamations. *De toutes parts les* « *navires répètent avec un murmure terrible* « *le long applaudissement qu'excite ce dis-* « *cours* (1). » Ainsi, dans un court espace de temps, la même foule, sans transition et sans degrés, adopte deux résolutions opposées. Avec le même élan et le même enthousiasme, elle applaudit tour à tour Agamemnon et Ulysse. La dernière impression est la plus vive ; pour cette seule raison elle est la plus forte, et elle entraîne ceux qu'elle remplit.

Dans aucun des cas où nous la voyons à l'œuvre, la foule ne veut ni n'agit par une volonté qui lui soit propre. Aucun de ses désirs, aucune de ses décisions ne jaillit de son sein, ne monte de ses profondeurs. Aucune de ses résolutions n'est spontanée. Ses émotions, ses goûts sont à elle sans doute, mais à la façon d'une arme ou d'un ornement. Ils ne naissent pas de son propre fond, ils ne sont pas d'elle, ils ne sont pas elle-même.

(1) II, 284-335.

Vivantes réalités qui flottent et qui vagabondent, ils sont des envoyés du monde extérieur, ils sont le monde extérieur présent à la conscience des masses.

A vrai dire, nos opinions sur ce point ne diffèrent pas beaucoup de celle d'Homère. Pour nous aussi, les rassemblements ne produisent que des personnalités inconsistantes, pauvres de contenu, esclaves des circonstances. Il n'en est plus de même pour l'individu. A tort ou à raison, nous lui attribuons une activité propre et riche. Son tempérament, son caractère, son tour d'esprit font partie intégrante de sa substance. Par suite ses idées, ses croyances, ses désirs émanent de ce qu'il y a en lui de plus intime, de plus sien. Par suite encore, s'il recueille les impressions du dehors, il les ajuste à ses propres besoins ; il accepte des influences distinctes de lui, mais pour les transformer ; il s'assimile les unes, il rejette les autres. L'autonomie de la volonté s'affirme non seulement par ses qualités naturelles et ses aptitudes primitives, mais aussi par ses acquisitions progressives, qui sont moins l'invasion de l'objet dans le sujet que la conquête par celui-ci de celui-là.

Tout autre est la psychologie homérique. La part de l'individu s'y réduit à un minimum de propriétés physiques et morales, à un petit nombre d'habitudes permanentes. C'est ainsi qu'Ajax est de grande taille et vigoureux, Diomède a l'audace, Agamemnon l'orgueil, Ulysse la ruse, Nestor la prudence, Achille l'agilité. Tous sont vaillants, tous sont ou furent impatients ou irritables. Tous ont en commun quelques passions universelles, l'amour des richesses, le désir de la gloire, les affections de la famille, le patriotisme.

Aussi chaque fois que l'un de ces penchants essentiels
est excité, l'homme tout entier frémit. Agamemnon,
sommé de rendre Chryséis, le prend de haut et sur le
ton le plus dédaigneux ; Achille offensé s'emporte en
un accès d'indignation ; le même, à la nouvelle de la
mort de Patrocle, tombe en proie au plus violent désespoir. En tout cas de ce genre, l'émotion a sa source
dans l'homme seul : celui-là la produit qui la subit.

Dans tout le reste il est passif. Les états passagers et
saillants, variations de l'humeur, dispositions organi-
ques, sentiments mobiles et changeants, réflexions
et inquiétudes, projets, décisions, s'agitent en lui
comme une population nomade dont il reporte à des
puissances étrangères la naissance et la nature.

Les qualités corporelles tiennent sans doute à la
taille, à la largeur des épaules, au volume des muscles,
néanmoins la force de chacun varie dans des limites
assez larges. Nous admettons volontiers qu'une forte
émotion parfois l'augmente, parfois au contraire la
diminue. En tout cas, l'individu ne rapporte qu'à lui-
même la raison d'être de son exaltation ou de son
abattement. Homère la rapporte sans cesse à l'action
divine ; il la dépeint comme l'effet d'une cause autre
que l'homme, comme la présence en l'homme d'une
énergie supérieure.

C'est ainsi que, après la mort de Patrocle (XVIII,
202), Athéné amène Achille au bord du fossé pour
épouvanter les Troyens. Par l'éclair qu'elle allume au
sommet de sa tête, par le tonnerre qu'elle ajoute au
retentissement de sa voix, elle lui donne un aspect
surnaturel (1).

(1) Voir aussi V, 1; XII, 450.

Les soudaines atteintes à la santé et à la vie ont la même origine. Apollon est l'auteur des morts subites. C'est lui aussi qui, au plus fort de la lutte, frappe Patrocle de paralysie et le livre sans défense aux coups des ennemis.

De la même manière enfin, le prompt retour des forces, les guérisons rapides ont leur cause, non dans une heureuse disposition de l'organisme, mais dans une faveur divine. C'est ainsi que (Ch. XIII, 60) les deux Ajax, épuisés par une longue résistance, sentent tout à coup leur vigueur renaître : c'est Poseidon qui les a frappés de son sceptre, les a animés d'une force indomptable. De même Athéné (Ch. V) vient au secours de Diomède blessé par la flèche de Pandaros. Elle le guérit et lui rend toute son agilité. — Ch. VII, 270, Ajax frappe le bouclier d'Hector avec un rocher qu'il a lancé d'une main puissante. « Hector plie les « genoux et tombe à la renverse, froissé par son « armure. *Mais aussitôt Apollon le relève.* » Plus manifestement encore, il le relève et le guérit après un nouveau combat avec Ajax où Hector a failli périr : frappé à la poitrine près du cou par une pierre énorme, le héros troyen est tombé « comme un chêne foudroyé ». On l'en mène à l'écart, on lui prodigue les soins. Bientôt il revient à lui, il reconnaît ses compagnons ; *déjà la volonté de Zeus le ranime.* Apollon alors se place à ses côtés, le soulage et le renvoie plein d'ardeur au combat.

La « physiologie » des dieux est la même que celle des hommes. Quoique immortels, ils sont sujets à la souffrance ; et, comme chez les hommes, blessures et guérisons ont leur cause hors du dieu atteint. C'est ainsi qu'Aphrodite, frappée par Diomède, se lamente et se réfugie auprès de sa mère Dionée, et Dionée la guérit. De la même manière, Arès, blessé lui aussi sur le champ de bataille, remonte en poussant des cris furieux vers l'Olympe, et c'est son père Zeus, qui, après de cruels reproches, apaise ses souffrances.

Dans l'ensemble des états de conscience les émotions ont les rapports les plus immédiats avec la vie organique. Par suite, plus que tous les autres états de conscience, elles échappent aux prises de la volonté. Il suit de là que, pour Homère, loin d'être de simples modes du sujet, des moments du moi, elles vivent de leur propre vie, elles sont autonomes : non pas toutes cependant. Il en est, et on a déjà indiqué ce point, qui tiennent par tant d'attaches à l'homme, se manifestent si souvent avec tant d'éclat, expriment avec tant de force les goûts et les habitudes du personnage, qu'elles tirent de celui-ci tout leur être : tel est l'héroïsme tenace d'Ajax, la rancune persistante d'Achille. En revanche, les brusques poussées de sentiments, les explosions morales qui s'écartent de l'allure familière, surtout celles qui jurent avec le caractère connu, celles-là sont des hôtes de passage qui n'ignorent ni leur origine ni leur rôle. Par exemple, ch. III, Aphrodite fait naître dans le cœur d'Hélène un vif désir de son premier époux, de sa patrie, de ses parents. Par exemple encore, Thétis excite chez les Myrmidons l'envie des pleurs. Pareillement (XX, 380), Apollon éveille chez Hector la crainte d'Achille. Le même guerrier, au chant XI, fuit Agamemnon, au chant XV, (694), perd courage et retourne vers Ilion : dans les deux cas il doit à Zeus son manque de hardiesse. De même c'est Zeus qui (XI, 804) frappe Ajax d'une

terreur subite, et, au chant XXIV, incline à la pitié
l'inexorable Achille, pousse à une démarche péril-
leuse le tremblant Priam.

Venue du dehors, l'émotion s'exerce d'elle-même,
agit pour son propre compte. Elle traite le sujet en
serviteur, elle s'installe chez lui comme en pays conquis. En langage abstrait, on dirait qu'elle est la forme,
seule active et vivante, en regard de l'âme, matière
inerte et souple. Par exemple (III), Hector a fait connaître l'offre de Pâris, le combat singulier que propose celui-ci avec la restitution d'Hélène et de ses trésors au
vainqueur. Ménélas accepte la lutte, et il commence
ainsi : « Ecoutez-moi : une vive douleur envahit mon
cœur,

97-98   μάλιστα γὰρ ἀλγοσικάνιι
       θυμὸν ἐμόν.

Dans le même chant, v. 446, Pâris, voulant séduire
Hélène, lui dit la passion *qui le possède :*

    ὥς σιο νῦν ἔραμαι καὶ με γλυκὺς ἵμερος αἱρεῖ

ch. V., 800... Athéné gourmande Diomède, et le héros
proteste de sa bonne volonté. Parlant comme un moderne, il dirait qu'il n'a ni crainte ni mollesse. Tout au
contraire, dans le grec, ni la crainte ni la mollesse ne
le tiennent :

    οὔτε τί με δέος ἴσχει ἀκήριον οὔτε τις ὄκνος

ch. IX, une épouvante surnaturelle remplit les
Achéens.

1-2   αὐτὰρ Ἀχαιοὺς
   θεσπεσίη ἔχε φύζα, φόβου κρυόεντος ἑταίρη

ch. XXII, 43, Priam, en parlant d'Achille, s'écrie :
« Le cruel ! que n'est-il aimé des immortels autant
« quedemoi ! Les chiens et les vautours l'auraient vite
« dévoré gisant, *et sans doute le chagrin cuisant*
« *sortirait de mon sein,*

$$\text{ἢ ἄι μοι χίνὴν ἀπὸ πραπίδων ἄχος ἔλθαι}$$

L'émotion a donc une vie propre, elle est une force
qui s'exerce, une personne dans le sujet, un empire
dans un empire. Sa nature ne change pas en passant
de la terre à l'Olympe. Ch. IV, 23, Athéné est en
proie à une colère sauvage :

$$\text{χόλος δέ μιν ἄγριος ἥρει}$$

ch. XIV, Zeus, à la vue d'Héré, est pris d'un désir
subit et violent :

$$(294) \quad \text{ὡς δ' ἴδεν, ὥς μιν ἔρως πυκινὰς φρένας ἀμφεκάλυψεν}$$

En eux comme en nous la passion conserve sa spontanéité capricieuse; mais en eux comme en nous aucune ne l'affirme avec plus d'éclat que celle qu'on
appelle dans l'*Iliade* ἄτη, c'est-à-dire l'entraînement irréfléchi, l'égarement moral. Par trois fois, au
chant II, 111, au chant IX, 18, au chant XIX, 97,
Agamemnon signale son action redoutable; il l'envisage d'abord comme un don funeste de Zeus, et, la
troisième fois, comme une divinité universellement
malfaisante. « Zeus lui-même a senti son atteinte, lui
« que l'on dit le plus puissant parmi les dieux et les
« hommes. Elle aida Héré par ses artifices à l'empor-
« ter, malgré la faiblesse de son sexe, sur son époux,

« le jour où, dans Thèbes aux belles murailles, Alc-
« mène allait enfanter le vaillant Hercule. » Suit le
récit de la ruse d'Héré, du serment qu'elle sollicite.
« Elle dit. Zeus, sans soupçonner la fraude, prononce
« le formidable serment, et il commet une grande
« faute. » Son erreur reconnue et transporté de colère, « il saisit Até par sa brillante chevelure, s'en-
« gage par un irrévocable serment à ne jamais per-
« mettre le retour dans l'Olympe ni dans le ciel étoilé
« de cette déité qui n'épargne personne; et de toute la
« force de son bras, la précipite du ciel. »

Nous touchons ici un point extrême où s'achève
une tendance mentale propre à l'ignorance : dans les
états affectifs, ceux qui, par un caractère quelconque,
se distinguent de l'ensemble, se détachent de leur
série, ceux-là, par là même, ont plus de consistance et
de réalité que les autres, et ceux qui sont plus réels ont
plus d'indépendance, se soutiennent mieux par leur
propre masse. Leur vie monte jusqu'à l'individualité,
ils sont hors du sujet, des êtres parmi les êtres.

Les états intellectuels ne sont dans l'Iliade ni très
nombreux ni très variés. Des guerriers engagés en des
luttes périlleuses ne méditent ni ne contemplent. Pour
eux, penser c'est chercher quelque expédient, imaginer quelque projet, concevoir quelque dessein. Leurs
idées se ramènent à la classe des états que, dans les
cours de philosophie, on place au premier moment
de l'acte volontaire; elles sont presque toujours des
représentations de but à poursuivre, des possibilités
d'action, des motifs.

Elles n'ont plus au même degré que les émotions,
l'allure personnelle et le goût du despotisme; elles

s'enlèvent moins nettement sur la trame des faits de conscience, elles semblent plus proches du sujet et plus étroitement mêlées à ses manières d'être. Cependant elles ne tiennent pas de lui leur valeur, elles n'ont pas en lui leur cause immédiate et directe ; elles viennent, pour ainsi dire, d'à côté, souvent même du dehors.

Par exemple, chant I, 50, la peste décime les Achéens depuis neuf jours ; au dixième, « Achille convoque « tout le peuple à l'agora, car Héré aux bras-blancs, « inquiète pour les Argiens qu'elle voit succomber, « *lui a mis dans l'esprit ce dessein* :

τῷ γὰρ ἐπὶ φρεσὶ θῆκε θεὰ λευκώλενος Ἥρη

Par exemple encore, ch. II, 155, après le discours d'Agamemnon et sa proposition de départ, l'armée s'est dispersée parmi les vaisseaux, impatiente de commencer les préparatifs. Ulysse, d'abord consterné, surmonte son abattement et intervient successivement auprès de chaque chef ; il espère ainsi faire revenir les Grecs sur leur résolution. Pour nous, une telle démarche aurait naturellement son origine dans l'âme même d'Ulysse, et d'autant mieux qu'il est le plus habile, le plus fertile en ruses, πολυμήχανος ; tout autrement pour Homère. Elle est, à vrai dire, une « commission » d'Athéné. Même celle-ci l'a reçue de la bouche d'Héré ; Héré seule en a eu l'initiative.

Ch. XXIV, Priam repose sous la tente d'Achille, et brusquement il se lève, réveille ses compagnons et reprend le chemin d'Ilion. Cette décision rapide ne représente pas la soudaine intuition par le vieillard d'un péril imminent ; il n'a pas de lui-même évoqué tout à coup la vision d'une attaque et d'une captivité possibles. C'est d'Hermès comme de son principe que descend l'avertissement.

D'autres fois, il vient d'un autre homme. Mais celui-ci à son tour n'en est point la source. Simple agent de transmission, messager d'idées qui ne sont point les siennes, il communique les projets conçus hors de lui ailleurs et plus haut, parmi les dieux. Par exemple, ch. VI, 75, les Troyens plient sous l'attaque furieuse de Diomède. Hector, pour empêcher un désastre, rentre dans Ilion, donne aux femmes l'ordre de se rendre au temple d'Athéné, de lui adresser des prières et des offrandes. Mais son départ subit n'a pas en lui-même sa raison d'être; c'est Hélénos, son frère, qui lui en a suggéré l'idée, et précisément Hélénos entretient avec les dieux de perpétuels rapports de pensées et de langage, « car il est le plus habile des « interprètes du vol des oiseaux,

οἰωνοπόλων ὄχ᾽ ἄριστος

Ce mécanisme est plus visible encore au chant suivant. Au plus fort de la mêlée Hector arrête la bataille, s'adresse aux Grecs, leur propose de choisir un des leurs pour se mesurer avec lui en combat singulier. Pas plus dans cette circonstance que dans la précédente il n'a spontanément imaginé son projet. Là encore il le doit à Hélénos, et à son tour Hélénos le tient des dieux dont il a surpris la conversation (1).

Ailleurs et à plusieurs reprises, Nestor ouvre des avis toujours écoutés avec soin. Mais Nestor occupe

(1) VII 38-51.

une situation à part. Le poète note en effet que sa longue vieillesse et sa grande expérience l'élèvent en
quelque sorte au-dessus de l'humanité.

Toutefois chez les autres héros il est des projets
qui germent en eux et qu'aucune puissance extérieure
ne leur a dictés. Pourtant, même dans ces cas où
Homère pressent la fécondité mentale du sujet, il n'y
atteint pas tout à fait. Nous disons couramment d'un
homme qu'il a combiné et adopté un plan de conduite, conçu un projet. Presque jamais les acteurs de
l'Iliade n'emploient ce langage. Deux fois seulement,
au chant XXIII, v. 140 et 193, à l'occasion des funérailles de Patrocle, Achille *imagine un nouveau dessein :*

$$\text{—Ενθ᾽ αὖτ᾽ ἀλλ᾽ ἐνόησε ποδάρκης δῖος Ἀχιλλεύς}$$

Partout ailleurs, le principe dans l'homme de sa
conduite, c'est tel ou tel pouvoir qui lui appartient
sans doute, qui fait partie de sa personne, mais qui
n'est pas sa personne ; c'est par exemple le cœur,
θυμός ; la prudence, φρένες ; l'esprit, νόος. Dans le tout
complexe que forme l'individu, diverses facultés
s'ajoutent les unes aux autres, s'allient comme dans
la cité se rapprochent diverses tribus. Mais plus haut
que toutes les tribus, dans le temple de la divinité
tutélaire, la cité a son âme invisible ; et de même en
l'homme, plus loin que tous ses pouvoirs, que toutes
ses facultés, réside, essence incertaine de son siège,
flottante à travers tout le corps, présente partout et
nulle part, le moi mystérieux et inaccessible.

La volonté et l'intelligence sont ses ministres ; elles
lui procurent les moyens d'agir, elles le mènent et le
soutiennent, l'excitent et l'abattent, elles le sauvent

où elles le perdent. Par suite elles ont en une certaine mesure leur vie propre ; elles jouissent d'une partielle liberté ; bien que ses compagnes inséparables, elles en sont cependant distinctes; elles se comportent avec lui comme à l'égard des hommes, comme à l'égard des multitudes, comme à l'égard des villes les divinités.

Par exemple, au chant VII, en une circonstance déjà indiquée, Hector s'adresse aux deux armées et commence ainsi : « Écoutez-moi, Troyens et Achéens « aux belles cnémides, que je dise *ce que dans ma* « *poitrine mon cœur me commande* ».

(68) ὄφρ'εἴπω τά με θυμὸς ἐνὶ στήθεσσι κελεύει.

Plus loin, dans le même chant, Anténor, et, quelques vers plus bas, Priam, ayant chacun une proposition à soumettre aux Troyens, reproduisent les termes mêmes d'Hector.

Ch. IX, à l'assemblée des chefs, Nestor, s'adressant à Agamemnon, dit : « Il t'appartient d'exposer tes « avis, d'écouter et de mettre à exécution celui d'un « autre, *à qui son cœur inspirerait de parler* « *pour le bien de tous* »,

(100) ὅτ'ἄν τινα θυμὸς ἀνώγη
εἰπεῖν εἰς ἀγαθόν.

Plus loin, dans le même chant, les envoyés, de retour au camp, font part du refus obstiné d'Achille. La nouvelle plonge les Grecs dans la consternation. Diomède relève les courages. « Ne nous occupons plus « d'Achille, dit-il ; qu'il parte, qu'il reste : *nous le*

« *verrons revenir au combat quand son cœur et*
« *quelque dieu l'y exciteront* ».

(702)   τότε δ'αὖτε μαχήσεται, ὁππότε κέν μιν
Θυμὸς ἐνὶ στήθεσσιν ἀνώγη καὶ θεὸς ὄρσῃ.

Comme les hommes, les dieux tiennent leurs pensées et leurs desseins de pouvoirs en une certaine
mesure indépendants, par conséquent étrangers à
leur propre substance. De la même manière que les
guerriers, Zeus, deux fois s'adressant aux Immortels
(VIII, 5 et 6. 6, XIX, 101) commence ainsi :

Κέκλυτέ μευ, πάντες τε θεοὶ πᾶσαί τε θέαιναι,
ὄφρ'εἴπω τά με θυμὸς ἐνὶ στήθεσσιν κελεύει

De même au chant XVIII, 426, Héphaistos, recevant
la visite de Thétis, lui souhaite la bienvenue. « Parle,
quel est ton désir ? *Mon cœur m'ordonne de l'ac-
complir*, si je le puis et si rien ne s'y oppose

τελέσαι δέ με θυμὸς ἄνωγεν
εἰ δύναμαι

Ainsi chez les dieux et chez les hommes, les idées
proviennent ou de sources extérieures à la personne,
ou, dans la personne, de pouvoirs extérieurs à l'âme.
Et cela est si vrai, qu'elles ont leur valeur propre et
fixe, la même partout où on les retrouve. Selon nous,
partisans ou adversaires du libre arbitre, le motif a
une action toute relative ; il varie suivant les individus, dans le même individu suivant les circonstances.
Tous les changements, conscients ou inconscients, de

la vie organique et de la vie psychique retentissent en lui pour le modifier, et d'un instant à l'autre le font tout-puissant ou le réduisent à rien : en un mot il n'est qu'un phénomène.

Pour Homère, il est une réalité. L'emploi fréquent des mots γαίνεται, δοκεῖ, ne doit pas faire illusion ; ils n'ont pas exactement le même sens que les mots « paraître », « sembler », par où on les traduit d'ordinaire. Ceux-ci s'accompagnent dans notre esprit de réserves et d'atténuations : ceux-là représentent les choses telles qu'elles se montrent, c'est-à-dire pour un contemporain d'Homère, telles qu'elles sont. C'est pourquoi les personnages de l'Iliade, mortels ou immortels, n'exercent sur leurs idées aucune action. Elles apparaissent quand et comme il leur plaît ; elles se lèvent dans la pensée comme les étoiles dans la nuit, et ni la nuit ne produit les étoiles, ni la pensée n'enfante les idées. Celles-ci ont leurs formes, leurs qualités, leur valeur. Par elles-mêmes, elles sont bonnes ou mauvaises, de même que les aliments sont savoureux ou détestables, de même que les feuilles sont vertes et que le ciel est bleu. Et de même que, dans une armée, il y a un guerrier plus vaillant que tous les autres par naissance et par nature, Achille parmi les Grecs, Hector parmi les Troyens, de même dans la mêlée des motifs, il en est un qui, par naissance et par nature, émerge et l'emporte. Toutefois, les cas de ce genre sont rares. Dans ces natures primesautières et à courte vue, l'imagination n'entrevoit pas aisément et à tout propos des alternatives diverses ni des partis multiples. Le plus souvent, la conception qui se montre est la conception qui l'emporte : d'elle-même et d'emblée elle s'achève en acte.

Et non seulement elle triomphe, ce qui est tout simple, dans les cas secondaires ou indifférents ; elle triomphe, et c'est plus curieux, dans les conjonctures importantes, à des moments graves, où la décision adoptée, cause à effets prolongés, marque le point de départ d'une longue série de conséquences. Par exemple au chant II, un songe, envoyé par Zeus, se présente à Agamemnon, lui conseille de préparer la bataille et lui promet la victoire. Voilà un projet subitement éclos ; il est survenu en rêve, et il a une vaste portée : le sort de deux peuples dépend de son acceptation ou de son rejet. Il n'importe. Agamemnon ne s'arrête pas à le discuter ni à le peser ; il l'accueille pour ainsi dire à bras ouverts ; il se lève et s'élance à la recherche des chefs grecs.

D'une manière plus frappante encore, au chant IV, Pandaros cède au brusque désir de tuer par surprise Ménélas. Un traité vient d'être conclu entre Grecs et Troyens à leur commune satisfaction, des prières ont été adressées aux dieux, des serments solennels ont été échangés ; puis Ménélas et Pâris se sont avancés l'un contre l'autre et en sont venus aux mains ; Pâris vaincu a été sur le point de succomber ; c'est Aphrodite qui le sauve de la mort et l'emporte dans Ilion. Le combat est terminé, et Agamemnon réclame au profit du vainqueur la récompense promise, c'est-à-dire Hélène et tous ses trésors. Voilà donc les Troyens en présence de la foi jurée, identique à leur intérêt : la restitution d'Hélène, c'est la guerre finie, la paix assurée ; comment pourraient-ils hésiter ?

C'est alors que, sous la figure de Laodocos, Athéné intervient auprès de Pandaros : « Veux-tu m'écouter, « dit-elle, ô fils illustre de Lycaon ? Ose lancer à Mé-

« nélas une flèche rapide. Quelle gloire pour toi !
« Quelle reconnaissance de la part des Troyens, et
« surtout du roi Alexandre ! Quels riches présents il
« t'offrirait, s'il voyait monter sur le triste bûcher le
« martial Atride dompté par tes traits ! Crois-moi
« donc ; perce d'une flèche le célèbre Ménélas ; im-
« plore Apollon Lycien, voue à ce dieu illustre par
« son arc le sacrifice d'une noble hécatombe d'agneaux
« premier-nés, à ton retour au sein de ton palais,
« dans la ville sainte de Zélie. » Ainsi parle Athéné.
« Elle persuade l'insensé, *qui immédiatement retire*
« *de l'étui son arc brillant* » (1).

On le voit : ni les scrupules religieux, ni la crainte
d'un échec possible ne se montrent. L'espérance d'un
éclatant succès, à peine déposée dans la conscience, a
fait autour d'elle le vide et le silence, et sans transition, sans atermoiement, détermine l'action.

De la même façon, au chant XXIV, Thétis agit sur
Achille et Iris sur Priam. Thétis avertit son fils du
désir qu'ont exprimé les dieux, et en particulier Zeus,
de voir restituer aux Troyens le cadavre d'Hector.
« Crois-moi donc, dit-elle en terminant, délivre-le et
« accepte une juste rançon. » (128-137).

Cette proposition est inattendue pour Achille ; elle
devrait contrarier son violent besoin de vengeance, et
rencontrer tout au moins un commencement de révolte. Mais cet état serait de l'indécision, et Achille
l'ignore. Aussi de même qu'au chant IX, il avait, sans
fléchir, résolu de conserver sa rancune et son inaction,
de même ici, sans hésiter, il accepte le message de

_____

(1) (104)   τῷ δὲ φρένας ἄφρονι πεῖθεν.
        Αὐτίκ᾽ ἐσύλα τόξον...

Zeus. En effet sa réponse tient en quelques mots :
« Ah! puisque Zeus le commande, et que tel est son
« désir, fais venir celui qui doit m'offrir des présents
« et emmener le cadavre. »

De son côté Priam a reçu l'avis de se rendre auprès
d'Achille et de lui réclamer son fils. Il y a là une situation de nature à faire réfléchir les plus vaillants.
Achille est parmi des ennemis acharnés le plus achar-
né ; de plus, sa force est sans pareille et sa colère est
terrible : tout le monde tremble devant lui. Or c'est à
un vieillard sans forces, sans énergie, qu'on demande
d'aller trouver le formidable guerrier. De plus, ce
vieillard est Priam ; il est le père des Troyens qui ont
fait le plus de mal aux Grecs ; surtout, il est le père
du plus valeureux de tous, de celui qui a fait le plus
de mal à Achille, d'Hector qui a tué Patrocle. N'y a-t-
il pas là, au moment de tenter une démarche aussi
osée, des raisons sérieuses d'y regarder à deux fois ?
Eh bien, nullement ! En Priam, comme chez Achille,
comme chez Pandaros, l'idée, à peine conçue, est aussitôt acceptée ; elle tend à une réalisation immédiate.
Iris, ayant fait sa communication, s'éloigne. « Alors,
le roi ordonne à ses fils de préparer le chariot léger
que traînent les mules et d'y assujettir une corbeille. »
(189-190).

On ne peut mieux comparer ce genre de conduite
qu'à celui qu'on observe chez les hypnotisés. En ceux-
ci comme en ceux-là, il y a dans les relations de la
personne avec ses pensées une véritable interver-
sion des rôles. A l'état normal et parmi nous, la personne est seule vivante et active; ses idées ne sont que
des moyens d'action, des instruments ; elles n'ont en
conséquence qu'une réalité d'emprunt, un reflet

d'existence. Tout au contraire chez les hypnotisés, chez les enfants, chez les héros de l'Iliade, la conception vit et agit, le sujet est son docile instrument : l'homme s'agite, l'idée le mène.

Elle mène aussi les dieux. Sauf Zeus, qui s'attarde quelquefois à réfléchir, sauf, en une circonstance unique (XV, 158-235), Poseidon qui, sommé par son frère de quitter les Grecs, un instant hésite à obéir, partout ailleurs, avec le même élan que les hommes, les dieux passent de l'acte conçu à l'acte accompli. Au chant I, Chrysès outragé appelle sur les coupables la colère d'Apollon. « Ainsi parle le vieillard suppliant. Apol-« lon entend sa prière, et il s'élance des cimes « de l'Olympe, courroucé en son cœur » (1). — Chant VIII, les Grecs sont en fuite, poursuivis par Hector. Agamemnon implore le secours de Zeus. « Il « dit. Le père des dieux eut pitié de ses larmes, et « d'un signe de tête il promit que l'armée ne périrait « pas. En même temps (αὐτίκα) il fit apparaître un aigle, « le plus infaillible des augures » (2). — Chant XXI, Achille, poursuivi par le Scamandre, est menacé de périr. Dans sa détresse, il supplie les dieux de lui épargner une mort ignominieuse. « Il dit. Vite (μάλ᾽ ὦκα) « Poseidon et Athéné, sous la figure de deux guerriers, « accourent, l'abordent, de leurs mains prennent les « siennes et le raffermissent par leurs discours » (3).

Cette forme d'activité, commune à la terre et à l'Olympe, voisine de l'instinct, est la plus fréquente ;

(1) I, 43-44.
(2) VIII, 245-247.
(3) XXI, 284-286.

elle n'est pourtant pas la seule. On rencontre aussi des états, plus riches où tout un travail de réflexion sépare le moment de concevoir et le moment d'agir. En d'autres termes, il y a dans l'Iliade des cas où les personnages délibèrent. Mais aussi nulle part, peut-être, la passivité mentale, c'est-à-dire la tendance à douer de réalité les manières d'être du moi, à rejeter les faits de conscience hors de la conscience, ne s'affirme avec autant d'éclat.

Les modernes voient dans la délibération un état, complexe sans doute, toutefois entièrement limité au sujet. Les motifs ont peut-être des origines diverses ; la fécondité naturelle de l'esprit enfante les uns ; les conseils reçus, les exemples, les lectures, les relations produisent les autres ; mais les uns et les autres, par cela même que la volonté les accueille et les examine, subissent son action, deviennent sa chose, entrent dans le cercle des états individuels, des phénomènes subjectifs. De plus, et à un moment donné, comparaison et hésitation cessent ; un événement nouveau, la résolution, clôt le débat et inaugure la série des efforts et des actes. Quelle que soit sa nature, manifestation immédiate du libre arbitre selon les uns, résultante finale de tendances suivant les autres, en tout cas elle dévoile en son fond intime le vouloir, elle est comme le timbre de voix de la personnalité. Si même il y avait lieu de distinguer des degrés, on admettrait, ce semble, que, de la délibération et de la résolution, celui des deux faits qui touche par le plus grand nombre de points le moi, y pénètre le plus profondément, c'est le second. Le premier est encore, si l'on veut, la part des choses en nous, l'autre, c'est nous-mêmes. Le point de vue d'Homère est bien diffé-

rent. Au lieu de traverser, comme nous, les apparences et de les rapporter à un principe, lequel, libre
arbitre ou déterminisme, n'est en somme qu'une hypothèse, il se contente de noter et de décrire les données
immédiates de la conscience. Or la plus visible de ces
données est l'intervalle et le vide qui séparent la
réflexion de la décision. Il y a des continuations évidentes ; une bille choque une autre bille, et celle-ci se
déplace ; le mouvement de la seconde suit naturellement celui de la première ; de même la colère suit
naturellement l'offense, comme la joie le succès,
comme le courage l'espérance. Rien de pareil dans
l'acte délibéré : la détermination n'est pas une réflexion qui s'achève ; elle est plutôt une réflexion
interrompue et mutilée. D'elle-même la comparaison
des motifs se prolonge indéfiniment, comme il arrive
aux contemplatifs. La résolution où elle aboutit a toujours quelque chose de pénible et d'obscur. Même dans
le cas où elle est conforme au dernier motif invoqué,
on ne voit pas clairement le passage de celui-ci à celle-
là ; on ne va pas de l'un à l'autre d'un mouvement
insensible ; il y a comme une solution de continuité,
comme un vide. Il en résulte que, toujours d'après les
apparences, la résolution entre dans la conscience
comme une étrangère. Elle ne se montre pas toujours ; d'autres fois, quand elle se montre, elle se tait
sur son lieu d'origine ; d'autres fois enfin, dans les cas
les plus nombreux et les plus importants, elle dit d'où
elle vient : or elle ne vient jamais de celui qui la cherche et qu'elle entraîne.

Par exemple au chant XI, 403..., Ulysse est allé au
secours de Diomède blessé. Celui-ci se retire, et Ulysse,
resté seul en face des Troyens, délibère sur le parti à

prendre : « Hélas, que faire ? Trembler devant cette
« multitude et la fuir ! Certes, ce serait un grand mal.
« Être pris ici seul, ce serait bien pis encore, car le
« fils de Cronos a mis en fuite les autres Achéens.
« Mais, ô mon cœur, pourquoi délibérer ? Ne sais-je
« pas que le lâche seul s'éloigne du péril ? Le vaillant
« guerrier doit surtout combattre avec constance,
« soit qu'il frappe, soit qu'il reçoive les coups de
« l'ennemi. *Tandis qu'il roule ces pensées en son*
« *esprit et en son cœur,* (ἔως ὁ ταῦθ᾽ ὥρμαινε..., τόφρα...)
« *pendant ce temps,* les Troyens armés de boucliers
« s'approchent et l'enveloppent (1). »

De ce passage, il ressort que, si la délibération existe,
si elle est nette et complète, pourtant on ne voit pas
clairement qu'Ulysse se soit arrêté à un parti ferme,
qu'il ait, de lui-même et avant l'événement, étouffé
toute hésitation. La vérité est que ce sont les faits qui
décident. Au dernier moment il voudrait fuir, il serait
trop tard. Un cercle de Troyens l'environne et le
réduit à un parti unique, celui de la défense déses-
pérée.

Ailleurs, l'état d'incertitude se termine par une
décision très réelle. Mais, comme les conceptions qui
tout de suite triomphent, la décision se montre d'elle-
même sans que le sujet en soit le véritable auteur.
C'est ainsi que, au chant XIII (450...), Idoménée a fait
périr Alcathoos, et, fier de son succès, il raille Déiphobe : « Que t'en semble ? Suis-je en arrière ? Trois
guerriers tués pour un seul, après que tu t'es glorifié
sans raison ! » Il dit, et Déiphobe agite en son âme s'il
reculera pour s'associer quelqu'un des Troyens ma-

(1) XI 411-412.

gnanimes, ou si seul il tentera le combat. *Enfin il lui
apparaît comme préférable* de rejoindre Énée (2) ».

C'est encore ainsi qu'au chant XIV, Nestor, enten-
dant les cris des combattants, se lève, quitte sa tente
et s'arrête à la vue du cruel spectacle qui s'offre à ses
yeux : « les Grecs vivement pressés, plus loin les fiers
« Troyens qui les poussent, et derrière ceux-ci le
« rempart abattu... Le noble vieillard reste indécis,
« agitant en son âme s'il se jettera dans la mêlée
« parmi les fils de Danaüs ou s'il rejoindra le roi des
« guerriers Agamemnon. *Il lui apparaît enfin*
« *comme préférable d'aller trouver Atride.* »

(23)   ὧδε δέ οἱ φρονέοντι δοάσσατο κέρδιον εἶναι
         βῆναι ἐπ' Ἀτρείδην.

C'est, on le voit, le même vers qui dit la même
chose de Déiphobe et de Nestor. Ni l'un ni l'autre n'érigent de leur propre autorité un motif discuté en motif
prépondérant. C'est le parti par lui-même le meilleur
qui, spontanément, se révèle et s'impose : il dicte l'arrêt, la volonté l'exécute.

Dans d'autres circonstances, les plus fréquentes,
les plus importantes aussi, l'indépendance de la résolution à l'égard du sujet s'affirme avec une clarté décisive par l'indication de son origine extérieure.

Ch. I, 180-201. Agamemnon a insulté Achille. « Il
« dit, et une vive douleur vient au fils de Pélée. Dans
« sa mâle poitrine son cœur agite si, tirant le glaive
« acéré qui s'appuie sur sa forte cuisse, il écartera les
« Grecs et tuera le fils d'Atrée ou s'il réprimera sa

(2) XIII 458.

« colère et calmera son âme. Pendant qu'en son es-
« prit il roule ce double dessein, il tire du fourreau sa
« grande épée. Alors Athéné descend du ciel... Elle
« s'arrête derrière Achille, et, visible pour lui seul,
« saisit sa blonde chevelure. » Puis, sur une question
du héros, elle lui donne de la part d'Héré le conseil de
dominer son émotion et de se modérer. « Docile à la
« voix de la déesse, Achille appuie sa main pesante
« sur la poignée d'argent, et repousse dans le four-
« reau son redoutable glaive. »

Ch. V, 669-676, Tlépolème et Sarpédon se sont com-
battus, et tous les deux sont blessés. « Les Achéens
« tirent Tlépolème hors de la mêlée. A cette vue,
« l'âme forte d'Ulysse est émue de colère : il agite en
« son esprit et en son cœur si d'abord il poursuivra le
« fils du retentissant Zeus, ou s'il ravira la vie à de
« nombreux Lyciens. Mais la destinée ne veut pas
« que le généreux fils de Zeus périsse sous l'airain
« aigu du magnanime Ulysse. *Athéné tourne donc
« son courroux contre la foule des Lyciens.* Alors
« il moissonne Coranos, etc.

τῷ ῥα κατὰ πληθὺν Λυκίων τράπε θυμὸν Ἀθήνη.

Ch. VIII, 167. Hector victorieux poursuit les Grecs,
et, s'adressant à Diomède, l'accable de ses railleries.
Alors, « à ces paroles, Diomède agite s'il ne retour-
« nera point son char pour le combattre face à face.
« Trois fois il roule ce dessein en son esprit, trois fois
« des monts de l'Ida, le prévoyant Zeus fait retentir
« la foudre et montre aux Troyens le signe de la vic-
« toire. »

Ch. X, 503-511. Diomède et Ulysse ont pénétré dans

le camp des Troyens et en ont massacré un grand
nombre. Ulysse s'est éloigné le premier. « Lorsqu'il
« est hors de péril, il avertit par un sifflement le
« divin fils de Tydée. Celui-ci ne bouge pas, et se
« demande s'il ne fera rien de plus hardi, s'il tuera
« encore plus de Thraces, ou bien s'il ravira le char
« où sont les armes d'or, soit en le tirant par le timon
« soit en l'emportant après l'avoir soulevé. *Tandis*
« *qu'il agite ces desseins en son esprit, Athéné*
« *s'approche et lui dit* : « Magnanime fils de Tydée,
« souviens-toi du retour auprès de la flotte. Prends
« garde qu'une divinité ne réveille les Troyens et que
« tu ne t'en ailles en fuyant. » Elle dit. Il reconnaît la
« voix de la déesse; il monte sur ses coursiers
« qu'Ulysse frappe de son arc. »

Ch. XVI, 698, Patrocle a dû, sur l'ordre d'Apollon,
s'éloigner de Troie où il voulait pénétrer. « Hector
« cependant arrête ses chevaux près de la porte de
« Scées, indécis s'il doit combattre et les pousser en-
« core dans la mêlée, ou s'il ordonnera aux Troyens
« de se réunir derrière les murailles. Comme il agite
« ce double dessein, Apollon se place à ses côtés sous
« la figure d'Asios et lui dit : « Hector, pourquoi
« cesses-tu de combattre ? Cela ne te sied pas. Que ne
« te suis-je supérieur en forces autant que je te le
« cède. Soudain je te ferais repentir d'avoir quitté la
« mêlée. Reprends courage ; pousse les coursiers fou-
« gueux contre Patrocle. Si tu pouvais le faire suc-
« comber ! Si Apollon t'accordait la victoire ! » A ces
« mot le dieu rentre parmi les guerriers. De son côté
« l'illustre Hector ordonne au vaillant Cébrion d'exci-
« ter ses cavales et de les mener au combat. »

Les cinq exemples que nous venons de reproduire

aboutissent à une même conclusion : tous les cinq
mettent en scène des personnages de première importance, Achille, Ulysse, Diomède, Hector ; tous exposent
des situations de grande conséquence; le premier, notamment, est peut-être le fait capital de l'*Iliade*. Or,
dans les cinq cas, le même processus psychique se
révèle : un concours accidentel de circonstances
amène l'esprit à entrevoir deux partis possibles ; l'esprit hésite et délibère, mais il ne va pas plus loin :
une divinité décide pour lui. Dans les cinq cas, l'acte
volontaire commence et s'achève hors de la conscience, par les événements et par les dieux.

Pourtant, ni dans l'*Iliade* ni dans aucun poème,
rien n'est absolu. Il ne serait donc pas surpre-
nant qu'un exemple au moins se rencontrât de volition complète avec tous ses éléments rapportés au
sujet. Cet exemple, en effet, se trouve au XXIIe chant.
Achille a repris les armes ; il a reparu dans les rangs,
semé parmi les ennemis la mort et l'épouvante. Les
Troyens sont rentrés précipitamment dans Ilion.
Hector est resté seul hors des murs.

« Tout contristé, il se dit en son grand cœur :
« Malheur à moi si je franchis les portes et le rem-
« part ! J'essuierai tout d'abord les reproches de Poly-
« damas qui me conseilla de ramener les Troyens
« dans Ilion pendant cette nuit funeste où apparut le
« divin Achille. Je ne l'écoutai point, et pourtant cela
« aurait bien mieux valu. Maintenant que par mon
« imprévoyance j'ai perdu l'armée, je redoute les
« Troyens et les Troyennes aux longs voiles : je crains
« qu'un homme moins vaillant que moi ne dise :
« Hector, trop confiant dans ses forces, a perdu l'ar-
« mée. Voilà ce qu'on dira. Ah ! ce que j'ai de mieux

« à faire, est de ne rentrer qu'après avoir tué Achille
« ou de mourir glorieusement pour la patrie. — Pour-
« tant, si je déposais mon bouclier, mon casque pe-
« sant, si j'appuyais ma javeline contre le rempart
« pour courir au devant du vaillant Achille et lui
« promettre Hélène avec tous les trésors qu'Alexan-
« dre a transportés dans la Troade sur ses vaisseaux
« profonds ! Elle est la cause de la guerre, donnons-la
« aux Atrides pour qu'ils l'emmènent. Nous partage-
« rions ensuite avec les Achéens la moitié des riches-
« ses qu'il y a dans la ville. Je ferais prêter par les chefs
« des Troyens le serment de ne rien céler et de faire
« deux parts de tout ce qu'ils possèdent. Mais, ô mon
« cœur, pourquoi délibérer (ἀλλὰ τίη μοι ταῦτα φίλος διελέ-
« ξατο θυμός) ? Je n'irai point auprès de cet homme, il
« n'aurait pour moi aucune compassion ; il ne me
« respecterait pas. Sans hésiter il me tuerait comme
« une femme puisque j'aurais dépouillé mon armure.
« Ce n'est pas le moment de causer avec lui du
« chêne et du rocher, comme les jeunes gens et les
« jeunes filles font entre eux, oui, comme font entre
« eux les jeunes filles et les jeunes gens. Mieux vaut
« combattre et savoir au plus tôt à qui Zeus réserve
« la victoire. » (1).

Si Hector est une des physionomies les plus atta-
chantes de l'Iliade, la raison en est que, seul parmi
des barbares, il a autre chose dans le cœur que des
instincts, c'est-à-dire des sentiments moraux, et autre
chose dans la volonté que des impulsions, c'est-à-dire
des idées. Sa réflexion n'est pas seulement une poussée de mobiles qu'un jeu mécanique d'actions et de

(1) XXII, 99-130.

réactions heurte les uns aux autres ; c'est lui-même qui
les évoque, les compare, et, parmi eux, fixe son choix.
La décision est de lui comme le reste. En lui germe et
se dessine notre active et féconde pensée, notre complexe et inventive humanité.

Et pourtant cette belle ébauche est inefficace. L'élan
qui emporte Hector vers la complète possession de
soi n'empêche pas un soudain retour à la passivité.
En effet, dès qu'Achille a reparu, son adversaire, saisi
de crainte, prend la fuite. Serré de près, il fait trois
fois en courant le tour de la ville. Et c'est Athéné qui,
à la quatrième, sous la figure de Déiphobe, l'aborde,
l'encourage par des promesses trompeuses, le décide
enfin à un suprême effort. Pour une fois que la volonté
a su se résoudre, elle n'a pas su agir. La décision à
peine prise n'a pas duré : une impression extérieure
l'a dissipée brusquement. Même dans ce dernier cas
comme dans tous les autres, la personne accuse sa
radicale impuissance à produire, à elle seule, tout un
acte.

Elle n'y réussit pas mieux chez les dieux que chez
les hommes. On a déjà remarqué que, en général, les
dieux ne délibèrent pas. Seuls Zeus et Héré font
exception. Parfois la délibération porte sur le choix
des moyens. Il s'agit alors de quelque procédé à chercher, de quelque ruse à trouver. Par exemple, au
chant II, le maître de l'Olympe veut punir les Achéens,
et après de longues réflexions, il envoie à Agamemnon
un songe menteur. Par exemple encore Héré (XIV),
voulant tromper Zeus, imagine de le séduire. L'un et
l'autre visent à leur but de la même manière, par
l'attente d'une idée apparue en eux sans eux, qu'ils

acceptent sans la produire. Le même vers en effet,
appliqué bien des fois aux hommes, ici se retrouve :

Ἥδε δε οἱ κατὰ θυμὸν ἀρίστη φαίνετο βουλὴ. II, 5, XIV, 51)

D'ailleurs le vrai type de délibération a pour objet,
plus que le choix des moyens, le choix de la fin. Le
premier est affaire de sagacité ou de patience, et les
animaux y atteignent. Le second est plus difficile et
plus rare : toutes les énergies et toutes les aptitudes y
concourent. Or cette forme la plus haute de l'acte
volontaire, Zeus seul parmi les immortels en offre
des exemples, mais suivant un mécanisme que nous
connaissons déjà et que nous allons retrouver.

En effet sa volonté, bien que la plus riche et la plus
redoutée, pourtant pas plus que celle d'un simple
mortel, ne tire d'elle-même le principe de son action,
ne s'attribue à elle-même le motif décisif. Comme à la
volonté humaine une inspiration du dehors souffle la
résolution. Par exemple, au chant XVI, Sarpédon et
Patrocle vont en venir aux mains. Zeus, à la vue de
son fils menacé, hésite : « Hélas ! le destin l'a voulu ;
« Sarpédon que je chéris le plus parmi les hommes,
« va succomber. Dans mon sein, mon cœur est par-
« tagé, et j'agite si je l'enlèverai vivant du combat
« lamentable pour le transporter au milieu du peuple
« opulent de la Lycie, ou si je permettrai qu'il soit
« vaincu par les mains du fils de Menetios (1). » Il en
est là, partagé entre des impressions contraires, lorsque Héré intervient et propose un moyen terme, Sarpédon vaincu, son corps transporté par la Mort et le
Sommeil en Lycie ; et c'est en effet ce projet qui
triomphe.

(1) XVI 433-438.

Il y a d'autres cas où ni Héré ni aucune autre divinité n'indiquent leur avis. Alors Zeus, embarrassé, sort d'incertitude par le moyen des balances. Deux fois en effet elles (1) interviennent et décident de la victoire.

Dans notre langage, la balance est un symbole de justice, et on pourrait croire au premier abord que Zeus, par sa seule sagesse, décide, parmi des ennemis aux prises, lequel a mérité de vaincre et lequel a mérité de périr. Il n'en est rien cependant : on ne voit pas en effet par quelle raison morale le vainqueur pourrait justifier son succès, et le vaincu admettre sa défaite. La vérité est que la balance figure le sort auquel nous avons recours pour éviter l'injustice voulue, mais qui par lui-même est brutal et aveugle. En d'autres termes, elle représente le Destin et son intervention. Le Destin agit du dehors sur Zeus comme Zeus agit du dehors sur l'homme. En Zeus comme en l'homme la volonté ne prend que les décisions qu'on lui procure.

On a douté, il est vrai, si Zeus et le Destin étaient, aux yeux d'Homère, des puissances distinctes. En France, on a été d'avis qu'aucune fatalité suprème ne domine les dieux. La μοῖρα, l'αἶσα ne seraient que les décrets de Zeus, simples obligations qu'il se serait imposées librement. Certains textes en effet semblent favoriser cette interprétation ; mais d'autres, qui ne prêtent à aucune équivoque, y restent rebelles et indiquent clairement entre le maître de l'Olympe et le Fatum une réelle différence (2).

Cela ne veut pas dire que, conformément à une

(1) Ch. VIII, 66-77 ; ch. XXII, 167-213.
(2) V. Ch. V, 669-676, pass. cité, p. 74. — V. aussi Ch. XVIII, 115-116, 119.

autre opinion fort répandue, le Destin soit une force
d'essence mystérieuse, réfugiée au delà du monde
dans une zone inconnue et inaccessible, sorte de voix
de l'abîme qui de loin en loin laisserait tomber sur les
dieux inquiets et sur les hommes tremblants ses irré-
vocables arrêts. Cette conception sera peut-être celle
d'Eschyle, à coup sûr elle n'est pas celle d'Homère.
Pour Homère en effet le Destin est à l'égard de chaque
individu, mortel ou immortel, l'ensemble des forces
étrangères à cet individu. On peut s'en convaincre en
considérant ce qu'ainsi défini il devient dans ses rapports avec Zeus, avec les autres dieux et avec les
hommes.

L'infinité, que nous considérons maintenant comme
partie nécessaire de la nature divine, manque à Zeüs.
Il n'est pas éternel, puisqu'il a commencé ; il est simplement l'aîné parmi ses frères et sœurs. Il n'est pas
présent à tous les lieux, car il se déplace ; tantôt il
habite l'Olympe, tantôt il occupe les cimes de l'Ida,
tantôt enfin il voyage et se rend de préférence chez
les Éthiopiens. Localisé dans l'espace, il ne voit en
même temps qu'une seule portion de l'espace. Pendant qu'il contemple les batailles troyennes, il perd de
vue et ignore ce qui se passe dans l'Olympe. Et
comme sa vue, sa science est bornée. S'il est le plus
savant, il n'est pas omniscient : il prête en effet à Héré
un serment dont il n'aperçoit pas sur le moment toutes les conséquences. Enfin sa puissance, la plus
grande de toutes, pourtant n'est pas absolue. En
regard de l'omnipotence telle que nous la concevons,
toute autre force se ramène à un néant. Par un simple signe et d'un seul désir, le Dieu des modernes
anéantirait instantanément la création. Il en est tout

autrement de Zeus. Les dieux qui vivent avec lui ont
beau lui être inférieurs, ils conservent néanmoins en
propre une certaine indépendance et un rôle défini.
De plus leur obéissance n'est pas toujours docile et
convaincue : des frissons d'impatience, des bouffées
de révolte parfois les secouent. Poseidon, entre autres,
balance quelques instants entre la soumission et la
guerre, perspective inquiétante pour Zeus lui-même
qui, malgré sa confiance en sa supériorité, reconnaît
toutefois qu'une lutte entre lui et son frère « ne se
serait pas terminée sans sueur. » Les batailles d'autrefois avec les dieux de la terre, où le fils de Kronos ne
dut le salut et la victoire qu'au secours du géant Briarée,
témoignent plus nettement encore des limites de cette
puissance. Enfin certaines nécessités primitives lui
opposent une barrière décidément infranchissable ; la
mort par exemple lui échappe. Il ne peut ni l'imposer
aux dieux ni en affranchir les hommes. Il réussirait
sans doute à reculer l'heure dernière d'un favori ; il
prolongerait au besoin une existence ; mais rien de
plus. Nulle part il ne gratifie de l'immortalité un habi-
tant de la terre, nulle part il ne ressuscite les morts.

Et comme si toutes ces entraves ne suffisaient pas,
lui-même, par ses promesses, en produit sans cesse
de nouvelles dont, par la suite, il subit l'action. C'est
qu'en effet un serment n'est pas pour les contemporains d'Homère ce qu'il est pour nous, à savoir un
engagement moral que nous contractons librement et
que librement nous tenons. Un serment est une parole
à la réalité ailée et vivante, véritable divinité qui,
aussitôt lancée à travers le monde, y circule et le
parcourt, amie des dieux souterrains, armée comme
eux contre l'oubli ou contre la mauvaise foi de formi-

dables châtiments. A la lettre, c'est un être nouveau
qui prend rang dans la foule des êtres anciens ; c'est
une puissance de plus qui s'ajoute au concert des
puissances déjà installées.

Serments, nécessités naturelles, dieux de la terre,
dieux de l'Olympe, voilà, à l'égard de Zeüs, le destin.
Le destin rassemble et résume tout ce qui dépasse la
personnalité actuelle du maître des dieux ; il enveloppe en sa confuse unité les forces, amies ou ennemies de Zeüs, mais autres que Zeüs. Il n'est donc pas
lui-même une force à part, distincte et isolée, ainsi
qu'on se l'imaginera plus tard ; il est, en face de Zeüs
et hors de lui, l'univers.

Par là on comprend ses aspects variables et multiples. Parfois, en effet, il a sa source en Zeüs même,
dans une promesse antérieure. C'est le cas lorsque,
déclarant que la victoire des Troyens est le prix de
l'injure faite à Achille, il ajoute : « Ainsi l'a réglé la
destinée, » et la destinée ici part de l'engagement
solennel qu'il avait contracté avec Thétis. Ailleurs le
destin émane des autres dieux, notamment de Héré
qui, par ruse, décide des malheurs d'Hercule. « Avec
« toute sa force, dit Achille, Hercule n'a pu fuir
« la Kère, lui cependant le plus aimé des fils de
« Krónos, car *la Moira et la terrible colère*
« *d'Héré le domptèrent* (1) ». Ailleurs encore la
nécessité à son principe dans la nature elle-même.
C'est ainsi qu'Achille triomphe d'Hector parce qu'il
est fils d'une déesse et que Sarpédon meurt parce qu'il
est homme. Ailleurs enfin, là où les résultats, par
exemple ceux d'une bataille, tardent à se dessiner,

_____

(1) XVIII, 119.

elle se révèle comme le jeu fortuit des choses, hasard pour les anciens, pour nous combinaison accidentelle, et c'est alors qu'elle se présente sous forme de balances.

Plus manifestement encore, pour toute autre divinité, quelle qu'elle soit, pour tout homme aussi, le destin est l'ensemble des forces autres que cette divinité, autres que cet homme. Voilà pourquoi, continuellement, les héros d'Homère mêlent son action à l'action des dieux. Pas un instant ils ne surajoutent à l'Olympe une autre puissance, étrangère et supérieure. Les dieux, volontés extérieures et supérieures à l'homme, par cela seul décident en partie du sort de l'homme, par conséquent produisent des décrets inévitables, expriment et représentent, chacun pour sa part, la Moira. Voilà pourquoi, lorsque Athéné détourne de Sarpédon la colère d'Ulysse, Homère ajoute : « Il n'était pas dans la destinée de Sarpédon « de périr sous les coups du fils de Laerte (2) ». Voilà aussi la raison d'être du langage d'Achille au chant XVIII : « Maintenant courons, dit-il, cherchons Hec- « tor, le meurtrier de cette tête si chère ; puis nous « recevrons la mort *quand il plaira à Zeus et aux* « *autres Immortels de nous l'envoyer*..... Qu'il en « soit de moi comme du fils d'Alcmène, *si un pareil* « *destin m'attend !* » (1).

La Moira n'est donc pas un simple aspect de Zeus, immanente à sa substance ; elle lui est réellement extérieure et par suite indépendante de lui. Mais elle n'est pas pour cela une personnalité ébauchée, ambi-

(2) V, 674.
(1) XVIII, 115-116.

tieuse de lui faire échec et de le dominer. Répandue à
travers toutes choses, identique aux choses mêmes,
elle enveloppe et dirige toutes les volontés, humaines
et divines, les plus hautes comme les plus humbles.
Elle fait leur richesse ou leur misère, leur fermeté ou
leur mollesse ; elle provoque leurs recherches, leurs
inquiétudes, leurs décisions. Elle est la seule infiniment active et féconde ; partout c'est elle qui jaillit,
s'élance et se répand, dans le monde des corps, en
événements et en formes, dans le monde des consciences, en idées et en actes.

CHAPITRE IV

L'invention dans l'ignorance.

Le milieu de l'Iliade est un milieu de partielle ignorance. Aussi la passivité mentale n'y est-elle pas complète. Si elle s'étend aux sentiments, il est un domaine
qui lui échappe, et ce domaine est celui de la poésie
et de l'art. On ne veut pas dire par là qu'Homère ait
apprécié à leur juste valeur les légendes dont il se
se faisait l'écho et les fictions dont lui-même les
ornait. Assurément il serait très difficile de faire, dans
la foule des ses récits, le départ entre ceux auxquels
il ajoutait foi et ceux auxquels il ne croyait point. Il
mettait sans nul doute au rang des faits et des personnages historiques la guerre de Troie et les héros
qu'elle avait illustrés. Sans doute aussi l'Olympe, Zeus
et son cortège de dieux furent pour lui des choses et
des êtres aussi réels que les côtes d'Asie ou que les
Athéniens. Mais quand il dépeint Apollon qui s'avance
avec le carquois et l'arc d'argent, ou Poseidon sous
les pieds duquel les forêts tremblent et qui en trois
pas parcourt le monde, est-il à lui-même sa première
dupe ? Considère-t-il comme de simples décalques ses
souriantes et lumineuses fantaisies ? C'est ce qu'il est
impossible de décider.

En revanche aucune obscurité n'enveloppe l'idée
qu'il se fait de ses propres descriptions. Visiblement

la métaphore lui apparaît telle qu'elle est en effet, c'est-à-dire comme un mode d'expression qui éclaire la pensée et lui donne plus de relief. Qu'Apollon s'abatte au milieu des Grecs « semblable à la nuit », qu'Hector s'écroule sous les coups d'Ajax « comme un chêne foudroyé », que les Troyens fuient devant Achille « comme devant le feu les sauterelles », en aucun cas le poète ne se méprend sur la portée des analogies qu'il signale. Il ne soupçonne nul lien de parenté entre Apollon et la nuit, entre Hector et un chêne, entre des guerriers et des sauterelles. Il ne s'agit pas ici de ressemblances ou de relations comme l'expérience en révèle entre les individus d'une même famille ou les espèces d'un même genre. Celles-ci produisent outre des systèmes d'idées des systèmes de faits. Celles-là au contraire ne sont que des édifices d'images, réels uniquement dans l'esprit et par l'esprit.

Pareillement l'art se présente à Homère avec ses vrais caractères : les scènes gravées sur le bouclier d'Achille sont le brillant décor d'une armure divine, parure aussi nécessaire qu'aux étoffes orientales leurs broderies. Plus d'une fois sans doute le mirage de la vie séduit le poète, qui raconte alors comme des événements réels les diverses péripéties de la ville assiégée, des noces célébrées, ou des champs labourés et ensemencés. Néanmoins l'impression dominante reste limpide : Homère sent qu'il y a aussi loin de l'imitation artistique des choses aux choses elles-mêmes que de l'imaginaire au réel, de l'illusion à l'existence.

En d'autres termes, à côté des croyances et des sentiments, qui ne sont que les délégués de la nature et des dieux, il y a place dans l'esprit pour une classe à

part de représentations : celles-ci, quel que soit leur
point de départ, inventions ou inspirations, ne sont
plus les humbles reflets des choses ; elles s'élèvent à
la dignité de libres arrangements de la pensée en qui
elles ont leur principe, leur séjour et leur fin. Au
domaine du réel s'ajoute le domaine du fictif ; l'esprit,
jusque-là docile et crédule, cette fois réagit et atteint
à la conscience de ce qu'il fait ; il garde pour lui et
réduit à une vie exclusivement subjective l'ample
réseau de ses intuitions poétiques.

Et il semble que, de sa part, cette répartition soit
spontanée et primitive. Par nature il paraît distinguer
au premier coup d'œil une métaphore d'une hypothèse ; sans tâtonnement, sans effort, il rapporte l'une
à ses propres manières d'être, et l'autre aux manières
d'être des objets ; c'est chez lui aperception immédiate, c'est une donnée de la conscience, une apparence première.

Ne serait-ce pas plutôt une apparence acquise, le
résultat d'une habitude de la race ? Dans l'évolution
mentale dont l'Iliade marque une des plus récentes
étapes, ne peut-on pas soupçonner une autre étape
plus ancienne, une période plus reculée où la distinction, en nous si facile et si sûre, de l'imaginaire et du
réel, de la poésie et de la connaissance, fait défaut ? Il
y a eu, nous l'avons montré, pour l'esprit humain un
âge où, capable de penser et de vouloir, il reportait à
des forces étrangères le principe de ses idées et de ses
actes. Dès lors pourquoi n'y aurait-il pas eu un autre
âge où, déjà capable d'inventer, mais par le fait d'une
ignorance plus grande et d'une passivité plus accusée, il aurait de même projeté hors de lui en réalités
indépendantes, mêlées aux réalités matérielles, ses

créations et ses fantaisies ? Ce que Descartes faisait avec des notions métaphysiques, ce que Platon faisait avec les abstractions, ce qu'Homère faisait avec les sentiments, d'autres hommes, plus proches encore de l'irréflexion primitive, ne l'auraient-ils pas fait pour la métaphore et pour l'imitation, c'est-à-dire pour la poésie et pour l'œuvre d'art ?

Ici la méthode de régression historique nous échappe. Il y a sans doute des documents antérieurs à l'Iliade ; on en trouverait en Grèce même, en Egypte, en Chaldée, dans l'Inde. Mais ils ont soulevé trop de discussions de dates, de plus ils sont trop mêlés à d'autres œuvres dont l'âge psychologique est le même que celui des poèmes homériques, pour qu'on puisse trouver en aucun d'eux le type d'esprit que nous cherchons.

Mais ce que ne peuvent pas, à eux seuls, les témoins écrits, peints et sculptés des plus vieilles civilisations, ils le peuvent avec l'aide des renseignements que nous avons sur les peuplades sauvages, mentalement plus vieilles encore. C'est pourquoi on passera de l'examen d'une période à l'examen d'un état, on cherchera par voie d'analyse les caractères de l'invention dans l'ignorance.

I

LA RECHERCHE DES CAUSES

Considérons-la d'abord autour de nous en partant de sa forme la mieux étudiée, la découverte scientifique. Celle-ci peut se définir la coordination de faits de plus en plus nombreux suivant des lois de plus en plus générales, ou encore une expérience toujours plus complexe encadrée dans un système d'abstractions toujours plus raffinées. Son objet est donc double, par suite la méthode qui nous y mène est double aussi, faite de constatation et d'interprétation. Le premier procédé, à travers tous ses perfectionnements, ne change jamais de nature. Qu'il emploie les appareils grossissants, enregistreurs ou graphiques, qu'il invoque la statistique, sorte d'observation à plusieurs, c'est toujours l'expérience sensible qui tôt ou tard reparaît et décide en dernier ressort. L'œil, l'oreille ou la main peuvent interrompre leur action, ils sommeillent parfois, ils ne disparaissent nullement, ils commencent et finissent les enquêtes : à nous comme aux primitifs, ils restent indispensables.

Il n'en est plus de même de l'autre travail par où se constitue l'explication scientifique. Il se présente en effet avec des caractères qu'il n'a pas toujours eus, avec des conditions et des effets qu'il n'a pas toujours possédés.

Expliquer des faits, c'est trouver leurs lois, et les lois, malgré leur diversité d'aspects, se ramènent à des successions nécessaires. Or leur recherche est double-

ment difficile. D'abord elles sont dispersées et comme
noyées dans un océan de relations fortuites. A chaque
instant, dans le monde, une multitude infinie de phénomènes étrangers les uns aux autres se produisent
ensemble. En ce moment où j'écris, le soleil brille, les
oiseaux chantent, des enfants crient ; ailleurs, des
rivières coulent, des trains circulent, des hommes
naissent ou meurent, des batailles se livrent, des
traités se préparent, et ainsi va le torrent de la vie
universelle qui roule et emporte pêle-mêle les liaisons
vraies et les vaines concomitances. Mais ce n'est pas
tout. Les lois ne se dérobent pas seulement derrière un
ample réseau d'apparences illusoires ; il y a plus :
aucun signe distinctif, aucun critérium décisif ne
sépare celles-ci de celles-là. On sait les efforts infructueux des philosophes anciens en vue de reconnaître
l'essence et l'accident. Quant aux modernes, leurs
précautions chaque jour plus minutieuses, leurs mé-
thodes de plus en plus sévères, leur attention sans
cesse en éveil, leur constante défiance à l'endroit des
conclusions non démontrées sont autant de preuves de
l'extrême facilité qu'il y a à prendre pour une
relation nécessaire une relation accidentelle, pour
une loi une coïncidence passagère, pour une
vérité une erreur. Et si complète est cette persuasion que les mêmes savants, qui ont l'absolue
certitude des lois de la nature, n'ont la certitude d'aucune loi. La nécessité ne porte pas de signe révéla-
teur. Seules, des coïncidences solitaires en seraient,
ainsi qu'on l'a remarqué, des manifestations certaines. Mais il n'y a pas de coïncidences solitaires.
Les êtres, disait Bacon, ne sont pas comme des îles
dans la nature. De là, chez le savant, un état de lutte

permanente. Sans cesse des images se dessinent, des rapprochements s'ébauchent, des hypothèses émergent, qu'il est obligé d'éloigner et de reléguer au rang des visions subjectives. Le travail scientifique, c'est un effort constant de recherche et de choix, c'est un triage continuel dans une veillée incessante. Par lui l'esprit atteint au plus haut degré d'activité, il arrive à la pleine possession de soi.

Mais il faut, pour rendre possible une telle attitude, un motif puissant, pour expliquer une pareille intensité d'attention, un énergique ressort. Ce ressort, ce motif existent en effet, et c'est l'idée même qu'il y a dans l'ensemble des relations apparentes des relations nécessaires, c'est la foi au déterminisme.

Mais cette foi n'est pas primitive. L'idée de nécessité est une conquête de l'esprit. Ce n'est pas que la constatation de séries régulières en ait été, comme on l'a prétendu, la source. Longtemps avant les Grecs on avait en Egypte, en Iran, dans l'Inde, reconnu quelques-unes de ces séries. On a confondu à tort les notions d'ordre et de loi. Toutes les combinaisons régulières d'événements ne sont pas des relations nécessaires, et toutes les relations nécessaires ne sont pas des phénomènes réguliers. Parmi elles, quelques-unes n'apparaissent que de loin en loin. Même elles peuvent être vraies sans être réelles. On conçoit un univers sans surface polie, et par suite sans rayon réfléchi. Pourtant la réflexion de la lumière n'en conserverait pas moins sa vérité latente et le cortège idéal de ses antécédents et de ses résultats. Sans doute une infinité de lois dorment ainsi, insoucieuses des siècles, attendant l'heure de s'éveiller et d'agir.

Leur caractère essentiel est, quoi qu'on ait dit, la

nécessité, par laquelle on entend ce dont le contraire
est impossible. Il est des cas où leur contingence
semble intelligible : c'est alors notre ignorance du
détail qui enfante cette illusion. Il n'en est plus de
même dans d'autres cas mieux analysés. Qu'un pan
de montagne, détaché de la masse environnante,
vienne, avec un poids déterminé et une vitesse
définie, s'abattre sur des huttes de jonc : l'écrasement
de ces frêles abris résultera aussi nécessairement du
choc produit que dans un triangle l'égalité de ses trois
angles à deux droits. Et quand on invoque un miracle
possible, c'est qu'au fond on introduit un changement soudain dans les circonstances qui accompagnent la chute de la montagne. Par exemple on
imagine que, par une subite et mystérieuse influence,
les roseaux entrelacés se sont roidis comme des barres
d'acier et ont opposé la résistance d'un bloc de granit,
ou bien qu'une main toute-puissante a soulevé dans
un bond léger, par-dessus les toitures, l'avalanche. On
modifie donc l'action de celle-ci, ou bien on ajoute à
la force des huttes ; de toute manière on rétablit en
pensée l'équilibre. Le miracle n'est pas la négation des
lois de la nature ; il n'en est que le déplacement et la
coordination par l'esprit en exceptionnels assemblages.

Or la réfraction de la lumière, la dilatation des
corps par la chaleur, l'action de l'oxygène sur le sang,
du suc gastrique sur les aliments, constituent un
mécanisme aussi rigoureux que les effets des poids
et des masses. La possibilité de leur contraire n'est
qu'un mirage de l'imagination.

Mais s'il en est ainsi, l'hypothèse d'une expérience
collective conçue comme la source de l'induction

scientifique apparaît manifestement fausse. L'expérience peut faire entrevoir le général : elle est incapable de révéler le nécessaire. Celui-ci a son origine
dans les mathématiques, œuvre des Grecs, et dans
l'application croissante des mathématiques aux phénomènes, œuvre des modernes. Sans ces deux conditions, jamais la raison ne se serait élevée à la pure
notion de loi.

Mais alors la question se pose de savoir quelle dut
être, avant toute connaissance des propriétés numériques ou géométriques et en face des faits, l'attitude
de l'esprit. Son attitude actuelle est, nous le savons,
l'effort en vue de ramener les données de l'expérience
à deux espèces distinctes de relations, les unes constantes et vraies, les autres fortuites et illusoires. Mais
cette répartition de nos idées n'est possible que par
une idée. Otez celle-ci, et la distinction, tout à l'heure
si tranchée, du vrai et du faux, de la loi et du hasard,
de la cause et de l'accident, s'évanouit. Par elle, l'esprit loge comme deux castes fermées l'une à l'autre,
n'ayant ni la même origine, ni les mêmes tendances,
ni les mêmes pouvoirs. Sans elle, les barrières s'abais-
sent, les castes se confondent, les représentations
retombent au même rang. Au lieu d'une différence de
nature il n'y a plus entre elles que des différences de
degrés.

En effet, un rapport de causalité est pour nous tel
que, l'antécédent une fois donné, le conséquent ne
peut pas ne pas se montrer. Et si nous l'affirmons,
c'est en vertu d'une conviction irrésistible peu à peu
façonnée par nous-mêmes, et non pas des données de
l'expérience. Il n'y a pas dans la nature un seul cas
où l'ensemble des causes apparentes amène toujours,

sans exception, ses effets. Le soleil, au-dessus de l'horizon, ne verse pas toujours la lumière, car il y a les éclipses ; le froid de l'hiver n'est pas constamment remplacé par la chaleur de l'été, puisqu'il y a des étés sans chaleur ; les plus graves blessures, les plus dangereuses maladies ne s'achèvent pas inévitablement dans la mort : il y a en effet tant de guérisons extraordinaires ! Si donc nous affirmons entre l'antécédent et le conséquent une liaison nécessaire, c'est plutôt parce que nous le croyons, parce que nous le voulons, que parce que nous le voyons. Mais aussi cette croyance disparue, la notion de causalité se transforme complètement. A défaut de relation nécessaire, il n'y a de concevable que la relation possible. Dès lors la cause et son effet ne s'accompagnent plus invariablement. Celui-ci peut changer sans que celle-là se modifie. Par exemple, le soleil verse tour à tour l'abondance et la sécheresse, la santé et la maladie, il fait vivre et il fait mourir. Pareillement les orages répandent à leur gré la richesse ou la ruine ; pareillement enfin chez les Grecs d'Homère Zeus, sans raison décisive, tantôt accueille, tantôt repousse les vœux des mêmes suppliants. Pour nous, une même cause produit toujours les mêmes effets. Pour le primitif, une même cause est capable d'effets différents. Il y a plus : selon nous la présence de la cause entraîne nécessairement la présence de l'effet ; les primitifs n'ont pas le soupçon de cette loi. Pour eux, une cause peut suspendre la série de ses conséquences et en quelque sorte laisser dormir sa fécondité. Ils la conçoivent aisément repliée sur elle-même, réfugiée dans la solitude et dans la torpeur. N'est-ce pas cette idée qui persiste dans la croyance aujourd'hui encore répandue en un dieu créateur présent avant la création ?

Pour la pensée irréfléchie, la causalité est pénétrée de contingence. Sans doute, elle ne se confond pas pour cela avec le désordre. Il y a en effet des courants familiers d'événements, des séries régulières de faits, par exemple la succession du jour et de la nuit, des saisons, des phases de l'existence, de la vie et de la mort. Pourtant cette régularité n'est pas absolument sûre d'elle-même. Tôt ou tard et brusquement, le fleuve des choses peut changer de lit et choisir un autre cours. Voilà pourquoi la mythologie grecque croit à Phaéton qui entraîne hors de leur route les chevaux du soleil. Voilà pourquoi Hérodote, à propos des crues du Nil, affirme qu'un jour ou l'autre les inondations d'Egypte et les pluies de la Grèce cesseront. Nous plaçons au cœur des choses le mécanisme; les anciens y mettaient des habitudes.

Or si la répétition renforce l'habitude, elle ne la crée pas. Celle-ci en effet commence avec le premier acte. D'un autre côté, l'expérience révèle des concomitances plus fréquentes les unes que les autres, par suite des rapports plus résistants et plus fermes. Le nombre des cas favorables décide de la nature de la cause et de sa consistance, mais il ne décide pas de sa présence ni de sa réalité, car quel nombre invoquerait-on? A quel autre nombre minimum s'arrêterait-on? C'est pourquoi, parti des enchaînements les plus solides et les plus fréquents, on descend de degré en degré par une pente insensible et irrésistible jusqu'aux rencontres uniques, jusqu'aux coïncidences exceptionnelles, seul et vrai point de départ de la causalité. Celle-ci se montre non seulement dans les phé-

nomènes en quelque sorte soudés les uns aux autres,
comme l'humidité et la germination, non seulement
dans les simultanéités encore fréquentes, comme le
clair de lune et la rosée, mais dans les combinaisons les
plus imprévues et les plus rares, comme l'apparition
d'une comète et une récolte abondante. Deux faits se
sont-ils produits une seule fois en même temps ou à
la suite l'un de l'autre, leur rencontre dans l'infinité
du monde est une preuve suffisante. Ou bien ils s'expliquent l'un par l'autre, ou bien un même principe
les explique l'un et l'autre (1).

Il y a plus. Leur solidarité est d'autant plus intime
que leur rencontre apparaît plus étrange. De là la part
prépondérante chez tous les primitifs du hasard et du
sort. Par exemple, un homme agité de certaines préoccupations entend-il une autre personne, ignorante
de son propre état, prononcer quelque parole en rapport avec les sentiments dont lui-même est plein : immédiatement il nouera ensemble le langage entendu et
les impressions éprouvées, puis s'aidera de ce rapprochement pour prendre une décision. Par exemple encore, chez un grand nombre de peuplades sauvages,
quand une femme est en couches, d'autres femmes,
présentes autour de la malade, attendent la naissance
de l'enfant en disant à haute voix certains noms, et
celui qu'elles prononcent au moment précis où le
nouveau-né pousse son premier cri lui reste. De la
même manière, les Achéens de l'Iliade tirent au sort
le nom du guerrier qui doit combattre Hector, et Sen-
nachérib, arrivé à la bifurcation des deux routes qui

V. Lang. *Mythes, Culte et Religions.* Ch. III. Etat mental
du sauvage.

7

conduisent, l'une à Jérusalem, l'autre à Tyr, lance
dans chacune des directions une flèche, avec l'inten--
tion de suivre celle qui aura parcouru la plus grande
distance. Dans tous les cas de ce genre, il n'y a pour
nous que des combinaisons mécaniques confusément
entrevues ; pour l'ignorance, il y a au contraire entre
ces rapprochements arbitraires des affinités intérieures et de mutuelles influences. Une force mystérieuse
a voulu que telle parole corresponde à telle émotion,
ou tel nom d'homme au premier vagissement d'une
existence nouvelle. Avec des idées mieux définies, les
Grecs rapportent le résultat du sort à la volonté de
Zeus, les Assyriens à un ordre de Dieu.

On le voit, la différence, selon nous essentielle, qui
sépare le déterminisme du hasard, s'évanouit. Une
relation causale a beau s'appuyer à une quantité considérable de vérifications ; elle a beau être ferme et
régulière : elle ne s'élève pas au-dessus de la zone
des possibles. Mais de son côté une coïncidence fortuite, si rare que soient ses manifestations, relève, elle
aussi, des possibles. Sans doute elle rencontre de nombreux démentis ; sa réalité est chancelante et son action frêle. Qu'importe ! Se fût-elle produite une seule
fois, elle passe au rang des choses. Dès lors entre elle
et la loi il n'y a de distance que du plus au moins.
Une combinaison de hasard, c'est une causalité qui
commence ; une combinaison constante, c'est une
causalité continuée. Il s'en suit que les unes et les
autres ont toutes une valeur, sinon égale, du moins
réelle. L'action du soleil et la végétation, la nutrition
et la santé, les éclipses et les pestes, les rites accomplis et les vœux exaucés font au même titre partie des
forces agissantes. Les unes sont des figures de con-

naissance que l'on rencontre chaque jour, population
à demeure qui conserve son domicile et ses coutumes ;
les autres sont des nomades aux apparitions inattendues, véritables oiseaux de passage. Mais sédentaires
ou migrateurs, les animaux n'en sont ni moins vivants, ni moins expressifs. Même notre curiosité ne
va-t-elle pas plutôt, avec une ardeur plus inquiète,
aux espèces venues d'une patrie lointaine, et aux événements émergés du fond obscur de l'être? De là
une méthode d'interprétation bien différente de la
nôtre. Pour nous la découverte des lois est un double
travail de divination et de critique ; pour l'ignorance,
elle est travail de divination seulement. Si nous trouvons des rapports, c'est à charge de les peser. L'ignorance s'attache uniquement à les trouver. Tous ceux
qu'elle découvre, elle les accueille en bloc. Une concomitance aperçue, une succession remarquée sont aussitôt érigées en causes réelles. Chez nous la réflexion à
chaque pas intervient ; elle gouverne la pensée, modère
ses élans, dompte ses caprices. Au contraire dans
l'irréflexion primitive, la fécondité mentale est le
grand, le vrai, l'unique procédé. Toute hypothèse est
induction. Concevoir, conjecturer, voir, sentir, c'est
tout un. La danse des images n'est que la danse des
êtres. L'invention est la mesure de toutes choses.

— II —

LA MÉTAPHORE

Cette docilité se retrouve aussi grande dans l'interprétation de la métaphore. Celle-ci, non moins que l'hypothèse, obtient une complète adhésion. Elle est au hasard ce que le hasard est à la loi, et de même qu'il y a un passage continu de la loi au hasard, de même un mouvement ininterrompu mène de celui-ci à la métaphore. Pas une seule fois on ne démêle entre ces divers termes une hétérogénéité radicale, ni par suite aucun signe rigoureusement distinctif.

Une analyse attentive des relations fortuites va nous en convaincre. Jusqu'à présent, nous les avons envisagées en gros dans une comparaison d'ensemble avec les relations nécessaires. Pourtant, il y en a de deux sortes : d'une part, les coïncidences réelles ; d'autre part, les coïncidences apparentes. Un homme sort par un temps calme, va à ses affaires, une tuile tombe et le tue ; deux amis de province vivent loin l'un de l'autre, et, sans s'être écrit, se rencontrent dans une rue écartée de Paris ; un joueur prend à la loterie un seul billet et gagne le gros lot : voilà des coïncidences réelles. La sécheresse désole une contrée, un sorcier opère certaines pratiques et la pluie tombe ; un crime retentissant se commet dans une cité, puis une maladie meurtrière décime les habitants ; Desaix et Kléber meurent le même jour, presque à la même heure : voilà des coïncidences apparentes. Dans le premier cas, une combinaison positive amène des résultats effectifs. Sans la chute de la tuile, il n'y aurait pas eu mort d'homme ; sans billet pris à la loterie, le gagnant n'aurait rien obtenu. Dans le second, l'un des termes peut manquer sans entraîner la disparition de l'autre. La pluie aurait tombé tout aussi bien sans les prières du sorcier, l'épidémie n'en aurait pas moins sévi en l'absence de tout crime, et Kléber, protégé contre son assassin, n'aurait pas empêché la mort de Desaix. Il y a donc une double forme du hasard : il s'exprime tantôt en rencontres concrètes, tantôt en coïncidences illusoires. Mais cette diversité, en elle-même réelle, n'existe pas pour un esprit neuf. Il la ramène à l'unité de nature, et, par suite, à l'unité d'effets.

Ce qui l'y pousse, ce sont des conditions psychologiques qui se retrouvent de part et d'autre les mêmes.

L'une de ces conditions est la contiguïté, que parfois on juge suffisante, au moins pour les coïncidences réelles. Il n'en est rien cependant. D'abord elle est vague. Veut-on parler de la contiguïté dans le temps ? Mais que devient-elle quand il s'agit d'un billet acheté à une date et d'un lot gagné six mois ou un an plus tard ? Dira-t-on qu'en entend la contiguïté dans l'espace, c'est-à-dire la proximité immédiate, la communication directe et comme le contact de deux faits ? On retomberait alors dans la théorie connue des entrecroisements de séries indépendantes. Pourtant, si elle est exacte, elle n'est pas complète. On oublie en effet que le jeu du monde est fait d'une infinité de ces entrecroisements qu'on n'élève jamais à la dignité d'événements. Qu'une vague, partie des côtes de la Bretagne et poussée par un vent d'est, rejoigne à plusieurs centaines de lieues une autre vague partie du fond des mers du sud et amenée par le vent du midi,

personne ne verra là autre chose qu'un fait comme il
s'en produit tous les jours par millions et par milliards.
Mais que ces mêmes vagues portent chacune une barque avec des hommes, la rencontre de ces passagers
au milieu de l'océan, due aux mêmes causes que la
rencontre des vagues, cependant revêtira une tout
autre signification. Pareillement, la chute d'une tuile
sur la tête d'un passant nous étonne comme un fait
étrange et plein d'intentions cachées. Or, en l'absence
du passant, la tuile serait tombée sur une pierre de la
rue. Et si cette pierre reçoit ce choc, elle le doit à la
place qu'elle occupe, et la place qu'elle occupe, elle l'a
due aux ouvriers qui l'ont travaillée et posée. Dans un
cas comme dans l'autre, il y a contact, et, pour ainsi
dire, intersection de deux chaînes étrangères d'événements. Pourtant il y a hasard dans l'un, il n'y en a pas
dans l'autre.

Pour les relations réelles, la contiguïté est une condition nécessaire, elle n'est pas une condition
suffisante. Il y faut un autre élément, cette fois
de nature subjective, à savoir une rencontre mentale
d'impressions analogues, une ressemblance sentie.
Reprenons les exemples de tout à l'heure.

La fortune représente pour le pauvre un état de bonheur exceptionnel. Le fait de gagner à une loterie détermine, lui aussi, par cela seul qu'il est très rare, un état
d'exceptionnelle satisfaction. Il y a donc, outre la rencontre fortuite d'un billet et d'un numéro, c'est-à-dire
de deux objets matériels, la réunion imprévue de deux
impressions de même nature, l'une et l'autre heureuses,
l'une et l'autre extrêmes. De la même manière, une
mort due à un accident frappe deux fois l'esprit,
d'abord parce qu'elle est la mort, ensuite parce que,

étant inattendue, elle surprend et ébranle. En d'autres
termes, un hasard remarqué, c'est le rendez-vous des
deux étonnements, qui, par leur affinité même, se
renforcent et se fondent en une puissante émotion.

La contiguïté et la ressemblance, toutes deux nécessaires à la découverte des réalités fortuites, le sont
également à l'intuition des coïncidences apparentes.
La peste qui désole la Thèbes d'Œdipe a pour cause
un parricide commis quelques années auparavant
dans le voisinage immédiat de la cité. Dira-t-on qu'il
n'y a ni proximité ni succession dans le cas des planètes et des métaux que les Chaldéens croyaient produits les uns des autres? Ce serait oublier d'abord
qu'il y a coexistence durable des deux sortes d'objets,
en outre que, en dépit de leur éloignement, les planètes sont par leurs rayons lumineux en communication
directe avec la terre.

Mais la ressemblance n'importe pas moins que la
contiguïté. Les astres agissent sur les métaux, les préparent et les façonnent, comme le prouvent leurs
teintes sœurs qu'ils reflètent également. C'est ainsi
que le soleil produit l'or, la lune l'argent, Mars le cui-
vre, Saturne le plomb. Si des âmes superstitieuses
sont tentées de voir le doigt de Dieu dans la fin simultanée de Desaix et de Kléber, c'est que la mort frappait
en des lieux différents, à la même heure, deux hommes
de même nationalité, de même profession, au service
d'un même chef. Enfin, si un crime semble avoir pour
suite naturelle un fléau, inversement si une perter-
bation atmosphérique paraît annoncer un désastre
national, cela tient à ce que, en chacun de ces enchaînements étranges, l'imagination subit la rencontre
de sentiments analogues d'alarme et d'effroi.

Réelles ou apparentes, les coïncidences fortuites ont les mêmes éléments ; elles se confondent dans leurs manifestations, et, par là, dans leurs effets. Un homme bien portant absorbe un liquide, des douleurs violentes se déclarent et amènent la mort : cas de coïncidence réelle. Au contraire, un malade avale une potion magique ; peu après la fièvre se calme et la guérison commence : cas de coïncidence apparente. Pourtant, les deux faits se ressemblent de point en point. De part et d'autre, un événement a suivi un autre événement ; de part et d'autre, le second semble résulter du premier. Il suit de là que la croyance qui s'attache aux coïncidences réelles s'attache également aux coïncidences apparentes. Pour les mêmes raisons, avec la même force, l'esprit établit des rapports intimes de nature, des relations internes de production entre une balle perdue et un promeneur qu'elle tue, une carte qu'on tourne et une fortune qu'on gagne, une imprécation prononcée et un malheur déchaîné, un forfait et un désastre.

Il y a plus. La ressemblance, condition nécessaire, est en dernière analyse la condition fondamentale. Une fois constatée, l'esprit lui ajoute une contiguïté de complaisance. Les choses les plus éloignées dans le temps et dans l'espace font cependant partie du même univers. Par là elles se touchent, et, dès lors, leurs caractères communs s'attirent et se confondent. Aussi, forte ou faible, persistante ou passagère, la ressemblance partout produit les mêmes effets. Elle crée entre les termes qu'elle relie une affinité de nature, elle les range en une même classe, elle leur attribue une même origine. Elle est donc autre chose qu'une combinaison mentale, elle existe en elle-même par elle-même. La trouver en soi, c'est la projeter hors de soi. Le même esprit la découvre et la subit (1).

Mais la métaphore n'est pas autre chose qu'une ressemblance. Elle est une coïncidence apparente, surprise et fixée. Elle rapproche les objets matériels des objets matériels, les uns et les autres des sentiments ou enfin ceux-ci de ceux-là. Avec Victor Hugo elle fait de l'âme du sceptique « un lac plombé aux flots bleus », des cœurs qui ont perdu la foi « des cimetières avec leurs chouettes », « des morgues avec leurs lambeaux ». Néanmoins, pour nous, elle reste un brillant rapprochement de pensées, rien de plus. Il n'en est pas de même pour le primitif. Avec celui-ci toutes les coïncidences, nécessaires ou contingentes, constantes ou exceptionnelles, réelles ou apparentes, sont des vérités, et puisque la métaphore est une coïncidence, elle est aussi une vérité. Par suite, un nuage qui affecte dans ses contours une forme de requin sera un monstre réel nageant dans les airs, avec des armes terribles et des images de sang. Pareillement, la flèche qui, dans l'*Iliade*, vole, « messagère des sombres douleurs », ne sera plus, comme pour nous, une tige de bois inerte, mais une force vivante qui frissonne par impatience d'atteindre le but. Pareillement enfin, la prière du fidèle, qui s'envole confiante vers Varuna « comme l'oiseau vers son nid », n'est point une communication immatérielle d'immatériels sentiments, mais une réalité ailée qui s'élance au ciel et se réfugie dans l'asile de son Dieu.

L'erreur et la métaphore sont en elles-mêmes rigou-

(1) V. Tylor, *Civilisation primitive*, t. I, ch. viii (p. 340 et suiv., tr. fr.).

reusement identiques ; leur action sur l'esprit doit
donc, elle aussi, être identique. Or, l'erreur, tant
qu'une interprétation--exacte, par conséquent plus
forte, ne la réduit pas, s'achève naturellement en
croyance : de même la métaphore. L'erreur est une
métaphore épanouie, la métaphore est une erreur
avortée.

De nouveau se révèlent l'idée que l'esprit, à ses débuts, se fait de son rôle, et la radicale stérilité qu'il
s'attribue. Pour nous, la plupart des analogies qu'il
démêle sont exclusivement son œuvre. L'expérience
fournit les matériaux ; c'est lui qui les met en ordre.
Sauf un petit nombre de ressemblances qui sautent
aux yeux, les autres, flottant éparses, masquées par
les objets ou par les distances, semblent se complaire
dans leur pénombre et fuir le regard qui les poursuit ;
d'autres encore, les plus nombreuses peut-être, ab-
sentes des choses, présentes uniquement dans l'esprit
parmi les impressions, produit mobile et continuel
des rencontres de sentiments, des amalgames d'images, émergent des profondeurs mêmes du sujet, émanation directe de sa substance, végétation interne et
spontanée de l'imaginaire. Rien de tel ne se conçoit
dans l'ignorance. Toutes les analogies, subjectives ou
objectives, rentrent dans la seule classe des analogies
réelles. De plus, elles s'offrent d'elles-mêmes, aussi
consistantes que les phénomènes matériels, perceptibles à la manière des sensations. Toute métaphore est
hypothèse, toute hypothèse est constatation. L'invention se ramène à la découverte, la découverte se
réduit à la perception. Dans ses observations les plus
modestes, dans ses remarques les plus prudentes
comme dans ses plus hardies combinaisons, dans ses

plus étranges fantaisies, qu'il aille d'un train méthodique ou à une allure débridée, l'esprit reste, à ses
propres yeux, spectateur et auditeur. Obstinément il
aliène ses propres états, il s'appauvrit de tout ce dont
il enrichit le monde. Devant l'analogie comme devant
l'émotion, comme devant l'idée, au même titre et au
même degré extérieures, vivantes et actives, il incline
son aveugle obéissance.

Celle-ci apparaît d'ailleurs moins étrange quand on
songe que certaines différences, familières à nos esprits, sont primitivement inconnues. Pour nous, la
matière, la vie et la pensée forment trois mondes
foncièrement distincts. Sans doute ils communiquent
ensemble. Mais en dépit de toutes les recherches,
nulle part un pur ensemble de fonctions physico-chi-
miques ne s'est, sous les yeux du savant, de lui-
même transformé en être sentant; nulle part la seule
sensation ne s'est de son propre effort transfigurée en
intelligence.

L'ignorance ne soupçonne point une répartition
des choses en catégories aussi nettement séparées.
Entre l'animal et l'homme elle aperçoit des différences
apparentes, mais superficielles. Dès que les actes se
ressemblent, elle place derrière eux un même mécanisme mental; elle peuple de nos besoins et de nos
aptitudes le cerveau des bêtes. De la même manière
elle répand dans la nature inorganique les qualités et
les formes des animaux, ou mieux, de tous les êtres
vivants, y compris l'homme. C'est qu'en effet, pas
plus entre les corps et les vivants qu'entre ceux-ci et
la conscience il n'y a aucune ligne de démarcation
décisive. Les attributs les plus frappants de l'animal
sont le mouvement spontané et le cri; or, on les re-

trouve tous les deux dans la nature avec le vent qui
souffle, la rivière qui coule, le bruissement des feuilles,
le grondement du tonnerre. L'inertie, règle souveraine
des corps, est, dans la première ignorance, inconnue.
Tout ce qui se meut et agit obéit à des impulsions internes d'ordre psychique. L'ensemble des choses forme
une seule famille d'êtres qui sentent et qui désirent, qui
aiment et qui haïssent, qui craignent et qui espèrent (1).

Ces diverses tendances se montrent à nu dans la
mythologie. Celle-ci, en effet, travaille sur une matière qui est le monde conçu en fonction de la conscience ; elle voit tout sous forme de désirs. Par là,
elle pose partout l'unité de nature qui est sa condition
première. Mais elle en a une autre : il lui faut, outre
un milieu favorable, un principe de détermination, un
ferment propre, et c'est l'analogie avec son mécanisme qui le lui fournit.

Toute qualité fait partie d'un groupe, tout phénomène rentre dans une série, et, pour nous, une qualité peut ressembler à une autre qualité, un phénomène
à un autre phénomène, sans que les groupes ou les séries soient pareils. Si le poète dit d'une jeune fille
mourante qu'elle « s'évanouit comme un chant sur
la lyre », c'est qu'il a saisi au vol et rapproché un
instant d'une existence et un moment d'une mélodie ;
toutefois il maintient distinctes et indépendantes
l'une de l'autre l'existence et la mélodie. Toute comparaison est synthèse, mais une double abstraction
la prépare. Or ce travail d'abstraction est un travail

_____

(1) Voir à ce propos Tylor : *La civilisation primitive*, t. I,
ch. VIII, p. 326 et suiv. (trad. fr.). — Voir aussi Maspero :
Études de mythologie et d'archéologie égyptiennes, t. II,
p. 212-213.

de réflexion, et, pour ce motif, il fait souvent, même autour de nous, défaut. Un homme dont le timbre de voix ou la forme de visage rappelle le visage ou la voix d'un ennemi, déjà nous est antipathique. Et pour peu que l'automatisme mental nous mène, nous lui attribuerons des défauts ou des vices analogues à ceux de la personne dont nous avons eu à souffrir. C'est cette tendance à qui l'ignorance assure un libre cours et où la mythologie a sa source. Toute ressemblance constatée en fait naître d'autres ; toute représentation qu'une représentation analogue éveille, à son tour évoque l'agglomération d'images dont elle fait partie et l'adapte en quelque sorte point par point à la société où l'autre figure. Soient deux ensembles donnés A B C D F, M N P Q R. Supposons A et M semblables ; l'analogie, abandonnée à elle-même, fait tache d'huile, des ressemblances se dégagent entre B et N, C et P, D et Q, F et R. Les deux ensembles, malgré les distances et les divergences, se rapprochent et fraternisent dans la communauté de leurs aspirations et de leurs aptitudes.

Ce travail, par où l'imagination « sollicite doucement ses textes », revêt une double forme. Ou bien il s'agit d'objets comparés dans leur état actuel, ou bien on envisage des séries d'événements successifs. Dans le premier cas, on a ce qu'on pourrait appeler la mythologie statique ; dans le second on réalise une mythologie dynamique. Considérons-la tour à tour sous ces deux aspects.

Une bande de nuages dans le ciel s'allonge ou se replie, s'étend ou se ramasse, et, par son allure, rappelle l'allure du serpent. Pour nous la ressemblance n'est qu'apparente, car il y a trop loin d'un serpent,

être animé et sentant, à un nuage, chose inanimée et
inerte. Pour l'ignorant la distance est bien moindre.
Les deux objets sont vivants, par suite appartiennent
à une même classe : ce sont deux espèces d'un même
genre, le genre universel de la vie partout présente.
Dès lors une ressemblance constatée est une graine
qui s'enfle et qui croît. Une démarche rampante fait
voir par association une gueule avec des crochets,
une tête avec des yeux brillants, un corps en anneaux
onduleux, une queue frétillante. Tour à tour, sous
l'obsession de ces images qui se tiennent et qui s'appellent, la pensée accole chacun de ces organes à
chacune des parties du nuage ; bien mieux, elle
transforme ces parties en organes, et bientôt le
nuage qui, tout à l'heure, n'avait que la vie vague
et confuse des éléments, maintenant a sa physionomie propre, ses impulsions et ses besoins. Il est
le dragon céleste, avide, comme ses pareils de la terre,
de lutte et de destruction.

C'est là le cas le plus facile, et aussi le plus rare.
On ne rencontre pas toujours deux objets assez res-
semblants dans les grandes lignes pour pouvoir les
juxtaposer l'un à l'autre et faire que leurs parties
coïncident. Le plus souvent une analogie fugitive
relie des assemblages par ailleurs très différents. Il y
a plus : un objet peut ressembler à une partie seulement d'un autre objet. C'est alors que l'imagination
révèle dans tout son éclat sa fécondité spontanée,
qu'elle persiste néanmoins à méconnaître. Par exemple a-t-elle rapproché le croissant de la lune et les
cornes de la vache : celles-ci sont les pièces d'un
système ; par suite elles font défiler par association
dans l'esprit toutes les autres pièces, la tête, le cou,

le corps massif, les mamelles ; par suite encore l'image
du croissant lunaire fera lever, attirera et groupera
tout autour d'elle une foule d'images ordonnées suivant le même plan ; et ainsi, comme en témoignent
des légendes communes à de nombreuses races humaines, la pensée conçoit une vache céleste, presque tout
entière invisible, néanmoins réelle et présente, qui
verse le lait de la rosée ou de sa blanche lumière.

Nous surprenons ici à son origine une des fonctions
les plus importantes de l'esprit. Pour nous, l'imaginaire se déroule au loin, par delà les phénomènes et
les lois, dans le voisinage de l'absolu ; ou bien, pure
production du sujet pensant, il réside dans le ciel
intérieur de la conscience ; de toute manière, il forme
un monde à part, en dehors du monde sensible. Tout
au contraire dans l'ignorance il fait corps avec celui-
ci. L'imaginaire, c'est le réel achevé, à peu près comme
la perception extérieure, c'est la sensation complétée.
Ces formes invisibles sont le cortège obligé des formes
visibles. La pensée qui peuple le monde de figures
étranges ne le fait point par amour du pittoresque,
ni pour se donner à elle-même la fête de ses propres
fantaisies. En cela elle est sérieuse et sincère ; elle
obéit à un besoin de coordination et de compréhension ; elle parfait seulement l'œuvre des sens, elle
retrouve ce que la vue et le tact avaient laissé échapper.

Les mêmes lois la gouvernent quand elle compare,
non plus des objets dans leur état présent, mais des
séries de successions. Pour prendre un exemple bien
connu, voici le soleil qui, par son éclat sans égal,
éveille l'idée d'un chef tout-puissant. On l'envisage
aux divers stades de son mouvement diurne : dès lors
on envisage dans les phases succesives de sa vie le

héros ; on obtient ainsi une double série d'états qui
se répondent et se renforcent. Notons en effet que ces
états ont, en ces temps lointains plus que dans le
nôtre, chance de se manifester et de se maintenir. Les
gloires retentissantes sont alors celles des guerriers
qui, nés et élevés dans quelque tribu obscure, ont,
par leur habileté et par leur bonheur, battu et conquis
les tribus voisines, fondé quelque empire, jeté les
bases d'une société complexe et organisée. Ayant
vaincu, ils veulent vaincre encore. Ils veulent leur
empire toujours plus grand, leur domination toujours
plus large. N'ayant pas comme les chefs d'Etat modernes les enseignements de l'histoire, ils ne savent pas
que la modération est une politique nécessaire. Ils
vont donc toujours les armes en main. Puis la vieillesse approche ; en eux et autour d'eux les grandes
énergies physiques s'émoussent, les hautes facultés
s'affaissent, et ceux-là que la victoire avait jusqu'alors
favorisés succombent dans une dernière campagne.
Bien des destinées de ce genre ont dû se dérouler à
l'aurore des civilisations, et, dans les contrées où
elles se produisirent, alimenter les légendes.

Celles-ci furent la matière, et, pour ainsi dire, la
base d'élan des mythes solaires. Les principales étapes de la révolution diurne s'adaptèrent aux grandes
époques de la vie guerrière, le lever à la naissance,
l'ascension vers le zénith à la jeunesse heureuse et
victorieuse, le déclin et le coucher aux revers de la fin
et à la mort attristée.

Comme pour le nuage serpent, le parallélisme est
continu ; pour la même raison il est rare. Le plus souvent les deux séries ne coïncident pas exactement, ou
même l'une des deux s'arrête net quand l'autre con-

tinue son cours. Mais alors l'imagination intervient, et, par des anneaux qu'elle forge, par des événements qu'elle suppose, rétablit la correspondance.

Par exemple les Egyptiens ont comparé la course du soleil, non plus à quelques existences exceptionnelles, mais à la vie humaine en général ; ils ont, comme d'autres peuples, reconnu l'analogie du coucher et de la mort. Toutefois ils ont poussé plus loin. Le soleil, une fois disparu, n'a pas fini son rôle. Il fait de l'autre côté de la terre pendant la nuit et en sens inverse (1) le même trajet que pendant le jour, et le lendemain, il reparaît à l'horizon. Pareillement l'âme après la mort, voyage dans les ténèbres et dans les épreuves jusqu'à ce qu'elle remonte à une nouvelle vie.

La mythologie grecque abonde en légendes de ce genre. Celle d'Hermès est une des plus frappantes. Matin et soir, un même phénomène passager, le petit jour, qui est tour à tour aube et crépuscule, se produit. Par son apparition furtive et sa fuite rapide il fait songer à un jeune espiègle. Cette première analogie est par elle-même lointaine : les sens n'y ont aucune part. De plus elle pourrait rester seule, car à la rigueur elle se suffit à elle-même. L'idée d'espiègle ne rentre pas dans une série déterminée et fixe. Elle ne forme pas davantage un tout défini avec son commencement, son milieu et sa fin. Elle paraît flotter et se soutenir seule dans le vide. En revanche l'idée de crépuscule a dans l'esprit un domicile reconnu. Le fait qu'elle représente est un double moment intercalé dans le cours de la révolution diurne. Il précède la

_____

(1) Le retour en sens inverse sous la terre a été discuté par les égyptologues. V. par ex. M. Maspero : *Etudes de Mythologie et d'Archéologie égyptiennes*, t. I, p. 161-333.

nuit, il précède aussi le soleil. Il est un élément nécessaire et fixe dans la continuité des phénomènes
cosmiques. L'esprit ne se trouve donc plus en face de
deux courants parallèles, avec l'unique obligation
d'interpréter pas à pas l'un par l'autre. Un seul lui est
donné, et en regard une ressemblance isolée dans un
événement momentané. Mais s'appuyant à celle-ci,
l'esprit suit d'instant en instant chacune des péripéties qu'annonce le crépuscule, et, chemin faisant,
lève toute une traînée d'analogies qui s'adaptent une
à une aux phénomènes qu'il rencontre, et qui peu à
peu, par leur afflux continu, prolongent, enrichissent
et complètent l'analogie mère. « Hermès, dit M. De-
« charme (1), c'est le crépuscule du soir qui, enfant
« à peine né, après le coucher du soleil, exécute son
« larcin, qui entraîne les génisses divines (c'est-à-
« dire les rayons de la lumière) à reculons sur le
« chemin qu'elles ont parcouru, qui les ramène à
« leur point de départ, à Pylos, c'est-à-dire aux portes
« du ciel qui vont livrer passage à la brillante
« lumière. Il entre alors dans sa caverne; il est de
« nouveau l'enfant qui vient de naître, le *petit jour*,
« le crépuscule du matin qui ne peut tenir enfermées
« longtemps les vaches célestes et qui, à l'apparition
« de l'aurore, les restitue à leur maître... Il est l'in-
« venteur de la lyre qu'il cède, raconte l'hymne
« homérique, à Apollon. En effet, découvrant les pre-
« miers germes de la lumière, il essaie les premières
« notes de l'instrument divin, qui, bientôt, sous les
« mains de Phœbos, éclatera en accents plus mer-
« veilleux encore. »

(1) Decharme. *La Mythologie grecque*, p. 145.

Une analogie qui se dresse comme un pic solitaire en face d'un massif donné d'apparences, est pour l'esprit une cause de malaise ; elle l'irrite par l'impression qu'elle éveille de réalité mutilée et de vide. De là, s'il est riche de souvenirs, l'évocation de ceux-ci ; puis, dans la cohue qui accourt, un choix et un arrangement dus au concert des deux lois d'association qui situent et ajustent chaque image à la fois d'après sa ressemblance avec chaque détail de la série donnée et d'après ses rapports de contiguïté avec l'analogie initiale. Ainsi naissent les récits d'aventures chimériques, les longs défilés de prouesses, de malheurs, de métamorphoses. Mais maintenant comme tout à l'heure l'inventeur croit rester dans le domaine du réel ; ce qu'il trouve est à ses propres yeux le prolongement naturel de l'expérience ; son œuvre est un travail de restauration.

Si chaque partie se rapporte à un objet et chaque événement à une série, à son tour chaque objet figure dans une société plus ample, chaque série dans une période plus longue. Aussi l'automatisme qui pousse la pensée à répandre dans tout un être ou dans toute une suite d'états quelque ressemblance partielle ou momentanée, de la même manière l'excite, si elle a le souffle assez soutenu, à reprendre celle-ci, à l'amplifier encore, à lui rapporter des multitudes de choses ou de faits. Le même travail en même temps s'applique à des points divers du monde. Çà et là, comme au hasard, des noyaux de légendes se forment, des archipels de mythes émergent ; puis, comme chacun d'eux projette en tous sens des ramifications, bientôt ils se rencontrent, se modifient par leur action réciproque, se soudent et forment enfin un vaste continent d'idées. Et ainsi les analogies, jaillies de toutes parts, par une propagation infatigable, dépassent le nuage et le soleil, débordent la révolution diurne et la brève existence humaine, rayonnent à travers les vents et les étoiles, les saisons et les siècles, par là même multiplient leurs points de contact, s'harmonisent et fusionnent, finalement enveloppent le ciel entier, la terre et la mer, absorbent la vie universelle. Alors s'élèvent dans l'Inde et dans l'Iran, en Egypte et en Grèce, en Scandinavie, au Mexique, en Polynésie, les épopées cosmiques où tous les grands phénomènes de la nature ont leurs physionomies, jouent leurs rôles, naissent, meurent, ressuscitent, se liguent et se combattent, assurent ou ébranlent l'ordre du monde.

Cette floraison de croyances cache un péril et ce triomphe prépare une défaite. La mythologie en effet vit de conquêtes : elle plie à ses exigences les données de la perception extérieure. Si elle rencontre des difficultés, elle les franchit ; si dans ses assimilations elle se butte à des différences manifestes, elle les écarte : elle étouffe les démentis. Mais d'un autre côté son œuvre de métamorphose appelle, nous l'avons vu, une notation fidèle des divers aspects de la réalité ; elle ne construit ses récits légendaires qu'au prix d'une observation suivie et minutieuse. De là il suit que la pensée concentre tout ce qu'elle a d'attention et de sagacité dans l'examen du monde sensible, de ses détails, de ses éléments. En d'autres termes la mythologie n'est possible que si elle gaze les différences, et sa méthode les accuse et les révèle. Elle ne peut dans un pareil conflit et à la longue que périr.

Au début, tout le temps qu'elle végète à l'état embryon-
naire, son action est souveraine. Une analogie élémen-
taire et isolée s'impose à la pensée primitive de la
même façon que dans un cerveau d'hypnotisé l'idée de
l'expérimentateur. Puis elle se propage : les premiers
pas sont faciles. A ce moment l'ignorance est si épaisse
qu'aucune assimilation ne surprend. Mais peu à peu,
par le fait même du progrès continu des rapprochements et des comparaisons, le monde dévoile chaque
jour quelqu'une de ses propriétés. La confusion primitive fait place à une vue de plus en plus nette des
choses et de leur diversité. Celles-ci se coalisent et
opposent aux déformations et aux synthèses de l'imagination une résistance grandissante. La mythologie
va encore, portée par la vitesse acquise. Mais elle
perd en profondeur ce qu'elle gagne en surface. Les
scrupules s'éveillent, les hésitations se dessinent ; elle
devient moins sûre d'elle-même. Bientôt elle se
demande si elle n'a pas retranché à la nature des éléments essentiels, et si en revanche elle ne l'a pas
encombrée d'attributions inexactes. A ce moment sa
foi décline et par là amène une transformation. Le
mythe cesse d'être une interprétation des êtres et
tombe à l'état d'assemblage d'idées. Il se rend compte
qu'il est simplement une vue de l'esprit, un jeu brillant d'images : il devient métaphore.

Pour nous, qui vivons dans un milieu de réflexion
à outrance et de critique aiguë, la poésie est faite de
naïveté et de candeur. Pourtant sa candeur est relative
et sa naïveté est limitée. Une longue période d'incertitudes et de trouble l'a précédée. Bien des drames
anxieux de croyances l'ont préparée et mûrie. Le

doute est la première fée qui l'ait saluée à sa naissance, La poésie est une mythologie désabusée : elle
est la plus ancienne forme du scepticisme.

III

L'ART

— La passivité, jusqu'ici dominante, va-t-elle persis-
ter en présence des productions artistiques ? Dupe de
ce qu'il croit découvrir, dupe de ce qu'il invente, l'esprit ne va-t-il pas enfin, à la vue de ce qu'il façonne,
se rendre compte de son activité propre ? Compren-
dra-t-il cette fois que les formes peintes ou sculptées
ne sont que son œuvre, uniquement douées d'un
semblant de réalité, fantômes de luxe tout à fait en
dehors de la vie ?

— Une telle supposition, malgré ce qu'elle a de plausi-
ble, n'est cependant pas fondée. La réalité objective
que l'irréflexion attribue à tous ses arrangements
d'idées, elle l'assure aussi à ses arrangements de teintes ou de lignes. C'est que l'art ne diffère pas essentiellement de la poésie et de la science. Et de même
que l'on passe, sans solution de continuité, de la loi
au hasard, de celui-ci à l'apparence et à la métaphore,
de même on va sans arrêt de la métaphore à la statue
ou au portrait.

Ici en effet la ressemblance reparaît à titre de condition initiale, en raison de la part qu'a, surtout dans
les commencements, l'imitation. Sans doute nous
nous faisons de celle-ci une idée très nette. Entre
l'original et la copie, il n'y a ni commune mesure, ni

affinité. La seconde n'a aucune des propriétés de la première ; aucune des qualités internes de celle-ci ne se retrouve dans celle-là. On parle volontiers de la « vie » que l'art répand sur ses toiles ou autour de ses marbres. Mais ce n'est là, tout le monde le sent, qu'une audace de langage. La plus belle peinture de lion n'est en elle-même qu'un assemblage de couleurs. L'art est tout entier apparence, et les ressemblances où il se complaît glissent à la surface des matériaux qu'il emploie. D'une manière générale, il est un jeu et, qu'il s'agisse des soldats de plomb que manœuvre un enfant, des drames imaginaires qui se déroulent sur la scène, des compositions qui s'étalent dans les musées, partout c'est la fiction qu'on retrouve, l'illusion qui reparaît avec sa portée exclusivement subjective et qu'une radicale hétérogénéité distingue, qu'un abîme sépare du monde extérieur.

Pourtant, l'imitation n'a pas partout les mêmes caractères. Si une différence de nature persiste dans les œuvres d'art entre le modèle matériel ou vivant et le travail qu'il inspire, la distance diminue quand on l'envisage dans les rapports de maître à disciple. Un prestige sans égal entoure les grands inventeurs, ceux qui ont lancé dans la circulation des idées ou des formes nouvelles. Notre admiration va néanmoins aux talents heureux qui ont su, à force d'observation, de patience et d'habileté, produire des œuvres parfois rivales des plus fortes créations.

Mais le rapprochement est encore plus marqué dans le train ordinaire de la vie où, comme l'a établi M. Tarde, l'imitation joue, surtout par le coutume et par la mode, un rôle souverain. On adopte la coupe de vêtement, le port de barbe, les manières, les locu-

tions des « gentlemens » avec la conviction qu'on
acquiert en même temps leur tour d'esprit, leurs
sentiments, leurs aptitudes. Chacun de nous peut se
rappeler tel moment de son enfance où, par la repro-
duction empressée de l'allure ou des gestes de nos
parents et de nos maîtres, nous croyions sincèrement
revêtir quelque chose de leur autorité.

Envisagée aux deux termes extrêmes de la série,
l'imitation apparaît donc sous une double forme : entre
les objets qu'elle rapproche, ou bien elle maintient,
comme dans l'art, une différence irréductible ; ou bien
elle vise, comme dans les mœurs, à une véritable assimilation. Mais l'esprit n'a pas toujours soupçonné cette
diversité. Primitivement il range toutes les imitations
dans la même classe, parce qu'à toutes, à l'œuvre
d'art comme aux autres, il attribue les mêmes effets.

Dans ses plus simples éléments, l'œuvre d'art n'est
qu'une analogie peinte ou gravée. Mais la métaphore
est une analogie imaginée et exprimée. De toute
manière l'analogie, d'abord simple vision intérieure,
ensuite se traduit au dehors, se fait sensible, d'une
part au moyen de la langue et des lèvres, d'autre part
au moyen de la main. La différence est, en somme,
toute secondaire, par suite impuissante à élever entre
ses divers modes d'expression aucune ligne de séparation décisive. Sous des formes distinctes, ils dissimu-
lent une commune structure et des propriétés identiques. Aux ressemblances qu'il imagine, l'esprit attribue une réalité matérielle ; pareillement il attribuera
une réalité de même nature aux ressemblances qu'il
façonne. Des deux côtés c'est le même mécanisme
qui gouverne et qui décide.

Soit donc un bloc de pierre taillé en forme de cheval. La double série d'images, déjà rencontrée dans l'élaboration du mythe, ici reparaît. Nous avons en effet autour de l'idée de cheval, fortement associées, tout un cortège de propriétés connues et inséparables, un corps vivant et souple, une tête allongée, des jambes élancées qui se terminent en sabot, puis le hennissement, le galop rapide, et, dans l'élan de la course, l'œil en feu, la crinière au vent, enfin, dans les batailles, le choc irrésistible. Nous avons en outre, avec le bloc, une représentation de masse compacte qui, elle aussi, traîne toute une file d'attributions également connues, poids, résistance, durée, etc. Mais dans la seconde série, par le travail du sculpteur, une représentation nouvelle s'introduit, semblable à la représentation centrale de la première. Or l'esprit, dans l'irréflexion, subit le défilé des images tel que l'apparence les lui fournit ; il ne distingue que ce qu'elle sépare comme il réunit tout ce qu'elle rassemble. En présence de deux courants d'idées que rapproche un terme commun, il les laisse se dérouler librement ; mais comme ils le font en même temps, et que le premier état de l'un coïncide avec le premier état de l'autre, nécessairement tous les états, qui des deux côtés suivent le premier, tendent à se rapprocher, à s'adapter de part et d'autre un à un. Les deux ensemble dès lors se superposent, fusionnent et procèdent à un échange fraternel de leurs qualités. Le bloc travaillé par le sculpteur n'est plus un amas de molécules inertes ; en même temps qu'il a revêtu la forme d'un animal élégant et vigoureux, il s'est incorporé quelque chose de ses qualités. Une vie obscure le remplit, un souffle réel soulève ses flancs, une mystérieuse impatience frissonne dans ses jarrets. Sans

doute il n'est pas un cheval en chair et en os, capable
de se nourrir et de se reproduire ; mais il n'est plus
un simple arrangement de particules inanimées ; il
est à mi-chemin entre la vie et la matière, participant
des propriétés de celle-ci et des aptitudes de celle-là.

L'histoire confirme cette explication. Les bas-reliefs
des palais de Nimroud et de Khorsabad racontent les
guerres et les chasses du monarque. A première vue,
on pourrait supposer que les vainqueurs d'Assyrie
voulaient simplement savourer le souvenir de leurs
anciens triomphes ; sans doute ils connurent ce sentiment, mais un autre aussi les guidait. Les victoires
gravées sur la brique continuaient les victoires passées. Le spectacle des ennemis repoussés, des villes
prises, des richesses enlevées, des prisonniers enchaî-
nés, était, pour les sujets, spectateurs émerveillés de
ces scènes terribles, la preuve chaque jour renouve-
lée de la toute-puissance royale. Les tableaux ainsi
sculptés étaient des expéditions intermédiaires, prolongeant celles du passé, préparant celles de l'avenir,
renouant celles-ci à celles-là, et ainsi formant une
chaîne ininterrompue de combats et de gloire.

Une remarque de M. Lenormant vient à l'appui de
cette opinion. « Les sculpteurs de Ninive et de Baby-
« lone, dit-il, ont évité de reproduire des cérémonies
« funèbres, de même que jamais, dans leurs batailles,
« ils n'ont représenté un Assyrien tombant sous les
« coups de l'ennemi (1) ». Qu'ils se soient par orgueil
national refusé à raconter les défaites subies, on le
comprend : mais l'amour-propre, même le plus exas-

(1) Lenormant. *Histoire ancienne de l'Orient*, t. V. p. 277.
V. sur les statues animées en Chaldée, M. Maspero. *Hist. anc.
des peuples de l'Orient*, t. I. p. 679.

péré, ne suffit plus à expliquer l'absence de tout épisode où un guerrier d'Assur aurait péri. La vérité est qu'une scène de ce genre aurait eu déjà une certaine réalité. Une défaite en peinture, c'était une défaite commencée. Elle n'était pas seulement un sujet d'humiliation, elle était aussi une menace. De la même manière, les cérémonies funèbres auraient été autre chose qu'une évocation de tristes souvenirs et de mélancoliques prévisions. Des bas-reliefs parsemés de morts et de tombeaux n'auraient plus été de simples parois : ils seraient devenus des ébauches de tombeaux réels, des anticipations de morts véritables, sujets de perpétuelles alarmes.

Pareillement, selon M. G. Perrot, hors de Chaldée, en Asie Mineure, les scènes religieuses gravées sur les stèles votives de Marach, comme sur celles de Phénicie et de Cypre, principalement la procession hétéenne de Iasili-Kaïa, que le même historien appelle les « panathénées barbares », « ont pour objet « de *prolonger l'acte de foi, de rendre l'adora-* « *teur présent à tout jamais* devant la divinité dont il a imploré et cru obtenir la protection (1) ».

Pareillement encore dans ces vieux âges, les conquérants, aussi bien ceux de Cappadoce que d'Assyrie, que d'Egypte, gravaient dans les défilés qu'ils franchissaient en vainqueurs, leur nom et leur effigie. Ils laissaient ainsi des souvenirs et des témoins tenaces de leur passage; ils laissaient également dans ces guerriers de pierre des sentinelles toujours à leur poste et devant qui, dans un retour offensif, l'ennemi ne passait qu'en tremblant. Sur les bords de l'Eu-

(1) G. Perrot, *Histoire de l'Art*, t. IV. p. 558.

phrate, comme sur les flancs du Taurus, comme dans la vallée de l'Oronte, le bas-relief a été un rite : il a peut-être été aussi une tactique.

Mais nulle part cette tendance hallucinatoire de l'art primitif ne se révèle avec autant d'éclat qu'en Egypte, dans les sculptures et les peintures funéraires dont M. Maspero a dégagé en termes frappants la signification. Les hypogées étaient à la fois temples et maisons. Le caveau du défunt contenait, outre la momie, des statues en nombre variable faites à sa ressemblance. Quant aux murs, des figures et des scènes de tout genre, descriptions de la vie terrestre, représentations de la destinée d'outre-tombe, les recouvraient en entier. « La présence des statues s'ex-
« plique sans peine. Le corps, qui, pendant la durée
« de l'existence terrestre, avait servi de support au
« Ka (l'âme), momifié maintenant et défiguré, quel-
« que soin qu'on eût mis à l'embaumer, ne rappelait
« plus que de loin la forme du vivant. Il était d'ailleurs
« unique et facile à détruire ; on pouvait le brûler, le
« démembrer, en disperser les morceaux. Lui dis-
« paru, que serait devenu le Ka ? *Il s'appuyait sur*
« *les statues.* Les statues étaient plus solides, et rien
« n'empêchait de les fabriquer en la quantité qu'on
« voulait. *Un seul corps était une seule chance*
« *de durée pour le Ka ; vingt statues représen-*
« *taient vingt chances...* La piété des parents mul-
« tipliait les images du mort, et par suite les supports,
« les corps impérissables du Ka, lui assurant presque
« par cela seul l'immortalité » (1).

(1) Maspero. *Etudes de mythologie et d'archéologie égyptien-*
nes, t. I, p. 48. — V. sur la vie des statues, Maspero, *Hist.*
ancienne des peuples de l'Orient, t. I., les Origines, p. 110 et
p. 119-120.

De telles idées sont, de notre point de vue, incompréhensibles. Elles ne le sont pas pour des contemporains d'un Toutmès III ou d'un Rhamsès II. Un cadavre n'est point pour eux un pur composé physico-chimique: il continue de vivre, d'une vie misérable sans doute et dégénérée, néanmoins réelle. Pour lui la mort n'est qu'un changement d'état, un profond abaissement, non une annihilation. Ayant été sur la terre le domicile de l'âme, sa fidèle compagne, son « double » façonné à son image, le corps conserve cette fonction après la mort, et d'autant mieux que sa forme se maintient plus intacte : de là l'embaumement. Pourtant une complète destruction est possible: de là les statues. Plus la momie ressemble à ce que fut le vivant, plus elle retient des qualités de celui-ci ; et d'autre part, plus les statues ressemblent à la momie, plus elles se pénètrent et s'imprègnent de ses aptitudes. Dédaigneuse alors des limites, indifférente aux catégories et aux règnes, la vie, continue et intarissable, se transmet du corps agissant et sentant à son cadavre immobile et glacé, et de celui-ci aux statues, pierres rigides qu'elle gonfle et qu'elle transfigure.

De leur côté, les peintures murales, reproductions aussi variées que possible du genre de vie du défunt, faisaient descendre dans sa tombe ses occupations favorites, ses jouissances préférées. « Ici (1), le double « du mort, enfermé dans son tombeau, se voyait sur « la muraille allant à la chasse, et il allait à la chasse; « mangeant et buvant avec sa femme, et il mangeait « et buvait avec sa femme; traversant sain et sauf

(1) Maspero. Etudes sur quelques peintures et sur quelques textes relatifs aux funérailles. Paris, 1880.

« avec la barque des dieux les horribles régions de
« l'enfer, et il traversait sain et sauf les horribles ré-
« gions de l'enfer. Le labourage, la moisson, la gran-
« gée des parois étaient pour lui labourage, moisson
« et grangée réels. De même que les figurines funé-
« raires déposées dans sa tombe exécutaient pour lui
« les travaux des champs sous l'influence d'un chapi-
« tre magique, et s'en allaient, comme dans la ballade
« de Gœthe, le pilon de l'apprenti magicien, puiser de
« l'eau et transporter des grains, les ouvriers de toute
« sorte peints sur les murailles fabriquaient des sou-
« liers et cuisinaient pour le défunt, le menaient à la
« chasse dans le désert ou à la pêche dans les fourrés
« de papyrus. Après tout, ce monde de vassaux plaqué
« sur le mur était aussi réel que le Ka ou double dont
« il dépendait; la peinture d'un serviteur était bien ce
« qu'il fallait à l'ombre d'un maître. *L'Egyptien*
« *croyait, en remplissant sa tombe de figures,*
« *qu'il s'assurait au delà de la vie terrestre la*
« *réalité de tous les objets et de toutes les scènes*
« *représentées* (1) ».

Suivant nos idées modernes, la doctrine de l'imitation de la nature est une doctrine inférieure ; l'imitation
est un procédé servile et son œuvre un décalque amai-
gri sans valeur et sans portée. Tout autrement se la
représentent les primitifs. D'après eux, imiter c'est
créer, et l'art qui en résulte est une seconde nature
ajoutée à la première.

Les reproductions plastiques de la divinité, les plus
simples comme les plus étranges, procèdent des mêmes

(1) Voir la même idée reprise par M. Maspero, *Histoire ancienne des peuples de l'Orient*, t. I, *Les Origines*, p. 255-256.

principes. Parmi les figures invisibles aussi réelles que les objets sensibles, dont l'ignorance peuple le monde, les plus hautes, les plus majestueuses, les plus redoutables étaient, à proprement parler, les dieux. Les contours qu'on leur donnait variaient suivant les lieux et suivant les croyances. Les uns, leur attribuant surtout des qualités humaines, par là même les voyaient sous forme d'humanité. D'autres, leur prêtant plutôt les aptitudes enviées de certains animaux, incorporaient ces aptitudes dans les organes qui, d'habitude, les manifestaient. D'autres encore, plus éclectiques, se figuraient leurs dieux tantôt sous des traits d'homme, tantôt sous des traits de bête, suivant qu'ils accordaient aux uns le caractère de celle-ci, aux autres les attributions de celui-là. D'autres, enfin, faisaient de certaines divinités des composés de propriétés ordinairement séparées, et par suite des composés de formes ordinairement hétérogènes. C'est ainsi que tant d'entre elles, en Assyrie ou en Egypte, réunissaient les apparences et, par conséquent, les aptitudes du taureau et du lion, de l'aigle et de l'oiseau.

On a contesté que ces compositions fantastiques eussent, dans la pensée de leurs auteurs, représenté des êtres réels. Suivant les premiers égyptologues, R. Rochette, par exemple, un corps d'homme surmonté d'une tête de lion, de chacal ou de crocodile, n'était « qu'une pensée écrite, la personnification d'une idée », à laquelle, ajoute Lenormant d'accord avec Rochette, « la crédulité populaire en vint à attribuer « une existence effective dans les pays lointains (1). »

On peut douter qu'il y ait eu entre cette « crédulité

____
(1) Lenormant. *Histoire ancienne de l'Orient*, t. III, p. 311.

populaire » et les sentiments des sculpteurs égyptiens
une telle divergence : pourquoi ceux-ci auraient-ils
possédé un art d'abstraction refusé à la masse? Mais
il y a mieux : les modernes égyptologues, à la lumière
d'une critique plus savante, ont abandonné cette conception et adopté une opinion toute contraire. Les animaux aux formes les plus étranges, dit M. Maspero,
« qui seraient des monstres pour nous, étaient pour
« les anciens des êtres plus rares peut-être que les
« autres, mais non moins réels et dont on rencontrait
« les pareils au voisinage de l'Egypte. Comment douter
« qu'il y eût des divinités à buste d'homme et à tête
« de taureau ou d'épervier, quand on connaissait
« autour de soi des sphinx et des griffons en chair et
« en os? Nombre d'observations authentiques consta-
« taient l'existence de ces créatures paradoxales : plus
« d'un chasseur les avait vues courir distinctement
« sur les plans lointains de l'horizon, par delà les
« bandes de gazelles qu'il poursuivait, et les bergers
« ne les redoutaient pas moins pour leurs troupeaux
« que les lions ou les grands félins du désert (1). »

De son côté, M. V. Bérard propose une autre explication qui, néanmoins, vient à l'appui de notre conjecture. A propos de la Dèmèter Melaina de Phigalie, il
écrit : « Un bas-relief égyptien nous présente une
« déesse à tête humaine coiffée d'une tête de taureau
« que surmonte une haute et double coiffure royale.
« Un autre bas-relief nous présente la même déesse ;
« mais sa tête humaine a disparu et la tête de taureau

---

(1) Maspero, *Histoire ancienne des peuples de l'Orient
classique*, t. I, les Origines, p. 84. — V. pour les détails et les
preuves le même, *Études de mythologie et d'archéologie égyptiennes*, t. I, 117-118, 132; t. II, p. 213.

« est descendue sur ses épaules : nous avons une
« déesse taurocéphale...La même opération s'est pro-
« duite en dehors de l'Egypte, dans l'Orient syrien,
« cilicien et chypriote... Par le même procédé, la déesse
« au cheval (la Dèmèter Melaina) a pu devenir hippo-
« céphale (1). »

La loi du moindre effort, qui gouverne nos idées de
même que nos signes et nos actes, est visible dans ces
changements. Le sculpteur retranche aux formes matérielles parce qu'en lui la vision intérieure insensible-
ment abrège les formes mentales. Dans un dieu à
figure humaine coiffé d'une tête de lion, il ne voit plus
à la longue que les lignes accusées, les points saillants,
c'est-à-dire la tête de lion et le buste d'homme. Peu à
peu, une nouvelle divinité s'est édifiée et a pris la place
de la première. Un travail de simplification est devenu
un travail de création.

L'esthétique du monde divin ne diffère pas de l'esthétique du monde terrestre. De part et d'autre, elle
se ramène à une copie d'un modèle; mais tantôt le
modèle est présent, tantôt il est absent. Dans le second
cas, l'artiste le reproduit de la même manière qu'un
peintre de nos jours ferait des traits d'un ami disparu :
l'imagination n'est pour lui qu'une réminiscence.

Dès lors, de même que la statue d'un homme, dans
la mesure où elle lui ressemble, participe des caractères et des pouvoirs de cet homme, de même la statue
d'un dieu, dans la mesure où elle reproduit ses traits,
s'assimile quelque chose des sentiments et de la puissance de ce dieu. L'image d'une divinité bienfaisante
aura une vertu bienfaisante, et pareillement l'effigie

_____

(1) V. Bérard, *Les Cultes Arcadiens*, p. 120.

d'un démon redoutable aura une efficacité redoutable. M. Lenormant, sans apercevoir la contradiction où il tombe, le reconnaît : « Les sculpteurs, dit-il (1), qui « exécutaient la figure de Set (démon de la sécheresse « à tête d'épervier), avant de terminer l'œuvre, l'ont « mutilée d'un coup de massue, *afin qu'elle ne leur* « *portât pas malheur*, de même que nos « ymai- « giers » du moyen âge ont souvent cassé la tête du « diable qu'ils venaient de sculpter, se persuadant « avec naïveté qu'ils le rendaient impuissant à leur « nuire. »

Pour les mêmes raisons, en Assyrie, les taureaux ailés, gardiens des entrées de palais, employaient réellement dans leurs fonctions les qualités d'intelligence que garantissait leur tête humaine, de vigueur que manifestait leur corps massif, d'agilité que leurs ailes révélaient. Pour un motif analogue on avait, à une des entrées du palais de Nimroud, représenté le dieu Raman, armé de deux foudres et chassant un démon. « Sculpter ce groupe sur la muraille était assurer « aussi bien que par une conjuration que le dieu chas- « serait toujours le démon s'il essayait de pénétrer « dans le palais. » L'inscription suivante d'Assarhad- don le dit en termes formels : « Les portes de bois de « sapin aux panneaux solides, je les ai bandées de « zones d'argent, et j'en ai garni les baies de génies, « de colosses de pierre qui, comme les êtres qu'ils « représentent, bouleversent la poitrine du méchant, « protègent les pas, conduisent à leur accomplisse- « ment les démarches du roi qui les a formés » (2).

(1) Lenormant, *Histoire ancienne de l'Orient*, t. III, p. 194.
(2) Lenormant, *Histoire ancienne de l'Orient*, t. V, p. 270.

Dans les commencements, l'œuvre d'art est une idole. Non pas que l'idole soit, comme on le croit volontiers, l'identité du dieu et de son image. Elle n'est ni forme pure ni pure divinité ! elle est un analogue de son original ; elle est son représentant et son substitut. La statue d'un dieu, c'est l'intermédiaire et le délégué de ce dieu ; elle parle la même langue, veut et, dans une certaine mesure, peut les mêmes choses que lui. Par suite elle est avec lui en relations intimes et constantes ; elle lui transmet les vœux et les prières des hommes.

Mais aussi elle ne conserve ce rôle que si, par sa rareté ou par des circonstances particulières, elle échappe à l'examen. Pour l'idole comme pour le mythe la pauvreté est une condition d'existence. Sans doute, dans la vallée du Nil et dans celle de l'Euphrate, cette pauvreté a fait place à une ample floraison. Mais d'un côté la majesté royale a enveloppé de son éclat et de son prestige les productions artistiques que des sujets fidèles et convaincus contemplaient ; de l'autre statues et peintures restèrent éparses dans les hypogées fermés les uns aux autres et cachés aux regards profanes : leur milieu fut le milieu de la famille avec ses souvenirs attendris, avec ses pieuses pratiques, dans le silence et la nuit des tombeaux.

Bien différent fut celui qu'elles rencontrèrent en Grèce. Nulle part elles ne jaillirent avec plus d'abondance ; nulle part aussi le peuple ne vécut avec elle dans une intimité plus libre. L'idolâtrie ne pouvait que mourir de sa richesse et de sa vie au grand air. Une expérience de chaque jour accusait de plus en plus le contraste de ces dieux de pierre avec les dieux de l'Olympe, de plus en plus élargissait la distance d'un Apollon ou d'un Poseidon figés dans leur immobilité de marbre à l'Apollon d'Homère qui s'abattait sur les camps comme la nuit, ou à Poseidon qui en trois pas parcourait un monde.

Il en est donc de l'art comme de la poésie. Il est à l'idole ce que la métaphore est au mythe. Ce n'est qu'à la longue, à force de démentis et de comparaisons, qu'il s'est rendu compte de sa nature. L'esprit, pour se faire honneur à lui-même de ses propres œuvres et leur restituer leur vrai caractère, a dû d'abord jeter à pleines mains, en prodigue, ses inventions et ses fantaisies. Des richesses infatigablement étalées lui ont enfin révélé que de lui-même il est riche.

Les artistes, dit-on volontiers, sont de grands enfants, comme ceux-ci enthousiastes, crédules, insouciants. Pourtant, comme les poètes et pour les mêmes motifs, ils ont perdu la première fraîcheur de la foi. L'art est une idolâtrie déchue ; sa splendeur a fait sa métamorphose. Il a oublié ses premiers essais, leur utilité impérieuse et grave ; il est devenu luxe et fantaisie, jeu et décor. C'est que, par les attentes qu'il a trompées, il a amassé un lent dépôt d'inquiétudes et de doutes. Sur une couche profonde de désillusions il a enfin, avec le clair sentiment de son rôle, édifié ses temples, modelé ses marbres, promené ses pinceaux. Son vrai commencement marque la fin d'un âge. Il vient quand la première confiance s'en va : il est fils de la réflexion.

IV

LE RITE

Toute analogie devinée, supposée, conçue, fabriquée, est une analogie de nature ; toute ressemblance partielle vise à une ressemblance totale ; toute correspondance de surface tend à devenir une correspondance de fond : toute comparaison est raison. La mythologie le prouve par l'échange contagieux que font de leurs qualités les objets qu'elle rapproche. Si le héros prête au soleil, en revanche il lui emprunte. Entre les deux termes un double courant se dessine, un phénomène d'endosmose et d'exosmose continues se développe. La même loi gouverne l'imitation : nous l'avons établi pour l'art où se manifeste surtout l'influence et le rayonnement du modèle sur la copie. Il reste à le faire voir pour les rites où se montre l'action inverse, celle de la copie sur le modèle.

Puisqu'il y a entre eux, comme entre toutes choses qui se ressemblent, réelle et intime solidarité, il suit que les aventures de l'un retentiront dans l'autre en aventures analogues. Si donc l'effigie se maintient intacte, l'original restera indemne ; si au contraire elle change, si elle gagne, si elle perd en qualités, l'original pareillement changera, pareillement gagnera ou perdra en attributions. Pareillement enfin celui-ci révélera sa présence ou au contraire disparaîtra si celle-là se montre ou se retire. Un lien réel les rattache l'un à l'autre comme les divers membres d'une famille qui vivent d'une même vie, et en qui la joie et la tristesse d'un seul, ses triomphes ou ses revers deviennent pour tous bonheur et peine, succès et échec.

On pressent le parti que l'intelligence primitive voudra tirer de ces affinités et de ces actions réciproques. C'est que l'homme n'est pas alors le contemplatif qu'il est devenu depuis : il n'a ni la sécurité ni les loisirs nécessaires. Son ignorance l'asservit à la nature et le réduit à épier sans cesse les volontés, les faveurs, les cruautés de celles-ci. Combien n'améliorera-t-il pas son sort si, non content de guetter les événements, il réussit à intervenir dans leur cours, et si, suivant ses besoins, il les retarde, les prolonge, les précipite ! Combien plus enviable encore ne le rendra-t-il pas si, après avoir agi sur le présent, il se met en mesure d'agir sur l'avenir !

Ce double but, il l'atteint, du moins il croit l'atteindre par les pratiques religieuses, reproductions artificielles des phénomènes, d'autant plus étroitement rattachées à ceux-ci, par suite d'autant plus aptes à les influencer qu'elles leur ressemblent davantage. Dès lors, si la volonté façonne et dirige les unes, inévitablement elle façonnera et dirigera les autres.

Elle le fait principalement dans les relations de l'homme avec le monde et avec les dieux, dans ses relations avec les autres hommes, enfin dans les rapports de sa vie actuelle à sa vie future.

Ce que l'homme attend de la nature, surtout s'il est sédentaire et laboureur, c'est une température propice à la végétation et aux récoltes. La grande préoccupation est d'éviter les fléaux, sécheresses, inondations, orages dévastateurs ; et, en revanche, d'obtenir un cours régulier des saisons, des chaleurs

favorables, des pluies fécondantes. C'est là la signification principale des plus anciennes coutumes de
l'Inde.

« Le sacrifice védique, dit M. Bergaigne, par les rites
« mêmes qui le constituent, ou tout au moins par la
« plupart des formules où ces rites sont décrits, nous
« apparaît comme une imitation de certains phéno-
« mènes célestes. Les phénomènes dont il s'agit
« peuvent se ramener à deux groupes, ceux qui
« accompagnent le lever du soleil, ceux qui accompa-
« gnent après une longue sécheresse la chute de la
« pluie (1) ». De là le sacrifice quotidien de la première
heure du jour. En même temps que, à l'horizon, l'aurore se montre, sur la terre le fidèle allume un foyer,
et les rayons réconfortants de l'agni terrestre saluent
et secondent les rayons de l'agni céleste. De plus le
sacrifice se reproduit invariablement tous les jours ;
sa régularité dépend de celle de l'homme, et elle peut
être absolue si seulement il le veut. Dès lors la même
régularité s'étendra au ciel. Et de même que la flamme,
allumée par la main du prêtre, chaque matin perce
les brouillards des collines, de même le soleil chaque
matin dissipe les hauts nuages de l'air.

Les libations du *soma* ne s'expliquent pas autrement. Pluie préparée et versée par les mains de
l'homme, elle se répand sur le sol en limpide cascade,
et, par sa forme, par ses teintes, par ses propriétés,
invite et fait venir de ses lointains réservoirs le nuage
désiré, *soma* d'en haut. La pluie appelle la pluie, la
chaleur appelle la chaleur, la lumière appelle la

(1) Bergaigne. Les dieux souverains de la religion védique ;
Introduction, p. 1.

lumière, de même que, pour nos savants, l'électricité attire l'électricité. Par ses pratiques, le prêtre
n'est plus seulement le spectateur inquiet des choses:
il les aide ou il les gêne dans leur essor ; il devient
une des forces de la nature ; il contribue à l'ordre du
monde.

Cettte interprétation est encore celle de M. Bergaigne : « Le sacrifice védique, dit-il (1), réglé sur les
« heures du jour et sur les saisons de l'année, avait
« pour objet d'assurer le maintien de l'ordre naturel
« du monde, soit dans les phénomènes solaires, soit
« surtout dans les phénomènes météorologiques dont
« la régularité est moindre, ou même de hâter la pro-
« duction de ces derniers au gré des vœux de
« l'homme. »

Puisque l'imaginaire fait corps avec le réel, les
dieux font corps avec le monde, et l'homme tenté
d'agir sur celui-ci aura également la tentation d'agir
sur ceux-là. C'est ce qu'il fait par divers procédés,
notamment au moyen des statues. Nous n'avons pas à
revenir sur les propriétés des effigies divines. Nous en
avons assez dit pour qu'on comprenne, sans plus de
détails, l'intérêt qui s'attachait à leur conservation ou
à leur perte. On sait le rôle dans les légendes homériques du palladium d'Ilion, et, d'une manière générale, dans les guerres de l'antiquité, des images des
divinités protectrices (2).

Les relations de l'homme avec les autres hommes
sont de deux sortes, privées et publiques. De là deux

---

(1) Bergaigne. *Ibid*, p. 6.

(2) V. dans Maspero *(Etudes de mythologie et d'archéologie
égyptiennes,* I, p. 290 et suiv.) le rite égyptien de *l'ouverture
de la bouche.*

sortes de coutumes qui, d'ailleurs, se rencontrent et
s'entremêlent souvent, les unes qui se rapportent à la
vie de chaque jour, les autres qui, comme la guerre,
intéressent plutôt, dans les grandes circonstances, la
vie collective. Les unes comme les autres s'inspirent
des mêmes principes.

Par exemple s'agit-il pour un simple particulier de
tirer d'un ennemi une vengeance sûre et sans danger ?
On fabrique une statuette dont les traits imitent ceux
de la personne détestée, puis on lui inflige toutes sortes de mauvais traitements, on la frappe, on la mutile,
on la perce de flèches, on la brûle. Or l'ennemi, dans
son aspect ordinaire, ressemble à la figurine ; pareillement il doit lui ressembler dans ses aspects successifs ;
il devra donc reproduire la suite et la nature de ses
états. Les injures et les coups qui tombent sur la statuette annoncent et préparent à son vivant modèle des
coups et des injures semblables. Un homme brûlé en
effigie est un homme sur le point de l'être en réalité.
Ce sont ces pratiques à peu près universelles qui ont
persisté en Europe pendant tout le moyen âge sous le
nom d'envoûtement.

Mais il y a un procédé plus sûr encore que l'action
exercée sur une imitation d'homme, c'est l'action
exercée sur l'homme lui-même ou sur une parcelle de
sa substance. Nous l'avons dit déjà, les choses hors de
nous se tiennent et s'appellent de même qu'en nous
se tiennent et s'appellent leurs images. Séparées par
les circonstances, les unes aussi bien que les autres
tendent à se rejoindre. Or nulle part dans la nature
l'union n'est aussi intime que dans l'homme les diverses parties de son corps. Par suite, disposer de l'une
d'elles, même détachée de l'ensemble, c'est disposer

de toutes. Voilà pourquoi, en tant de tribus de toutes races, la sorcellerie s'attache, en vue de sauver ou de perdre un homme, à se procurer un objet qui lui ait appartenu, et de préférence un fragment même infime de son individu, par exemple un cheveu ou un ongle. Voilà pourquoi ceux qui veulent acquérir des qualités enviées, ne croient pouvoir mieux le faire qu'en se procurant, au besoin en s'incorporant la substance de personnes qui possédèrent ces qualités à un degré éminent. De là l'habitude, aujourd'hui encore répandue chez les sauvages, de manger le cœur des guerriers morts en braves; de là le conseil de Porphyre lui-même qui, pour développer en soi les facultés de prévision, recommandait de manger le foie des animaux prophétiques.

La guerre, à cause de son importance, à cause aussi de ses surprises et de ses hasards, a exaspéré également ce besoin d'agir par avance sur les événements et de les plier à notre gré. La danse sacrée des Indiens n'a pas d'autre sens. De même que le sacrifice védique est la nature en abrégé et en outre gouverne celle-ci, de même la danse sacrée est la guerre en raccourci, ébauche véritable de la guerre véritable. Ses rythmes et ses cadences sont des simulacres d'embuches, de poursuites, d'attaques, de triomphes; et, comme tous les simulacres, ceux-ci dessinent d'avance, prédéterminent les événements futurs. Une danse guerrière n'est pas seulement un entraînement, elle est une première victoire.

D'autres fois l'intervention personnelle des intéressés dans les préparatifs de la lutte est moins accusée. On charge alors de la réponse des objets choisis suivant certaines règles. C'est ainsi que les Maoris de

la Nouvelle-Zélande (1), avant de décider une guerre,
se procurent des bâtons, les rangent en deux groupes,
les fixent debout sur le sol en lignes et les deux groupes
face à face. L'un des groupes représente la tribu elle-
même, l'autre figure l'ennemi. Le vent souffle et jette
à terre les bâtons. Si ceux qui représentent la tribu
tombent en avant du côté de l'ennemi, et si les bâtons
de celui-ci tombent en arrière, c'est la preuve que
l'ennemi sera battu. Mais si de part et d'autre les
bâtons tombent dans le sens opposé, la tribu aura le
dessous. Si enfin ils tombent en des sens divers et
multiples, c'est un signe qu'il n'y aura pas de résultat décisif.

Rien de plus arbitraire, selon nous, par suite rien de
plus vain que de tels rapports. Les sauvages ne pen-
sent pas de même. Ils ont aperçu entre ces bâtons et
des guerriers quelque ressemblance. Cette ressemblance, comme toujours, visant à devenir totale, passe
de la forme à l'attitude, de l'attitude à la situation,
finalement sollicite et prépare, dans le sort des combattants simulés, le sort des combattants réels.

Nous voilà avec ces coutumes déjà hors du présent,
dans l'avenir. La divination est la recherche voulue
des meilleurs moyens de prévoir les longues chaînes
d'événements futurs, la direction des destinées individuelles et collectives. M. Bouché-Leclercq a donné
de ces pratiques, souvent compliquées et obscures, un
lumineux exposé. Les plus connues et les plus popu-
laires se tirent du vol des oiseaux et des visions du
sommeil.

(1) Lubbock. *Les origines de la civilisation*, 3ᵉ édition (trad.
Barbier), p. 237.

La valeur prophétique des oiseaux s'explique par leurs analogies avec les dieux ; comme ceux-ci, ils habitent les hauteurs, ils sillonnent en de courts instants de vastes zones et ils ont la vue perçante. Voyant loin dans l'espace, ils voient loin dans le temps. De fait, les hirondelles, par leur vol à ras de terre, annoncent l'orage, et les grands migrateurs précèdent de leurs départs et de leurs arrivées l'arrivée et le départ des saisons.

Nous retrouverons plus loin le phénomène du rêve. Signalons toutefois un fait qui a surpris M. Bouché-Leclercq, mais qui confirme pleinement cette analyse. « Non seulement, dit-il (1), on travaillait à obtenir « des songes vrais ou des songes à interprétation fa- « cile, mais on s'appliquait, par l'emploi de certains « adjuvants extérieurs, par exemple une branche de « laurier près de la tête, à s'en procurer, à en pro- « duire de bons. Ce qui étonne ici, ce n'est pas le fait « en lui-même qui pourrait être exact ; c'est l'incon- « séquence de gens qui, prédisant l'avenir par les « songes, croyaient sans doute modifier l'avenir en « modifiant le songe. »

Rien, au contraire, n'est moins étonnant. Un événement rêvé est l'imitation, sous forme d'images, d'un événement réel. Par conséquent, celui-ci et celui-là vivent d'une vie commune ; par conséquent encore, une modification quelconque dans l'un entraînera une modification analogue dans l'autre.

Mais l'espèce de divination la plus tenace et la plus compliquée a été l'astrologie. Son principe, simple et clair, est l'action des astres sur la vie humaine. Cette

(1) Bouché-Leclercq, *Histoire de la Divination*, t. I, p. 288.

action s'explique d'une double façon : d'abord, les astres en général, le soleil en particulier, influent sur le monde entier, sur l'air et sur la mer, sur les plantes et sur les animaux ; comment, sur l'homme, qui est le plus grand des êtres terrestres, ne concentreraient-ils pas leur influence la plus grande ? En outre, les astres, la nuit, ressemblent à des yeux, yeux clignotants et curieux des étoiles, yeux graves et pensifs des planètes. Ils sont donc eux-mêmes des êtres réels, des personnes vivantes qui nous imposent leur société avec ses avantages et ses inconvénients, ses charmes et ses dangers.

Entre eux, ils forment des attroupements divers ; ce sont les constellations qui ont chacune leur physionomie propre, analogue à quelque physionomie connue sur la terre. Parmi elles, les douze constellations du Zodiaque ont plus d'importance que les autres. Chacune, évoquant dans les imaginations qui les contemplaient une forme déterminée, acquiert et, par suite, transmet les qualités qui, d'ordinaire, accompagnent la forme réelle. Par exemple, le Taureau produit des laboureurs taciturnes et robustes, le Lion des chasseurs intrépides, la Balance des jurisconsultes minutieux.

Ce sont là les grandes lignes de la doctrine. Mais le cadre est bien simple et bien nu pour l'infinie diversité des conditions individuelles. Entre le nombre restreint des signes célestes et le nombre considérable des destinées humaines la distance était trop grande. On était donc amené à multiplier les influences zodiacales ; et une fois lancé sur la pente, on ne s'arrêta plus.

Chaque constellation a son influence propre qui rayonne sur les autres ; de là des alliances et des conflits, par suite des combinaisons déjà très variées. En outre, les planètes ont aussi leur rôle ; chacune d'elles a dans le corps humain ses organes préférés. « Dans « le système égyptien, adopté par Firmicus, le soleil « prend la tête et particulièrement l'œil droit ; la lune « l'œil gauche ; Jupiter, le côté gauche et particuliè- « rement l'oreille avec le foie qui pourtant est à droite ; « Saturne, le côté droit et spécialement l'oreille avec la « rate, qui se trouve à gauche, etc. (1). » Chaque planète a aussi, dans un des signes du Zodiaque, une *maison*, un domicile où elle se retrouve toujours avec plaisir et où elle possède sa plus grande énergie. De là une nouvelle source de combinaisons qui se surajoutent aux précédentes et en accroissent la complication. Ce n'est pas tout : la sphère du ciel, déjà divisée et subdi- visée à l'infini, en outre emporte dans sa rotation diurne et dans sa rotation annuelle planètes et étoiles qui, à chaque instant du jour et à chaque moment de l'année, changent de place et changent de valeur. Tout un monde de circonstances fortuites, d'influences spé- ciales, où se meuvent, fourmillent et pullulent les in- nombrables états de la nature humaine, santé, mala- die, fièvre, richesse, misère, gloire et obscurité, amour et haine, pouvoir et servitude, guerre et paix, etc., couvre ainsi de son grimoire les signes du Zodiaque, fixe sa valeur à celui qui, au moment de la naissance, se lève à l'horizon, et, à ce même moment, dégage et révèle le sort du nouveau-né (2).

Nous nous sommes arrêtés un instant à ce chef-

(1) Bouché-Leclercq, *Ibid*, p. 228.
(2) V. le détail dans Bouché-Leclercq. *Histoire de la Divina- tion*, t. I, ch. vi, §§ ii-vi, p. 213-247.

d'œuvre de subtilité et de bizarrerie, parce que, plus qu'aucun instrument grossissant, il exagère une tendance intellectuelle de l'ignorance, à savoir l'attribution aux relations conventionnelles d'une portée objective.

Nous avons atteint, en effet, le degré extrême de l'activité mentale et le point où sa valeur exclusivement subjective se révèle avec le plus d'éclat. Plus encore que les créations artistiques et que les intuitions du poète, à plus forte raison que les hypothèses vraies ou fausses, les combinaisons artificielles, les rapprochements arbitraires, susceptibles de varier suivant les individus et dans le même individu suivant les moments, sont vides de toute signification naturelle. Ils peuvent avoir une valeur de convention, intelligibles à ceux-là seuls qui les ont posés; mais ils n'ont avec la nature ni affinité ni point de contact. Au contraire, il y a entre elle et eux radicale hétérogénéité. C'est dire assez qu'on ne peut en aucune façon et à aucun moment conclure de ceux-ci à celle-là, encore moins lire dans les états de l'un les états de l'autre.

L'ignorant est d'un autre avis. Pour lui, les combinaisons, quelles que soient leur nature et leur source, contingentes ou nécessaires, individuelles ou universelles, factices ou naturelles, toutes racontent à l'esprit des choses qui se passent hors de l'esprit. Qu'il s'agisse d'une planète unie au foie, d'une maladie accolée à un signe zodiacal, ou, dans les signes eux-mêmes, des aspects *trigone, quadrat, sextile,* ou bien encore de bâtons assimilés à des guerriers, nous ne sortons pas des coïncidences ou des analogies de convention, nous ne sortons pas du symbole. Le symbole, qui ne vaut qu'en tant que signe convenu, aux yeux de l'igno-

rant a les mêmes caractères et la même portée que
l'imitation d'art et que le mythe. C'est encore une nouvelle distinction qui s'efface, une limite de plus qui
tombe. L'ignorance ramène la convention à l'invention, comme elle avait ramené l'invention à la conjecture, comme elle avait ramené la conjecture à la
découverte et à la constatation. Pour nous, les signes
sont surtout des signes d'idées : pour l'ignorance, ils
sont tous sans exception des signes de choses. Leur
apparition dans la pensée suit et démontre leur existence hors de la pensée. De quelque côté que celle-ci
se retourne, quelque effort qu'elle tente, quelques résultats qu'elle atteigne, jamais elle n'enfante la plus
humble et la plus pauvre conception. Comme l'Hera-
clès des anciens, elle est courageuse et forte ; comme
lui, elle accomplit des exploits merveilleux : comme
lui aussi, elle est et elle reste esclave. Seule peut-être
la mort l'affranchirait et dégagerait en elle le pouvoir
divin de créer.

CHAPITRE V

Les états primitifs de l'esprit dans l'ignorance

I

LE LANGAGE

Les états psychiques que nous venons de parcourir sont anciens. Leurs commencements remontent bien au delà des commencements de la littérature. Il y a pourtant d'autres états plus anciens encore, dont les origines se confondent avec celles de l'humanité. Ceux-là n'ont plus, comme les idées ou les arrangements de l'invention, leur séjour tout à l'intérieur de l'esprit. Ils débordent la conscience, se répandent dans les organes, s'achèvent en mouvements. Ils forment ainsi une population mixte, moitié matière, moitié pensée, qui relie le moi invisible à ses aspects visibles, l'âme à son corps. Par là même ils semblent jouir d'une partielle spontanéité, et, si l'ignorance attribue même à ceux qui ont une valeur toute subjective une existence objective, il y a dès maintenant de fortes raisons de croire qu'elle projettera de même hors du sujet conscient, en réalités agissantes, ces modes à demi extérieurs.

Le plus important, le plus constamment mêlé à toute notre vie, est le langage, surtout le langage parlé. Il est fait de mots, et chacun d'eux supporte deux espèces de relations : avec son idée qui lui donne un sens ; avec les autres mots qui, unis à lui, forment des combinaisons intelligibles.

Chacun de ces rapports est conventionnel. Sans doute il a ses conditions ; il a, comme toutes choses, son déterminisme. Mais ce déterminisme ne procède pas, comme parmi les phénomènes mécaniques, par larges courants, par longues séries d'influences invariables ; il ne décide pas que telle pensée, partout et toujours, s'exprimera de telle façon ; il ne relie pas le terme à l'idée comme la chute à la pesanteur, comme le mouvement à l'impulsion. Son action est plus compliquée, par suite plus mobile et plus changeante. Il la produit par le concours des aptitudes physiologiques, des besoins psychiques, des exigences de la vie individuelle et de la vie collective, des efforts d'entente et de compréhension, des signes cherchés, trouvés, acceptés.

Le rapport du mot à son objet a des causes, mais des causes momentanées ; il est déterminé, mais il est artificiel ; sa signification est une convention. Or nous savons ce qu'est pour l'ignorance une convention. Ici surtout les raisons qu'elle a de se tromper sont décisives. Le langage qu'elle considère n'est pas le langage en train de se faire, il est le langage déjà formé. Le passé, les tâtonnements, les variations lui échappent. L'apparence, sa seule règle, lui montre la liaison actuelle du mot et de l'idée, liaison qui, semblant simple et stable, par cela seul est pour elle simple et stable.

Il y a plus. Dans la pensée complète nous distinguons trois états qui se surajoutent l'un à l'autre : en premier lieu la parole sonore, puis la parole intérieure, et par delà, tout au fond, l'idée pure, l'intuition de la loi ou de la propriété (1). Ces distinctions sont étrangères à l'irréflexion ; elles le sont encore à une période bien plus avancée : c'est ainsi que Platon identifie la parole intérieure et la réflexion. Ce n'est pas tout : la parole intérieure, grâce à l'écriture, grâce aussi à de longues habitudes de méditation concentrée, s'est faite avec le temps de plus en plus importante et envahissante. Elle a ses heures à elle, ses habitudes et ses règles, autres que celles de la parole parlée, et qui rendent toute confusion impossible. Il n'en est pas de même chez les primitifs. En ceux-ci l'image tout de suite devient mouvement, l'idée mot articulé et émis. Le mot prononcé est la continuation immédiate de l'idée ; il forme avec elle un tout indissoluble, une indivisible réalité. Dès lors des deux aspects que cette réalité manifeste, le plus saillant devient le plus important, principe et source de l'autre. Or le mot est plus en vue que l'idée ; il frappe l'oreille, il accapare la curiosité, et parce qu'il produit l'impression la plus vive, il prend le rôle le plus grand : c'est de lui que l'idée tient son origine et sa valeur. Pour nous la pensée crée le langage ; l'homme parle, parce qu'il pense. C'est tout le contraire pour l'ignorant ; le langage crée l'intelligence ; l'homme pense parce qu'il parle. Le grand bienfaiteur n'est pas celui qui alluma dans quelques cerveaux obscurs l'étincelle de divination ; ce fut celui qui apporta entièrement façonné

(1) V. M. V. Egger. *La Parole intérieure.*

l'instrument tout-puissant, qui fit descendre du ciel la révélation décisive, le verbe irrésistible. Pour la réflexion éclairée, le mot vient de nous et vaut par nous ; en soi il est un simple *flatus vocis*. Pour l'irréflexion, il existe par lui-même et vaut par lui-même. Il est un être vivant.

Comme tout être vivant, il a ses désirs et ses aptitudes, ses préférences et ses répulsions ; il s'associe volontiers à certains mots, il en fuit d'autres. Il forme avec les uns des combinaisons solides et claires, il se heurte aux autres en rencontres incohérentes, aussitôt détruites : les mêmes lois gouvernent dans les sociétés les relations entre eux des individus, dans les langues les rapports entre eux des termes, la politique et la syntaxe. Dès lors, puisque chaque mot est une force, chaque combinaison de mots est une combinaison de forces. Toute locution, toute phrase exerce une action positive et matérielle, de même que les vents et les orages ; elle a sa vertu propre qu'elle ne tient ni des habitudes d'esprit de ceux qui la prononcent, ni des dispositions morales de ceux qui l'accueillent ; son énergie et son efficacité lui appartiennent comme la chaleur appartient au soleil, comme les ténèbres appartiennent à la nuit : toute formule est une formule magique.

Ce n'est pas que cette énergie se manifeste inévitablement. Elle a ses moments de repos, ses heures où elle sommeille. Dans une langue, il y a bien des diversités de rôle et de destinée. Parmi les termes qui la composent, les uns, les plus nombreux peut-être, sont d'un usage journalier. Ils désignent des objets d'un emploi continuel. Revenant plus souvent, ils cessent d'étonner, ils passent inaperçus. Pareillement certaines tournures, qui reparaissent à tout propos, pour ce motif se glissent dans le réseau des habitudes, tombent au rang des états subconscients. Et cette loi doit, semble-t-il, agir d'autant plus fort, que l'idiome est plus pauvre, ses combinaisons plus simples, ses articulations plus voisines de l'émission spontanée et instinctive, du cri primitif.

Si l'irréflexion laisse ainsi se produire, sans les noter, la plupart de ses modes d'expression, à plus forte raison leur ensemble lui échappera-t-il, et la notion même de langage fera défaut. Voilà pourquoi, dans beaucoup de tribus sauvages, en qui la paresse d'esprit est restée extrême, on ne remarque pas que le langage, en tant que langage, jouisse d'aucun privilège, soit l'objet d'aucun culte. On le néglige parce qu'on l'ignore. Mais il n'en est plus de même dès que, pour une raison quelconque, un élément de l'idiome sort de l'ombre où les autres végètent. Ses propriétés, jusque-là sourdes et latentes, font explosion. Il devient une volonté parmi des volontés ; il est une force de la nature. Par exemple le nom n'est plus comme pour nous une simple étiquette, un moyen facile de reconnaître et de retrouver celui qu'il désigne. Il a une efficacité intime et une puissance secrète ; il est une personne dans la personne. Lié à celui qui le porte, il rayonne sur lui en joie ou en peine. Agir sur le premier, c'est influer sur le second, et disposer de l'un, c'est disposer de l'autre. Voilà pourquoi, en tant de pays, le sauvage se refuse à dire le sien. Les mêmes raisons font que les indigènes du Brésil, et ailleurs les Fuégiens eux-mêmes, célèbres pourtant par leur misère intellectuelle, n'aiment point à dire les noms de leurs morts. Pareillement les Indiens de l'Amérique du Nord évitent de prononcer ceux de leurs esprits malfaisants.

La même tendance se montre avec plus d'éclat dans les vieilles civilisations d'Asie et d'Europe. On sait le rôle en Grèce et à Rome des mots heureux et des mots funestes, les détours et les stratagèmes employés pour éviter ceux-ci. Les traces de cette habitude sont encore visibles autour de nous. N'est-ce pas en effet à une peur irraisonnée des mots, vestige d'une très vieille croyance, que nous cédons quand, à l'occasion d'un deuil profond et récent, nous parlons sans le nommer du cher mort et que, disant sa fin en langage figuré, nous fuyons en quelque sorte le contact douloureux et la pointe trop aiguë du mot propre ?

Plus que tous les autres, les noms des dieux ont joué dans les anciennes religions un rôle capital. C'est ainsi que, dans les poésies homériques, le héros qui invoque le secours d'une divinité tout d'abord l'appelle par son nom, et, si elle en a plusieurs, les énonce successivement, enfin, s'il craint de commettre un oubli, prie qu'on le lui pardonne. La même croyance se retrouve avec plus de force, s'exprime en usages plus impérieux en Asie et en Afrique (1). Sans doute il y a des différences. L'efficacité du nom suprême des dieux paraît n'avoir pas été la même sur les bords du Nil et sur ceux de l'Euphrate. Néanmoins à travers ces divergences circule une commune illusion, se retrouve le besoin toujours le même d'attribuer à des choses qui n'ont qu'une valeur d'emprunt une valeur

---

(1) Sur la puissance des noms divins en Egypte, v. Maspero, *Études de mythologie et d'archéologie égyptiennes*, t. II, p. 298 et suiv.

propre, à de simples modes du sujet pensant une vie
indépendante du sujet pensant.

Les raisons qui garantissent au nom un rang à part
sont visibles : il a, dans l'ensemble des termes d'une
langue, une individualité tranchée qui tient à l'individualité de celui qu'il désigne. Et plus le rôle de
celui-ci s'accroît, plus l'importance de celui-là grandit.
Il n'en est pas de même pour les assemblages de mots,
pour les locutions et les formules.

En principe, toutes, avons-nous dit, sont capables
d'exercer une action magique. En fait un petit nombre seulement jouissent comme d'un privilège de
cette aptitude : pourquoi cette inégalité? Elle tien-
drait, suivant certains savants, à la nature des objets
et des résultats. Celles-là acquerraient une efficacité
spéciale, qui seraient au fond vœux ou prières. De plus
le vœu, par les circonstances qui le déterminent, le
plus souvent se réalise. On demande la pluie après
la sécheresse, et en effet la pluie tombe après la
sécheresse. Elle semble ainsi se rendre à une invitation, et le vœu exaucé s'érige en puissance. La contiguïté d'un désir et d'un événement serait donc le
principe de la formule magique.

Que dans ce travail psychique l'association inter-
vienne et que le succès joue son rôle, rien de plus
vraisemblable. Mais qu'ils fassent tout, et même qu'ils
soient les agents principaux, c'est ce qui est plus dis-
cutable. L'expérience en effet ne vaut que par la quantité ; la somme des coïncidences heureuses doit l'em-
porter de beaucoup sur les cas contraires. Or qui a
jamais dressé le bilan des prières humaines et mis en
regard l'une de l'autre, pour les comparer, la liste des
triomphes et celle des échecs ? Serait-il excessif de

prétendre que, bien au contraire, parmi celles qui ont de tous les points du monde et d'âge en âge monté vers le ciel, un tout petit nombre seulement a connu la joie d'aboutir? Qu'on songe à l'énorme amas des supplications vaines que tant de bouches prononcèrent aux approches de la mort ou sous l'étreinte des fléaux de la nature, inondations, famines, épidémies, ou bien enfin dans l'horreur des suprêmes défaites! Si l'expérience seule façonnait nos croyances, seule aussi elle enfanterait nos doutes, et, en présence de ses démentis répétés, accablants, la foi à la prière, à peine installée, se serait évanouie comme un souffle.

On a encore rapporté le prestige de la parole au prestige de l'autorité dans la famille. La parole, dit M. Tarde, aurait été d'abord l'ordre du père à ses enfants, le monologue impérieux d'un chef, l'oracle. Que les choses se soient passées ainsi autour du foyer domestique, cela se peut, mais cela n'explique pas l'efficacité persistante en d'autres circonstances du discours. Si elle paraît avec l'autorité paternelle, elle doit de même disparaître avec celle-ci. Que devient-elle alors dans les relations de chef à chef? Que devient-elle surtout dans les relations avec les ancêtres, dont les vivants sont les tremblants serviteurs? Comment comprendre la conjuration à l'adresse d'un ennemi ou d'un esprit irrité?

Ces diverses causes sont extérieures, c'est-à-dire accidentelles et secondaires. La vraie est plus profonde; elle tient aux dispositions internes, présentes dans l'esprit tout le temps que la formule s'élabore.

Une situation critique se dessine-t-elle, où le sort d'un grand nombre d'hommes, famille ou tribu, est en jeu? A ce moment les imaginations, toutes à l'at-

lente, surexcitées par l'inquiétude, guettent, pour
les noter et les grossir, tous les incidents qui sortent
de l'ordinaire. Maintenant qu'à ces cerveaux sur-
chauffés un meneur, chef ou sorcier, plus ému que
les autres, talonné par les exigences du moment,
enlevé au-dessus de lui-même par l'inspiration, brusquement fasse entendre des combinaisons nouvelles
de mots, des alliances imprévues de sons, des rythmes
inconnus, alors les auditeurs écouteront ravis ces con-
sonnances étranges, salueront en elles une révélation
inattendue, une soudaine et merveilleuse apparition.
Ils l'accueilleront comme une force auxiliaire; ils la
sacreront parole enchantée, formule magique. Et si
les événements tournent à son honneur, ils la conser-
veront avec un soin jaloux, autant que possible sans
altérations, intacte et immuable.

Suivant cette explication, qu'il ne faudrait pas
d'ailleurs considérer comme la seule possible (1), le
vœu serait un poème de quelques mots ou de plusieurs
phrases, inventé sous la pression des circonstances,
d'autant plus frappant qu'il est plus nouveau et d'autant plus efficace qu'il est plus frappant. En dernière
analyse il se comporte comme le nom; comme celui-
ci, il agit parce qu'il a une physionomie accusée,
parce qu'il se détache de son milieu naturel, parce
qu'il étonne. Ses contours et ses origines lui créent
une apparence d'existence propre : il n'en faut pas
davantage; il passe d'emblée au rang des êtres (2).

Mais aussi on comprend qu'il n'ait pas partout le

---

(1) V. par ex. l'hypothèse très admissible de Tylor, *Civilisation primitive*, t. II, p. 478.

(2) V. M. d'Arbois de Jubainville, *Littérature celtique*,
Vol. Iᵉʳ : Le File; Ch. ii : Les Files, devins en Irlande.

même rôle. Les variations d'aptitudes intellectuelles
font les variations de sa fortune. Là où la fécondité
mentale s'étend, il s'affirme avec éclat ; en revanche
celui-ci décline quand celle-là s'affaisse. Au plus bas
de l'échelle, à la limite extrême de notre actuelle
humanité, il existe à peine, si même il existe. C'est
que les plus misérables échantillons de la race, errants
au sud de l'Afrique dans la Terre de Feu, ou dans les
îles septentrionales du Japon, coulent dans une suite
monotone de besoins qui ne changent guère une suite
monotone de jours. Leurs préoccupations ne dépassent
pas le moment présent ; nulle inquiétude du mieux
ne dérange leur paresse ; nul éclair ne brille dans la
nuit profonde de leurs habitudes et de leurs appétits.
Comment de pareils êtres, incapables d'imaginer
aucune formule neuve, auraient-ils le respect de la
formule ?

Mais cette extrême dégradation est rare, peut-être
même n'est-elle nulle part permanente, et les plus
deshérités de la pensée ont sans doute de loin en loin
la grâce de quelque illumination de hasard qui ajoute
à leur bagage une aptitude de plus, enrichit leur
idiome de quelque tournure nouvelle, objet de leur
vénération, ébauche lointaine de la prière.

Déjà le dessin devient plus ferme et le rôle du langage plus manifeste dans les peuplades éparses à travers le monde entier et en qui l'esprit fait preuve de
spontanéité et de vigueur. C'est pourquoi un peu partout, chez les Indiens de l'Amérique du Nord, chez les
nègres d'Afrique, chez les Tartares, chez les Polyné-
siens, la formule magique est un ingrédient inévitable
de la sorcellerie, un élément nécessaire du culte, un
objet de respect superstitieux.

Les premières civilisations, plus favorisées encore du côté de l'intelligence, travaillées du besoin de chercher et de trouver, logiquement devaient assurer à la parole une importance jusque-là inconnue. C'est en effet ce qui est arrivé.

Elle influe dans l'homme sur l'état de la santé. En Egypte, dit M. Maspero, « une ordonnance de médecin se composait de deux parties : une formule magique et une formule médicale. » Dans la croyance chaldéenne, toutes les maladies sont, d'après M. Lenormant, l'œuvre des mauvais démons. C'est pourquoi les médecins sont surtout des devins et des enchanteurs, qui procèdent par conjuration.

La parole influe hors de l'homme, sur les corps en modifiant leurs propriétés physiques. « Les papyrus « de Leyde, dit M. Berthelot (1), nous montrent les « anciens alchimistes de Chaldée et d'Egypte ajoutant « à leur art, suivant l'usage des peuples primitifs, des « formules magiques propres à se concilier et même « à forcer la volonté des dieux ou des démons, êtres « supérieurs que l'on supposait intervenir perpétuel- « lement dans le cours des choses. »

Plus fuyants que les objets matériels, partant moins maniables, les événements et par conséquent l'avenir subissaient néanmoins cette action. C'est ainsi que, comme l'a remarqué M. Croiset (2), en Grèce l'imprécation était un fait positif et à longue portée, semence de douleurs et de peines futures.

La parole pouvait davantage encore. Non seulement

(1) Berthelot, *Les origines de l'Alchimie*, p. 14.
(2) Cours de Sorbonne. (*Revue des cours et conférences*, 1re année, n° 3, p. 75.)

elle ajoutait ou retranchait à un être ou à un objet quelques-unes de ses propriétés, elle lui insufflait encore ou lui ravissait quelqu'une des aptitudes fondamentales qui se partagent le gouvernement du monde, et ainsi elle le faisait passer d'un rang à un autre rang, d'un règne à un autre règne. Par exemple, elle donnait le sentiment et l'action à des choses inertes, telles que des statuettes d'argile ou de métal. En Egypte, le mort comme le vivant a besoin d'auxiliaires. Ces auxiliaires sont des figurines funéraires, réunies par centaines dans les tombes des riches, au nombre de deux ou trois dans celles des pauvres.

« Elles ont la forme de momies, tenant d'une main
« une pioche de métal et de l'autre une houe de bois
« pour remuer la terre, et portant derrière l'épaule la
« couffe de sparterie où l'on mettait le grain pour
« ensemencer... En récitant sur elles une certaine
« formule de prières qui a trouvé place dans le livre
« des morts..., on les enchantait, on leur donnait la
« vie et le mouvement, et sur l'appel du défunt auprès
« de qui on les avait placées, elles passaient dans le
« monde infernal et devenaient pour le défunt autant
« d'aides, autant d'ouvriers, qui joignaient leurs efforts
« aux siens pour faire produire la moisson mystérieuse
« au sol divin des Champs Elysées (1). »

Si la parole élevait à la dignité d'êtres sentants des objets insensibles, elle élevait de même les hommes plus haut que leur condition terrestre à la condition d'êtres divins. « L'idée (2) de toutes les formules « magiques égyptiennes contre les fléaux de la vie,

---

(1) Lenormant, *Histoire ancienne de l'Orient*, t. III, p. 272. — V. Maspero, *Hist. ancienne des peuples de l'Orient*, t. I, p. 193.

(2) Id. *ibid*, p. 127. Suivent des extraits du Papyrus magique. Harris (Chabas).

« les maladies, les animaux malfaisants, est l'assimi-
« lation de celui qui les prononce aux dieux, assimi-
« lation que produit la vertu des paroles de l'enchan-
« tement et qui met l'homme à l'abri des dangers.
« Aussi généralement la formule ne consiste pas dans
« une invocation à la puissance divine, mais dans le
« fait de proclamer qu'on est tel ou tel dieu, qu'on le
« devient par l'opération théurgique. »

La parole a donc une action transformatrice ; elle
va plus loin encore : elle a une action créatrice. Par
exemple, elle garantissait aux morts les aliments
nécessaires. « Il n'y avait pas besoin que l'offrande
« fût réelle pour être effective. Le premier venu,
« répétant en l'honneur du mort la formule de l'of-
« frande, procurait par cela seul au *ka* la possession
« de tous les objets dont il récitait l'énumération (1). »

Pas plus que les êtres dans la nature, les dieux au-
dessus de la nature ne lui échappaient. « Non seule-
« ment, remarque M. Maury, on appelait le dieu par
« son nom, mais s'il refusait d'apparaître, on le mena-
« çait. Ces formules de contrainte à l'égard des dieux
« ont été appelées par les Grecs θεῶν ἀνάγκαι. Porphyre,
« dans sa lettre à Anébon, s'indigne d'une pareille
« prétention chez les magiciens égyptiens, d'une foi
« si aveugle dans la vertu des mots. »

Pourtant cette foi n'a pas été exclusivement propre
aux habitants des bords du Nil. On la retrouve à l'occi-
dent chez les Romains, à l'orient dans la religion
iranienne. Ormazd, dans sa lutte contre Ahriman,
récite les vingt et une paroles de la prière, et Ahriman

(1) Maspero. *Conférence sur l'histoire des âmes dans l'Egypte
ancienne*. Paris 1879. *(Etudes de mythologie et d'archéologie
égyptiennes*, t. I, p. 49).

vaincu s'enfuit. La prière est aussi l'arme préférée de Zoroastre. Comme l'a dit M. Darmesteter, elle est « tueuse de démons. »

Elle atteint dans l'Inde son plus haut point de splendeur. Les hymnes des Védas vont souvent à son adresse. Bientôt même les triomphes momentanés ne lui suffisent plus. Elle prétend gouverner dans leur ensemble les êtres et les choses, elle en maintient le cours et en règle la suite. « L'Hommage seul est puissant : j'invoque l'Hommage. L'Hommage soutient le ciel et la terre. L'Hommage commande aux dieux ! (1) » (Hymne VI). La prière peut beaucoup; un pas de plus, elle peut tout. Non seulement elle gouverne, mais elle organise, elle dissipe le chaos et elle commence le monde. « Le soleil, dit l'hymne X, a brillé grâce au chant né dans l'ordre (2) ». Et ainsi de progrès en progrès, de conquête en conquête, elle monte au plus haut de l'Olympe védique, elle devient la parole sainte, Brihaspati, divinité suprême qui domine Indra et Varuna de sa mystique prééminence.

L'attitude à l'égard du nombre renouvelle et continue l'attitude à l'égard de la formule.

Pour nous le nombre est une relation de grandeurs déjà vidées de leur contenu ; il est une abstraction d'abstraction. Comme tel, il échappe au cadre du réel ; il relève du possible plutôt que de l'être ; il est une construction mentale et, produit de la pensée, il a son vrai domicile dans la pensée.

C'est tout le contraire pour l'ignorance. Le nombre, représentation distincte, a, pour ce motif, une appa-

---

(1) V. Bergaigne, *Les dieux souverains de l'Inde*, p. 177-178.
(2) Id, ibid., p. 241.

rence distincte, par suite et toujours suivant la même
loi, une existence distincte, et ses combinaisons sont,
non pas des rapports de rapports, mais des groupements de choses, de vivantes associations.

Toutefois, pas plus pour le nombre que pour le
mot, cette interprétation n'est inévitable et constante.
C'est que, comme il arrive dans les sociétés très arrié-
rées, il n'est encore qu'ébauche sommaire. Beaucoup
de peuplades, après trois ou quatre, n'ont plus de
noms de nombre, et, pour désigner des grandeurs
plus fortes, tantôt répètent les premières unités, tantôt
emploient en un sens figuré des termes usuels (1).
En outre celles-ci, à tout propos employées dans la
vie familière, s'usent à ce contact permanent avec tous
les objets, passent au rang de modes à demi inconscients, végètent dans le milieu confus des habitudes.

Il n'en est plus de même si, comme dans les races
capables de progrès, le nombre, multipliant ses formes, variant ses applications, attire sur ses caractères
et sur ses propriétés l'attention. Comme le nom propre, comme le vœu inspiré, il est, lui aussi, le nouveau
venu, l'étranger qui étonne par sa physionomie originale, et par ses propriétés émerveille.

En effet, il a dans trois sortes de cas révélé des
aptitudes avant lui insoupçonnées. Tantôt il s'adapte
aux phénomènes parfois les plus importants. Par
exemple le nombre 4 est le même que celui des éléments naturels, terre, air, eau et feu ; le nombre 7 est
celui de la lunaison et des planètes. Tantôt, dans leurs
relations réciproques, les nombres manifestent des
rapports qui, à la différence de tous ceux qu'offrait

(1) Voir sur ce point Tylor, *La Civilisation primitive*, t. I,
p. 284.

aux regards le monde extérieur, trahissent un caractère d'absolue nécessité. C'est ainsi que le carré de 3 et le carré de 4 additionnés égalent le carré de 5, et visiblement aucun effort de l'esprit ne peut rien contre cette indissoluble identité. Tantôt enfin les relations de nombres coïncident elles-mêmes avec des relations figurées et perceptibles. La même égalité arithmétique que nous venons de signaler se retrouve en quelque sorte matérialisée dans l'égalité géométrique du carré de l'hypothénuse, et l'écho s'est perpétué jusqu'à nous de l'impression qu'éveillèrent dans la vieille Egypte ces découvertes (1).

Il y eut ainsi des nombres et des combinaisons numériques qui parurent posséder une vertu propre. Ils devinrent des forces autonomes et profondes ; ils furent des nombres magiques, et leur action les accompagnant partout s'exerça partout. Il influèrent selon les alchimistes sur les métaux, selon les astronomes sur les corps célestes, selon les devins sur les événements. Ils combinèrent même leur action à celle des noms propres et constituèrent un objet nouveau d'étude, l'onomatomancie. « On calculait ainsi, d'après « les nombres des noms propres, soit la vie d'un « malade, soit le succès d'un combat entre deux « guerriers, soit le résultat de diverses autres alter- « natives relatives au vol, au mariage, aux voyages, « à la survivance, etc. (2) ».

Les grandeurs numériques commandaient donc à la nature, elles commandaient aussi aux dieux. Le nombre 3 jouait un rôle essentiel dans la théologie

---

(1) V. Milhaud, *La Science grecque.*

(2) M. Tannery, *Notice et Extraits de la Bibliothèque nationale*, t. XXXI, 2ᵉ partie, 1885.

égyptienne, le nombre 7 dans le culte grec d'Apollon.
Plus que toutes les autres peut-être, les divinités
chaldéennes ont subi cette domination. « Plus puis-
« santes encore que les incantations sont les conjura-
« tions par la vertu des nombres. C'est à tel point que
« le *secret suprême* que Ea enseigne à son fils Silik-
« mulu-hi ou Marduk, quand il recourt à lui dans
« son embarras, est toujours appelé le « Nombre », en
« acadien *ana*, en syrien *minu*. Le nombre 7 joue
« dans ces conjurations un rôle exceptionnel : on
« répète 7 fois 7 formules et les esprits qu'on invoque
« sont souvent au nombre de 7. » (Lenormant,
Chaldée, p. 11).

La philosophie pythagoricienne est l'épanouisse-
ment final de cette tendance. Véritables créateurs des
mathématiques, les pythagoriciens ont, dans cette
voie, vu plus de choses que les autres. Aussi, plus que
les autres, ils ont admiré à chaque égalité nouvelle
qui se révélait, plus que les autres enfin ils ont exalté
le nombre, ils l'ont proclamé principe de toutes
choses.

M. Zeller a bien compris que leur doctrine devait
être interprétée dans son sens littéral et non en un
sens symbolique. Le nombre n'est pas à leurs yeux un
simple aspect, il n'est pas davantage un mode, fût-ce
le plus important ; il est être, il est essence, il est
cause. Les choses sont ses manifestations et ses
manières d'être ; elles l'expriment et le traduisent aux
sens. Le nombre est substance, les corps sont
attributs.

La doctrine, avec nos façons de penser, est singulière. Aristote a contribué à la rendre encore plus

incertaine. Il dit en effet, d'après les pythagoriciens,
tantôt que les choses consistent dans les nombres.
(Met. I, v), tantôt qu'elles sont à l'imitation des nombres, μιμήσει τὰ ὄντα φασὶν εἶναι τῶν ἀριθμῶν (1, 6). Mais tout
d'abord les deux formules se rencontrent dans le
même livre, à quelques pages d'intervalle. Or, comme
le remarque M. Zeller, « elles sont réunies et liées
« l'une à l'autre, de telle sorte qu'Aristote n'aurait
« pu omettre d'en mentionner la contradiction, si
« elle eût existé à ses yeux. »

Ce n'est pas tout. Cette difficulté n'est peut-être que
l'effet d'une illusion d'optique mentale ; elle existe
pour nous, elle n'existait pas pour un contemporain
d'Aristote. Même pour lui l'imitation n'avait pas
encore le sens qu'elle a revêtu depuis. Elle gardait
quelque chose de sa physionomie primitive ; elle était
une assimilation plutôt qu'une copie. Aussi dire que
les choses étaient à l'imitation des nombres, cela
revenait à dire qu'elles avaient mêmes caractères,
mêmes propriétés, même structure que les nombres,
qu'elles avaient en eux leur raison, leur principe et
leur essence, qu'elles leur étaient identiques.

La découverte des mathématiques marque une date
capitale. Cette révélation a été une révolution. Elle a
fourni à l'esprit un organe, créé en lui une fonction,
façonné de toutes pièces un concept, celui de nécessité
pure, sans racines dans le passé. Elle a en conséquence
incliné à croire que chercher le vrai c'est chercher des
combinaisons indissolubles d'idées, et toute la philosophie jusqu'aux temps modernes a vécu sur ce principe.
Le pythagorisme ébauche donc toute la science, mais
il l'ébauche avec les illusions de l'ignorance. Il subit

les exigences de celle-ci quand il érige d'emblée en réalités extérieures des apparences intérieures. Il se comporte avec le nombre comme avec la formule le sorcier, comme avec le nom propre le sauvage. Ses théorèmes sont le premier essor d'une pensée nouvelle, ses théories sont le fruit d'une autre pensée bien plus ancienne. Cette philosophie, avec ses allures de hardiesse et de scandale, pourtant appartient à une très vieille race d'idées. Elle n'est pas un paradoxe, elle est un préjugé. Elle est une interprétation irréfléchie de conclusions réfléchies. En elle il y a tout ensemble un crépuscule et une aurore.

II

LE RÊVE ET LES ÉTATS PHYSIOLOGIQUES INACCOUTUMÉS DANS L'IGNORANCE

L'interprétation du rêve obéit aux mêmes règles que l'interprétation de la parole. Pour nous les visions du sommeil marquent le plus bas degré de la conscience normale. Sans consistance, vides de contenu, elles ne désignent rien autre chose qu'elles-mêmes, c'est-à-dire des conceptions fluides, des images vaporeuses, tout entières réduites à l'état de modes subjectifs, les plus pauvres, les plus insignifiants dans la vie de l'esprit.

Et cette opinion ne paraît pas être le fruit d'une réflexion patiente et subtile. Elle semble jaillir des données immédiates de l'expérience, inspiration naturelle et primitive, universelle évidence. Pourtant il n'en est rien : cette évidence est acquise. Peu

à peu elle s'est élaborée par l'effacement progressif d'une autre croyance, toute contraire, la seule
véritablement première. C'est que, pour quiconque
fait abstraction de toute donnée scientifique, le rêve
comme le langage a sa réalité propre, et de même que
le mot fonde et prime l'idée, de même le rêve règle et
domine la veille. Trois raisons décident de sa prépon-
dérance. D'abord son apparition est, ou, ce qui revient
au même, semble spontanée; au contraire les idées, à
l'état de veille, ont leur origine dans les impressions
extérieures, les communications de la vie sociale ou
bien encore les préoccupations pratiques. Libres dans
leur existence, les visions du sommeil sont en outre
libres dans leurs mouvements; à leur gré elles se rapprochent ou se séparent, elles varient à l'infini leurs
combinaisons; elles se rient de la nature, de ses lois,
de ses limites; elles déchaînent tout un fourmillement
de fantaisies et de chimères; leurs conceptions ailées
planent sur le monde, dévorent les distances, brûlent
les années.

Combien pâles et monotones, à côté de ces féeries,
les impressions de la veille! Sauf en des cas très
rares, celles-ci se reproduisent toujours les mêmes,
se déroulent suivant un ordre constant. Invariablement le jour succède à la nuit, l'hiver à l'été; sans
cesse les exigences de la faim reparaissent à heures
fixes, impérieuses, impitoyables, et avec elles reviennent, pour les faire taire, les mêmes efforts, les mêmes
peines. La veille est remplie d'événements connus,
de circonstances familières. Au contraire le rêve est
peuplé d'aventures étranges; le prodige est son élément.

De là une troisième différence. L'état de l'homme

éveillé est le plus souvent un tissu d'impressions ternes et banales ; de loin en loin seulement une joie éclatante ou une noire tristesse l'illumine ou l'assombrit. En revanche le dormeur en songe vit dans un courant ininterrompu de surprise, d'allégresse ou d'alarme. Tour à tour des émotions délicieuses ou des angoisses accablantes l'exaltent et l'abattent ; un tremblement perpétuel de gaieté et d'inquiétude l'agite. L'indifférence ou l'ennui dominent dans la veille, l'étonnement l'emporte dans le rêve.

En deux mots, le rêve est plus indépendant que la pensée et il émeut plus que la pensée. Dès lors il a son existence à lui, et cette existence est plus riche et plus intense que celle de l'intelligence éveillée. A son tour il dénoue les liens qui le retenaient au moi, il se détache de la trame intérieure, il se transporte au dehors, se glisse au milieu des êtres, s'érige en puissance. Bien entendu cette puissance a un rôle en rapport avec ses aptitudes, et c'est pourquoi partout l'irréflexion, qui accueille avec soin les données saillantes de la veille, avec un soin plus grand encore écoute les voix qui parlent dans le sommeil. De là pour le rêve, dans toutes les populations ignorantes, un prestige universel. C'est à lui que l'Indien recourt quand il veut faire choix d'un totem. C'est à lui que l'antique religion du Pérou s'adressait dans ses essais de divination. C'est lui encore qu'emploient les shamans de la race tartare quand ils veulent communiquer avec le monde infernal. Pour les mêmes raisons, en Chaldée et en Assyrie, des devins avaient pour office spécial d'interpréter les visions du monarque, et l'un d'eux, Assurbanipal, à la suite d'une consultation de ce genre, déclara la guerre à Temman, roi du pays d'Elam. Dans des circonstances identiques, Darius, à en croire Hérodote, décida contre la péninsule hellénique une expédition à laquelle il était d'abord hostile.

Le même courant d'opinions se retrouve, mieux connu, par suite plus riche de détails, en Grèce. Pour Homère, les songes sont des figures aériennes qui prennent toute espèce de formes, et leur peuple habite de l'autre côté de l'Océan, à la porte des Champs Elysées. Pour Hésiode, ils sont fils de la Nuit et frères du Sommeil. Selon les pythagoriciens, ils sont les messagers de la Lune. Démocrite voit en eux les décalques impalpables des objets qu'ils représentent. Pour tout le monde, Hermès est leur conducteur (1).

Remuants et turbulents, ils interviennent dans la vie humaine, influent sur sa destinée. Ils mènent la volonté d'un Agamemnon, d'un Achille, d'un Alexandre, et, par les chefs qu'ils gouvernent, ils décident de la paix et de la guerre, tracent les cérémonies, fixent les batailles, marquent, comme au siège de Tyr, l'heure de l'assaut. Présents à tous les lieux et à tous les temps, ils débordent sur l'avenir ; ils savent le nombre des jours, des mois, des années que chaque homme a encore à vivre ; ils savent le fort et le faible de sa santé et de ses affaires, ils ont les remèdes souverains, les jugements sans appel. De là pour la médecine l'obligation de les connaître. « C'est dit « M. Bouché-Leclercq (2), une étude à laquelle se « livraient les desservants des oracles d'Esculape, « créateurs de la médecine scientifique, qui mettaient

---

(1) V. pour les détails M. Bouché-Leclercq, *La Divination*, tome I, livre ii, ch. Ier, p. 277 et suivantes.

(2) Loc. cit., p. 321.

« d'accord la révélation et la science en tirant celle-ci
« de celle-là, en donnant l'une comme le résumé des
« expériences indiquées par l'autre ».

A ce degré, le songe rivalise d'influence avec la formule magique, avec la parole sainte. Lui aussi il
décide en maître dans toutes les circonstances importantes ; à l'individu comme à la cité il dicte leurs actes,
leurs projets, leurs espérances ; il domine la religion,
la politique, la stratégie ; il fait la santé et la maladie,
la prospérité et l'infortune, la vie et la mort.

Les accidents physiologiques, simples conséquences à nos yeux du jeu mécanique des fonctions, sont
tout autre chose pour l'ignorance. Eux aussi, parce
qu'ils ont dans l'ensemble des états de l'organisme un
aspect à part, parce qu'ils frappent l'imagination de
leur allure désordonnée et étrange, pour cette raison
prétendent et atteignent à une existence indépendante. Ils ne sont plus des modes subordonnés ; ils
sont les messagers des puissances supérieures, hôtes
de passage qui parfois deviennent des hôtes à demeure. C'est le cas des mouvements convulsifs, des
dérangements soudains d'organes. Par exemple l'éter-
nûment, en Polynésie, comme en Afrique, comme
dans la Grèce de l'Odyssée (XVII 541), est l'entrée ou
la sortie d'un esprit. Par exemple une vieille superstition, que notre langage a héritée des Grecs et des
Romains, fait des tintements d'oreilles l'écho affaibli
d'une conversation éloignée dont on est l'objet. A un
degré plus élevé, les états inaccoutumés s'accusant
davantage revêtent un caractère décidément anormal;
ce sont alors des troubles plus ou moins graves, de
réelles maladies. Or c'est une croyance primitive

qu'on retrouve partout dans les races primitives, que les maladies trahissent l'action d'esprits irrités ou jaloux, et la preuve se tire de l'universelle adjonction aux médicaments des formules et des incantations. Plus encore que les maladies du corps, les maladies de l'esprit s'élèvent à la dignité d'énergies mystérieuses, quelques-unes même au niveau des plus formidables puissances. C'est ainsi que, chez les Tartares, chez les Iroquois, chez les Esquimaux, les visions délirantes de l'épilepsie sont les visions réelles d'événements lointains accomplis au pays des morts. De la même manière, chez les anciens, les crises nerveuses de la pythonisse à Delphes, de la sibylle à Cumes, étaient, non les hallucinations ni les aspects morbides d'une conscience déroutée, mais les voix d'en haut, oracles divins, forces surnaturelles. D'ailleurs les fous étaient d'une manière générale objets de vénération, et Platon ramène à une même famille la démence, l'intuition prophétique et l'inspiration du poète.

Toutes ces conceptions, la pensée moderne, avec une persistance opiniâtre pendant tout le moyen âge et jusqu'au dix-huitième siècle, les a reprises, entretenues et systématisées ; elle a ramassé toutes les formes de la démence en une seule, la possession ; elle a subordonné la foule anonyme des esprits malfaisants à la volonté unique et souveraine du prince des ténèbres.

CHAPITRE VI

L'Ignorance, l'Étonnement et la Conscience

Avec le langage, le rêve et les états physiologiques nous avons atteint aux plus anciens modes de la pensée adulte ; nous touchons ici les commencements de l'humanité. Au delà s'ouvre un autre horizon, le plus reculé de la vie psychique, le plus incertain aussi et le plus voilé de brumes, où la conscience bégayante se cherche et tâtonne, où dès lors les documents se dérobent, où enfin s'évanouit l'expérience directe. On peut cependant s'y aventurer et y chercher, par voie de conjecture, le dessin primitif, les racines profondes de l'ignorance.

Pour celle-ci, nous le savons, l'apparence est toute la réalité, et l'intensité de l'une mesure la consistance de l'autre. Mais l'apparence à son tour a une condition essentielle ; elle ne se produit qu'à l'esprit qui la remarque ; or pour être remarquée, il faut à son aspect quelque chose de saillant ; l'impression qu'elle éveille est tenue de trancher sur le fond des excitations circonvoisines, et plus cette impression est forte plus l'apparence est vive, plus son existence est réelle. En d'autres termes le fondement psychologique de l'apparence est l'étonnement.

Cet étonnement n'est d'ailleurs pas le même que celui qu'Aristote pose au début de la science. Celui-là déjà procède d'une curiosité réfléchie, il révèle l'attitude inquiète d'un esprit qui rôde autour des énigmes, tâte et sonde les objets, avance avec lenteur à travers les opinions, ou bien au contraire se réfugie dans un doute prudent. Les choses lui apparaissent sous forme de questions et de problèmes. Aussi, pour lui, se satisfaire, c'est expliquer et comprendre.

Tout autre est l'étonnement primitif. Celui-ci est la contemplation d'une représentation captivante, ou plutôt il est cette représentation elle-même en qui l'esprit s'absorbe : et si, grandissant en éclat, peu à peu elle fait dans son voisinage le silence et le vide, alors la conscience perd tout sentiment étranger à la vision qui l'occupe ; il y a plus, elle perd le sentiment de sa propre individualité, elle entre en état d'hypnose ou d'extase.—

L'étonnement spontané est l'accueil enthousiaste, sans discussion et sans réserve, de la représentation. Mais aussi, par cela seul qu'il la subit, il l'affirme ; parce qu'il la contemple à l'exclusion de toute autre, il l'isole et ainsi il la délivre de toute dépendance, il la voit se suffisant à elle-même, il la pose à titre de réalité autonome et distincte.

C'est lui que Descartes appelait l'admiration et qu'il plaçait à la source de toute passion. C'est lui que constamment au travers de nos analyses nous avons vu à l'œuvre, qui se montre dans le désarroi de la maladie, dans les fantasmagories du rêve, dans les inspirations imprévues du langage, se trahit dans les divinations soudaines du rite, de l'œuvre d'art ou du mythe, transpire dans les brusques poussées de la détermination volontaire, dans les intuitions rationnelles, jusque dans les concepts directeurs de la moderne métaphysique.

Mais il n'agit en tant de circonstances que parce qu'il tient à la substance même de l'esprit. En dernière analyse il est purement et simplement le fait de conscience. Celui-ci, on le sait, n'est possible que s'il continue en le modifiant l'état antérieur ; une différence quelconque, de forme ou de degré, de qualité ou de quantité, est nécessaire. Dans tout fait de conscience il y a par comparaison avec le fait précédent un caractère de nouveauté. Que ce caractère s'accuse de plus en plus, que la « discrimination » de l'instant présent avec l'instant passé s'affirme avec une netteté croissante, alors la perception s'échauffe et se colore, la conscience s'exalte, se fait plus riche et plus transparente. Par là l'intérêt de la représentation grandit : c'est l'étonnement qui se montre.

Ce n'est pas tout. La perception consciente suppose, avons-nous dit, un élément de nouveauté. Or rien n'est plus nouveau à l'être sentant que les impressions inaccoutumées, que les tâtonnements maladroits d'une activité novice, qui n'a pas encore introduit actes ou impressions dans la société de ses états familiers, dans la trame de ses habitudes. Celles-ci, anciennes, sont par leur ancienneté même fortement constituées et encadrées. C'est peu à peu qu'elles se sont fondues avec les aptitudes et les tendances primitives ; le moi se les est assimilées, les a fait descendre dans sa propre substance. Mais aussi, une fois achevées, il les gouverne sans les surveiller ; il perd de vue le détail de leur structure et de leur action, il ne sait plus rien d'elles que leur existence. Tout au contraire il se tourne avidement vers les excitations neuves qui ne s'adaptent ni ne s'harmonisent avec ses manières d'être naturelles, et aussi pour ce motif le

dérangent et le secouent, le transportent ou le bouleversent. En toutes il rencontre quelque impression
inattendue, note quelque propriété originale : en toutes il surprend quelque chose qui n'est plus tout à
fait ce qu'il sent en lui-même, qui en diffère en quelque point, par conséquent qui est en une mesure quelconque autre que lui-même. Avoir conscience, c'est
avoir conscience de quelque chose autre que soi,
c'est poser hors de sa propre existence une existence
différente, c'est concevoir l'extériorité, c'est commencer le monde.

Dira-t-on qu'une telle affirmation réellement en
contient deux, celle de l'objet et celle du sujet, du
moi et du non-moi, et qu'ainsi par un détour on
retombe à la thèse d'Hamilton qui se figure le fait de
conscience comme une relation à deux termes ? Ce
serait méconnaître ce qu'il y a de fuyant et de profond dans cet aspect de la vie psychique.

Une représentation consciente est l'affirmation distincte d'une réalité distincte. Celle-ci n'existe pour
l'esprit que si elle tranche sur son entourage. La
poser c'est l'isoler de tout le reste ; proclamer qu'elle
est, c'est momentanément nier qu'elle n'est pas. La
formuler, c'est tout ensemble affirmer et circonscrire
une réalité.

Dès lors, on voit où aboutirait une telle attitude à
l'égard du moi. Admettre que chaque fait de conscience est une affirmation que le moi énonce expressément de sa propre existence, c'est admettre que
chaque fois le moi se distingue et se sépare de ce qu'il
était à l'instant précédent, qu'ainsi chaque fois il nie
et détruit ses affirmations passées. Dès lors, constater
qu'il est, c'est oublier qu'il a été, et ainsi on arrive à

cette singulière conséquence que la continuité de sa vie se rompt, qu'elle se disperse et se dissout en une succession d'existences momentanées, étrangères les unes aux autres. C'est alors l'empirisme qui triomphe : le moi n'est plus qu'une collection d'états de conscience successifs.

La vérité est que, loin de se confondre, comme on le croit trop volontiers, avec la conscience, il en diffère et s'en sépare. A chaque représentation il affirme le monde extérieur sans s'affirmer lui-même. Il n'a pas besoin de s'étaler et de s'imposer à tout instant. Son existence est le courant continu d'un sentiment profond. Celui-ci se déroule indifférent aux agitations tumultueuses de la conscience, imperturbable dans sa mystérieuse sérénité, sans contours déterminés, sans aspect défini, tout ensemble impénétrable et indiscutable. Malebranche avait raison : rien ne nous est plus étranger que notre âme. Le moi aperçoit le monde sans s'apercevoir lui-même ; il définit les êtres sans définir le sien ; son existence lui est connue, son essence lui échappe.

Mais aussi lui seul est véritablement, absolument subjectif. La conscience est tout au contraire objective, et ce caractère se révèle avec d'autant plus de force qu'elle se montre avec plus d'éclat. En d'autres termes, l'étonnement et la représentation, identiques dans leur contenu, sont identiques dans leur effet. Pour tous les deux, constater c'est réaliser, c'est extérioriser.

La notion du monde extérieur est, pour tous ceux qui ramènent au moi les modifications senties, une énigme indéchiffrable. On le voit bien à la diversité des solutions qui, toutes, font appel à quelque classe privilégiée de faits de conscience ou à quelque élaboration ultérieure de celle-ci (1). Au contraire cette notion s'éveille et se façonne, de la même manière que dans l'esprit achevé, mais irréfléchi, ses illusions. Elle est un étonnement contemporain de la conscience, qui naît avec elle et par elle, qui est la conscience elle-même. Celle-ci, dans les premiers temps de la vie, sous l'assaut continuel d'impressions inouïes, par l'invasion bruyante des couleurs et des sons, des parfums et des tacts, est, pour le sujet auparavant livré au sommeil et à la paix de la vie végétative, tout entière effarement et extase. La première enfance est sans doute la période des suprêmes surprises ; la mer tumultueuse des sensations qui la pressent et l'enveloppent, est pour sa candeur jusque-là intacte un décor de féerie, un tourbillon de prodiges, un miracle à tout moment renouvelé. Chaque représentation qui se montre est une existence qui se révèle, chaque sensation qui se forme est une réalité qui s'affirme.

Nous avons enfin la tendance première de l'ignorance. Elle ramène le réel à l'apparence, l'apparence à la représentation ; elle identifie le monde extérieur et la conscience. Elle est une hallucination partielle dans la pensée adulte ; elle est une hallucination totale dans la pensée naissante.

---

(1) Le présent travail était terminé avant la publication du livre de M. Bergson : *Matière et Mémoire.*

DEUXIÈME PARTIE

Les Principes des choses suivant l'Ignorance.

CHAPITRE PREMIER

Le moi dans l'ignorance

Nous savons maintenant comment l'ignorance interprète les rapports du sujet et de l'objet : le jugement,
c'est-à-dire l'acte qui décide si une relation donnée
est mentale ou réelle, subjective ou objective, est au
commencement une opération inconnue, et ses progrès se mesurent à l'affaiblissement croissant de la
tendance d'abord toute-puissante, puis de plus en plus
combattue et réprimée, à projeter d'emblée au dehors
toutes les associations conçues. Il reste maintenant
à chercher comment l'esprit, dans ce même état
d'ignorance, interprète les choses, quelles propriétés
il leur attribue, quels principes il leur impose. C'est
ce qu'on appelle d'ordinaire le problème de la raison.

Il a produit deux courants de doctrines rivales,
toujours aux prises, toujours renaissantes, l'empirisme et le rationalisme. Leur perpétuelle réapparition
pourrait faire supposer que quelque donnée essentielle
a été omise. En effet, l'empirisme, au travers de
toutes ses métamorphoses, s'obstine sans succès à
déduire de la sensation la raison. Mais en admettant
que l'expérience commence la pensée, rien ne prouve
qu'elle est au début façonnée sur un type immuable
et définitif. Quand on parle de raison, c'est toujours la
nôtre, plus ou moins ample sans doute, plus ou moins

développée, mais identique en ses lignes essentielles,
qu'on a en vue. Elle est d'abord un édifice qui s'ébauche, se dessine et s'étend progressivement ; mais elle
a déjà son style et elle le garde. S'agit-il du principe
de causalité ? Pièce à pièce il se constitue avec les
caractères que nous lui connaissons de relation nécessaire entre la cause et l'effet, d'antériorité et d'extériorité de l'un par rapport à l'autre. S'agit-il de
l'absolu ? Ou bien il fait défaut, ou bien dès qu'il
apparaît, le relatif apparaît avec lui. Pourtant serait-il
téméraire de voir dans la sensation et dans la raison
deux formes extrêmes qu'aurait reliées l'une à l'autre
une forme d'esprit disparue comme disparaissent les
espèces intermédiaires ? Avant notre raison saturée
de doute, outillée et façonnée par celui-ci, n'y aurait-il
pas eu une autre raison, celle-là spontanée, avec
d'autres tendances, d'autres organes ?

De leur côté les rationalistes, tenus de loger dans la
conscience individuelle et contingente une raison universelle et nécessaire, se troublent à la vue de ce scandale logique, et imaginent, pour se tirer d'embarras,
toutes sortes d'expédients : les uns, comme Descartes,
invoquant l'action directe de Dieu ; d'autres, comme
Leibnitz, l'harmonie préétablie ; d'autres encore,
comme Biran, une loi mystérieuse qui féconde et élargit à l'infini l'aperception interne de l'effort. Cependant qui nous prouve que cette opposition, en apparence primitive, de la raison et de la conscience, l'ait
été en réalité ? Toutes les hypothèses innéistes ont
leur point de départ dans une certaine interprétation
par l'homme de sa propre nature : mais si cette interprétation était déjà le résultat d'une expérience prolongée, de tout un long travail de réflexion, ne tom-

beraient-elles pas d'elles-mêmes ? Et ne devrait-on
pas remonter plus loin, à la recherche de l'idée que
l'homme se fit, naturellement cette fois, de son existence et de ses qualités ? Plus d'une fois déjà nous
avons rencontré des fonctions oubliées, des aptitudes
éteintes. Ne pourrait-on pas retrouver de même tout
un système fossile de principes, une raison avant la
raison ? C'est ce que nous allons tenter en cherchant
successivement quelle idée l'homme se fit de sa propre nature et quelle idée il se fit du monde, comment
il s'apparut à lui-même et comment il vit les choses.

Lorsque Descartes, commençant son investigation
métaphysique, se replie sur lui-même, la première
donnée qu'il recueille est la pensée, la seconde est
l'imperfection. Il constate son existence, mais cette
existence est limitée dans l'espace et dans le temps :
elle a commencé et elle finira. Il se saisit comme
cause, mais comme cause seconde ; il est une substance, mais une substance créée ; il est une fin, mais
une fin secondaire et subordonnée. Point par point,
le moi s'oppose à la raison. Celle-ci se meut dans l'absolu, celui-là n'atteint que le relatif. L'un après l'autre, tous les philosophes qui ont, après Descartes,
repris cette analyse, l'ont poursuivie suivant le même
esprit et confirmée en ses principales conclusions.
Pourtant elle pèche par la base, elle est l'œuvre de
pensées dressées de longue date à la réflexion, et qui
en même temps confondent les données de la conscience et les informations du langage ou de l'éducation. Tout autres seraient les réponses d'une conscience pure de tout alliage, livrée à elle-même et à ses
seules ressources.

Représentons-nous l'homme que seuls les sens ont instruit. En ces âges lointains, les préoccupations matérielles, la faim, la soif, les intempéries, les attaques d'autres hommes ou des animaux accaparent toute l'énergie. L'unique objet est, dans la vie sociale, l'échange des besoins urgents, des émotions et des inquiétudes. Tout ce qui est curiosité pure, réflexion, songerie, faute de conditions favorables, manque. Dès lors l'homme doit, semble-t-il, s'apparaître sous un jour tout autre que le nôtre.

En premier lieu il se voit immuable. Nous changeons et nous le savons : nous ne le *sentons* pas. C'est qu'en effet nous l'apprenons par la connaissance qu'on nous communique des phases successives de la vie, enfance, jeunesse, âge mur et vieillesse, et surtout par la mesure du temps. Autrement les profondes transformations dont nous sommes le théâtre nous échappent. Et cela est si vrai qu'en dépit de notre éducation, malgré la foule des souvenirs et des propos qui se rapportent à notre enfance, ce n'est jamais sans un sentiment de profonde surprise, presque de stupeur, que nous contemplons tel objet qui a vécu avec nous de nos premières années, berceau où on a dormi, première chaise où l'on s'est assis, premier vêtement porté. Qu'il avance ou qu'il recule dans son passé, chacun de nous, involontairement, invinciblement, se revoit, se sent tel qu'il est dans le moment présent, avec son timbre de voix, son allure, sa conformation, ses gestes. Les actes ont changé et les goûts, non la personne. Or s'il en est ainsi de nous, que tant de découvertes, tant d'idées tardives ont façonnés et pétris, à plus forte raison en doit-il être de même de l'homme qui, étranger à nos divisions et

à nos calculs, n'aperçoit de la vie qu'une vague succession d'événements, un bloc informe d'impressions.
L'identité personnelle, que tant d'objections autour
de nous menacent, est pour lui la plus claire intuition : elle est une identité matérielle. Si, à nos heures
de méditation philosophique, nous nous rangeons
dans la catégorie du devenir, lui toujours se range
dans la catégorie de l'être.

En second lieu il n'encadre sa permanence dans
aucune portion limitée de la durée. Il en est de notre
naissance comme de nos changements ; nous la
connaissons du dehors, par ouï-dire, non du dedans,
par intuition. Seule, la mémoire pourrait donner
quelque indication : en réalité ce qu'elle étale, c'est
une série indéfinie de souvenirs, une chaîne qui se
perd dans la nuit, sans premier anneau. Dira-t-on que
ce que l'homme, abandonné à lui-même, ne peut
concevoir, la vie sociale, et en particulier la vie de
famille le lui fait connaître? Mais outre qu'en ces
périodes obscures, la famille, indiscernable de la
tribu, consiste sans doute en des rapports incertains
et mal définis, les préoccupations immédiates, de
même que l'individu, l'absorbent, laissant peu de jeu
aux épanchements et aux confidences. Dira-t-on
encore que les naissances dont l'homme est témoin,
les enfances qu'il suit dans leur croissance, le frappent
et le ramènent à lui-même ? Encore une fois nous
répondrons que les exigences brutales, dont lui et les
siens pâtissent sans cesse, orientent son attention vers
un but unique. De plus, pour la même raison que les
siens propres, les changements successifs de ceux
avec qui il vit, par cela seul qu'ils sont continus et
insensibles, lui échappent. Nous-mêmes, sans les

ressources ingénieuses du langage, de l'écriture, du portrait, nous oublierions très vite les états passés des nôtres. En fait, quand nous retournons en arrière, nous voyons nos parents et même nos enfants avec leur physionomie, leur allure, leur aspect présents.

Et de même que l'homme, à l'état de nature, ignore qu'il a commencé, de même il ignore qu'il finira (1). L'analyse la plus aiguë ne parvient pas à dégager parmi nos sentiments primitifs le sens d'une limite future. Notre attitude à l'égard de la mort le prouve surabondamment. Toutes les races jeunes, on le sait maintenant, l'ont envisagée comme un changement d'état, une dégradation de vie, non comme un anéantissement; et si forte, si tenace, si enracinée fut cette croyance que, la dissolution du corps enfin comprise, on assura la perpétuité de la vie par la perpétuité de l'âme.

Pour nous, l'homme est un instant dans une série, une vague dans un fleuve. Avant lui et après lui, l'univers déroule à l'infini le cours des événements. Tout au contraire, selon l'ignorance, l'homme n'est soumis ni à la naissance ni à la mort; rien ne l'a précédé, rien ne doit lui survivre. Il est le contemporain du monde, aussi vieux que les arbres et que le soleil, aussi durable qu'eux. Il se voit, il se sent sous forme d'éternité.

Illimité, incréé, il se voit en outre comme cause. Que cette notion dérive, comme le soutient Hume, d'associations constantes, ou que, comme le croit Biran, elle naisse du premier effort conscient, il n'im-

_____

(1) V. Maspero. *Histoire ancienne des peuples de l'Orient* t. I. Les origines, p. 111.

porte. Pour le moment, le contenu du concept nous
intéresse, non son origine. Mais aussi ce contenu a
des caractères à part. La réflexion distingue la cause
première et la cause seconde. L'une est celle qu'aucun
autre agent ne précède et qui porte en soi la pleine
raison de son effet : les principes métaphysiques,
Dieu, Univers, Pensée, Matière, seuls se disputent ce
rôle. En retour, la cause seconde est objet de science :
car elle a commencé et elle n'explique pas entièrement ce qu'elle produit ; en soi elle est un effet qui
appelle aussi son antécédent, elle n'est qu'un phénomène. Cela étant, l'homme, sachant qu'il a commencé,
se range dans la catégorie des causes secondes : il se
considère soit comme une force créée à multiples
manifestations, soit comme un système de fonctions
soumis, ainsi que tout système, à des lois qui le débordent. Au contraire l'homme, ignorant de sa naissance
et qui confond son passé avec le passé du monde, ne
peut s'envisager de la même façon. Déplace-t-il une
pierre ? Il rapportera sans doute le mouvement de la
pierre au mouvement de son bras ; celui-ci à son tour,
il le rapportera à un sentiment, à une résolution qui,
en effet, le précède et en apparence le produit. Mais
arrivée à ce terme, son observation s'arrête. Pour
nous, tout motif est le résultat d'une lente élaboration
à laquelle concourent une multitude d'antécédents
inaperçus, sourdes aspirations, obscures tendances
que rapprochent, combinent, renforcent la vie organique et la vie sociale. Or tout ce travail reste caché ;
avec l'aide de la science, on le suppose, on ne le
constate pas. Aussi il échappe entièrement à l'ignorance. Désir ou volition, tout de même que le souvenir et l'inspiration, paraissent jaillir spontanément et

immédiatement d'un fond primitif, réservoir inépuisable que chacun porte en soi et qui s'appelle la
volonté. Celle-ci est la source première et le principe
explicatif de ses propres états, elle est tout ensemble
origine et raison. Maintenant cette même volonté,
pas plus que l'homme qu'elle exprime et caractérise,
n'est soumise à la loi de la naissance et de la mort ;
pas plus que lui elle n'a commencé ni elle ne finira.
Dès lors elle produit sans avoir été elle-même produite ; elle est causante sans avoir été causée ; elle est
par soi et agit par soi : elle est cause première.

Pareillement elle est fin dernière. Pour nous, l'individu est un atome en comparaison de la race, un
néant en regard de l'univers. Mais cette conception
n'est pas naturelle ; nous la devons à une connaissance de plus en plus étendue de la vie individuelle,
des sociétés humaines et de la place de la terre dans
l'espace infini. Retranchez ces diverses acquisitions,
et cette attitude humiliée disparaît devant un tout
autre classement. Conformément aux données des
sens, la terre, dans l'ensemble des astres, passe au
premier rang, et à la surface de la terre les choses et
les êtres s'ordonnent suivant leurs rapports de conve-
nance ou d'hostilité à l'égard de l'homme. Représen-
tative ou affective, la sensibilité est la règle des jugements, la mesure des choses. Les qualités les-plus
frappantes deviennent les qualités essentielles, les
propriétés utiles ou nuisibles sont les propriétés fondamentales. Le cheval n'est pas un mammifère, il est
un coureur rapide, le serpent est un animal à venin :
et l'agent par excellence de toute existence est, non le
mouvement, mais la lumière.

L'homme est ainsi le centre de tout. Aussi rapportet-il tout à son sort ; sa propre destinée est le but où tout converge, le terme vers qui tout s'oriente. Qu'on ne dise pas qu'à défaut de la nation ou de l'église à qui le civilisé subordonne son activité, il y a la tribu qui sans doute englobe et domine l'individu. S'il y a de notre temps conflit fréquent entre l'intérêt individuel et l'intérêt collectif, par suite sacrifice nécessaire de l'un à l'autre, il n'en est pas de même en ces sociétés rudimentaires. Qu'il s'agisse par exemple de la guerre, chacun sait que la défaite de la horde ou du clan c'est l'extermination ou l'esclavage de tous. La guerre n'est pas alors comme pour nous une question d'honneur, un problème moral : elle est pour tout le monde une question matérielle, un principe commun de jouissances ou de peines extrêmes. L'individu n'a pas occasion de mettre en balance son propre intérêt avec l'intérêt de la tribu ; il ne s'agit pas pour lui comme pour nous de peser, de comparer, et, au prix parfois de lourdes incertitudes, de fixer son choix. Le sort des siens est son propre sort, leurs profits sont ses profits, leurs pertes sont ses pertes. Aussi chercher ce qui convient le mieux à la tribu, c'est encore chercher ce qui convient le mieux pour soi. La fin de l'une ne se sépare pas de la fin de l'autre. Elle le peut encore bien moins si l'on songe que l'homme ignore les limites fatales de son existence. Par leur recul dans le passé, par leur essor indéfini vers l'avenir, la famille et plus encore la nation nous débordent ; aussi parmi nos motifs d'action, le désir de continuer des traditions glorieuses et le souci de préparer à la patrie de hautes destinées figurent parmi les plus importants. De pareilles perspectives sont nécessairement étrangères

à la première ignorance : l'homme ne distingue pas
encore entre son avenir et celui de sa tribu, pas plus
qu'entre le passé de celle-ci et le sien propre. Comment
ne jugerait-il pas égale, identique à la destinée de la
tribu sa propre destinée ? Dès lors, son point de vue
sur les choses se dégage : tout se rapporte à l'humanité, et il est lui-même l'humanité. Par suite l'importance souveraine qu'il s'attribue, la nature, tout
autour de lui, la reconnaît et la sanctionne. C'est
pour lui qu'elle travaille et qu'elle s'agite; à cause de
lui elle se fait tour à tour généreuse ou avare, ca-
ressante ou perfide ; satisfaite, elle charge de fruits
ses arbres, remplit d'eau ses sources, lui arrange
des saisons agréables ; mécontente, elle lui retire
ses dons et amasse sur lui ses fléaux, répand ses
sécheresses, déchaîne ses orages. Elle lui est une
occasion perpétuelle de joies ou de peines, d'espérances ou de craintes, de confiance ou d'alarme ;
mais, par là même, il est la raison déterminante de
ses actes, la règle de ses humeurs, le secret ressort de
ses caprices, il est la fin dernière de ses efforts.

La nature d'un être détermine le rôle de cet être, et
ce rôle en nous s'exprime sous un double aspect, par
l'action, par la pensée.

Il semble à l'homme qui s'examine que l'action
chez lui est rigoureusement conditionnée. De toute
part des limites la circonscrivent. Hors de lui, les
puissances du monde physique, inondations, tempêtes,
tremblements de terre, l'accablent. De plus, les lois
de la nature ne souffrent jamais aucune atteinte. De
là bien des impossibilités absolues telles que l'accès
au centre du globe, les voyages parmi les planètes, à
la surface de la nôtre la suppression de la mort. Aussi,

à voir tant de lacunes, tant de misères dont il est le
théâtre, l'homme se prend en pitié, il se dit « un
roseau le plus faible de la nature ». Pourtant cette opinion n'est pas spontanée, et une fois de plus on prend
pour une donnée naturelle une interprétation acquise.
Primitivement la puissance humaine ne se connaît
aucune limite définitive. Sans doute l'expérience de
chaque jour lui apprend qu'elle n'est, dans le monde,
ni la seule, ni toujours la plus forte. Souvent elle se
mesure avec des animaux plus agiles, plus vigoureux,
ou mieux armés. Souvent aussi les forces déchaînées
de l'air ou des eaux l'enlèvent dans leur tourbillon,
la roulent comme un fétu, la brisent. Pourtant cette
supériorité a beau se montrer en frappant de grands
coups, elle n'est jamais invariable ni sans exception.
Il y a des heureux qui se tirent des conjonctures les
plus difficiles, qui échappent aux plus redoutables
aventures. D'autre part, l'homme, dans sa lutte contre
les animaux, malgré les échecs et les déboires,
malgré les catastrophes, a, en fin de compte, le
dessus. Œuvre de la vigueur, de l'adresse ou de la
chance, le succès, même dans les circonstances les
plus critiques, reste toujours possible. Au plus fort
du danger, alors qu'un désastre semble inévitable,
un événement fortuit peut surgir et ramener l'avan-
tage. Aussi il y a pour les primitifs des entreprises
difficiles, invraisemblables, folles, il n'y en a pas
qui soient totalement absurdes, irrémédiablement
impossibles. Habitent-ils les côtes de la mer, igno-
rants de la navigation, impuissants à franchir la vaste
nappe d'eau qui se déroule à perte de vue : ils esti-
ment que ce qui aujourd'hui les dépasse, peut-être
demain, à la faveur d'une inspiration heureuse, et à
leurs risques et périls, sera permis. Retenus à la terre,

contemplent-ils avec envie le vol des oiseaux : ils
songent que quelque ingénieux procédé enrichirait
l'homme du même pouvoir, et obstinément, de génération en génération, ils transmettent ce rêve à leurs
plus lointains descendants. Chemin faisant, tout au
travers de leurs luttes, ils notent que tel procédé, telle
pratique, telle formule a, en des circonstances importantes, justifié, parfois même dépassé toutes leurs espérances ; par là ils affermissent encore davantage en eux
la conviction qu'ils ont de pouvoir maîtriser la nature,
dompter les bêtes, lancer les vents ou les arrêter, gouverner les astres. La magie est la conséquence logique
de cette illusion : dans tout ignorant il y a un enchan-
teur qui sommeille.

L'homme, à l'état de nature, ne s'attribue pas une
puissance à tout instant et sur toutes choses absolue ;
il ne s'adjuge pas l'immédiate et universelle omnipotence. En revanche il s'imagine que son action est
capable d'un essor illimité, d'abord parce qu'il constate en lui-même la présence d'énergies variables et
susceptibles de progrès, ensuite parce que hors de lui
se déroulent des forces de tous degrés, tenaces, colossales, qu'il faut craindre, mais qu'on peut surpasser.
Le contraste, en nous si clair et si pénible, du désir
et de la volonté lui est inconnu. Toute aspiration est
tendance, toute tendance est effort. Le pur irréalisa-
ble n'existe pas, puisque en lui-même il trouve tout
ensemble latente et vivace, prête à s'exercer, rebelle
aux démentis, la toute-puissance.

Et de même qu'il peut tout, il sait tout. Nous autres
nous jugeons que notre science comme notre action
est finie, qu'au delà de son domaine s'ouvre une zone
immense de ténèbres. Ce que l'homme sait est peu de

chose en regard de ce qu'il croit ignorer. Il y a plus :
à mesure que la connaissance s'accroît, le sentiment
de l'inconnu se développe, et la vivacité de celui-ci se
mesure aux progrès de celle-là. Comme l'a dit Spen-
cer, la science peut se comparer à une sphère lumi-
neuse qui continuellement s'agrandit, mais qui par là
continuellement multiplie ses points de contact avec
l'obscurité environnante. Inversement, et si l'on
regarde en arrière, on s'apercevra que plus la science
s'appauvrit, plus la préoccupation de l'ignoré diminue, et un moment vient où elle disparaît. La raison
en est simple. Dans l'irréflexion, l'apparence est identique à la réalité, elle est donc toute la réalité. D'un
autre côté elle se ramène, nous le savons, à la représentation. Dès lors tout ce que l'esprit aperçoit ou
conçoit existe tel qu'il le conçoit, tel qu'il l'aperçoit.
Au delà de ce qu'il imagine et affirme il n'y a rien.
La nature ne peut pas fournir plus que l'esprit ne
peut penser. La conscience est égale à l'existence.

De là une attitude bien différente de la nôtre. Non
seulement nous ne savons pas tout, mais nous en
souffrons. La nostalgie de l'inconnu nous poursuit,
l'angoisse métaphysique nous étreint, et nous allons
de recherche en recherche, tendant vers un idéal de
connaissance absolue et d'absolue satisfaction. Pourtant cet idéal que nous caressons pour l'humanité
comme un rêve de lointain avenir, nos aïeux l'ont
possédé : il a été pour eux une réalité. La véritable
ignorance s'ignore. Elle ne soupçonne rien de nos
inquiétudes intellectuelles ; elle n'a ni incertitude, ni
curiosité, ni étonnement. Le sens du mystère lui
manque. Pour elle tout dans le monde qu'elle façonne
est connu et compris, tout est clair et tout est simple.

Elle a la sérénité d'une pensée à qui toutes choses
sont pleinement transparentes, qui goûte la parfaite
intelligibilité. Les joies d'une raison absolument satisfaite sont le paradis perdu de l'Intelligence.

Illimité dans son existence, dans son action, dans sa
pensée, substance immuable, cause première, fin dernière, l'homme, à l'état de nature, réunit en lui tous
les caractères que d'un seul mot nous appelons l'absolu. Dès lors un des problèmes les plus ardus de la
psychologie se résout peut-être en un sens tout nouveau. Pour ceux qui, à l'imitation de Descartes,
acceptent que le sentiment de notre relativité pénètre
toutes les données de la conscience, la notion de l'absolu est une irritante énigme. Elle est le désespoir
des empiristes qui, en effet, partent du conditionné et
du contingent. Quant aux innéistes, ils sont réduits à
l'alternative suivante : ou bien faire de l'absolu une
tendance innée, c'est-à-dire le constater sans l'expliquer, ou bien le dériver de la révélation divine. Si nos
analyses sont exactes, son origine serait tout autre :
il proviendrait du jeu spontané de la vie intérieure, il
serait la donnée perpétuelle d'une conscience livrée à
ses seules ressources, réduite à ses seules forces. L'absolu n'est pas le résidu laborieux de l'expérience du
dehors triturée et transformée ; il n'est pas davantage
une voix d'en haut, un don gracieux de la divinité ;
l'absolu, c'est l'esprit tel qu'il s'apparaît à lui-même,
sans les restrictions, sans les démentis d'une réflexion
ultérieure ; il est la révélation permanente de l'ignorance. L'absolu c'est l'homme même.

Peut-être dira-t-on qu'ainsi expliqué, il aurait dû

depuis longtemps s'affaiblir et disparaître. Si un concept et les principes par lesquels il s'exprime dérivent de l'ignorance, ne devraient-ils pas suivre la
fortune de celle-ci, diminuer quand elle diminue,
cesser d'agir quand elle s'en va ? Par exemple la notion
de cause première provient, avons-nous dit, d'une
double illusion, d'abord de ce qu'aucun état conscient
ne précède régulièrement le désir ou la volition,
ensuite de ce que la volonté, appartenant à un être
qui ne s'attribue pas de commencement, se voit elle
aussi sans commencement. Mais un jour vient où
l'homme apprend qu'il n'a pas toujours existé et où
il tombe du rang de cause première auquel il s'était
hissé. Dès lors que peut devenir cette idée? Ce n'est
pas l'expérience du dehors qui la sauvera, car à mesure que celle-ci s'étend, de plus en plus elle montre
que, hors de nous tout comme en nous, chaque chose
a commencé. Faute d'aliments elle risquera donc de
s'étioler et de dépérir. De la même manière, à l'égard
des autres principes, le progrès des connaissances
prouve que chacun d'eux appliqué à l'homme n'était
qu'illusion. Et ainsi, battus en brèche, chassés du
milieu intérieur où ils avaient pris naissance, pros-
crits du monde extérieur, ils devraient, semble-t-il, et
de même que les croyances absurdes des peuples
enfants, se dissoudre et s'éteindre dans l'oubli. Comment donc se fait-il que, tout au contraire, ils continuent de vivre, d'agir, de régler les efforts de la
pensée? D'où vient qu'inapplicables au monde de l'expérience, en revanche ils le franchissent, s'installent
et s'unissent en un séjour idéal, enfin, sous des
formes et sous des noms divers, Substance, Noumè-
ne, Inconnaissable, s'imposent aux esprits les plus

réfléchis avec une force irrésistible ? Pourquoi cette
vitalité persistante là où on devrait rencontrer le
déclin et la mort ?

L'objection serait spécieuse, pourtant elle serait
vaine. D'abord on se trompe quand on s'imagine
qu'une idée reconnue fausse perd toute efficacité et
disparaît totalement. On se représente volontiers les
vérités chassant les erreurs comme dans un pays
envahi les vainqueurs expulsent ou exterminent les
anciens habitants. On les comparerait plus exactement aux couches de terrain qui se superposent les
unes aux autres ; les plus récentes recouvrent et
cachent les plus vieilles, elles ne les détruisent pas.
Un simple craquement de l'écorce, en les ramenant à
la surface, le prouve. De la même manière, les idées
nouvellement acquises, pour cette raison riches et
fortes d'une expérience plus avancée, supplantent les
anciennes, les dérobent à l'attention, par là les refou-
lent peu à peu hors de la conscience et ainsi les
frappent d'une mort apparente. En réalité les opinions, même les mieux abandonnées, vivent encore
d'une vie obscure qui par instants remonte au jour
et fait explosion. L'homme le plus ferme et le plus
complètement affranchi de tout préjugé, pourtant
trahira à l'occasion les commencements de son éducation mêlée de contes d'enfants. Il traversera sans
hésiter à minuit un cimetière ; néanmoins une observation attentive surprendrait en lui une modification
dans les battements du cœur, un changement dans le
rhythme de la respiration. Ce léger trouble de l'organisme montre bien que la superstition qu'on croyait
détruite, cependant veille encore dans l'ombre, toute
prête à reparaître et à vaincre.

Il y a plus. Non seulement les données de la conscience spontanée ne s'évanouissent pas entièrement ; elles ne peuvent même s'affaiblir que fort peu. C'est qu'en effet si elles sont primitives, elles sont en outre permanentes. Les résultats d'une connaissance mieux informée les convainquent d'inexactitude, ils ne les empêchent pas de se maintenir. Il n'en est pas d'elles comme d'une opinion relative à la vertu d'un remède, opinion qu'un hasard édifie de toutes pièces, qu'un autre hasard renverse pour jamais. Les apparences intérieures ont beau se heurter aux démentis de l'observation réfléchie, toujours elles renaissent. La connaissance que nous avons de notre naissance n'empêche pas que cet événement, pourtant le plus important de notre vie, nous reste invinciblement étranger. La persuasion où nous sommes que notre nature physique et morale se modifie profondément avec les années s'introduit du dehors, elle n'entame pas le sentiment, illusoire sans doute, toutefois vivace et ininterrompu, de notre immutabilité. Enfin dans le déterministe le plus convaincu tout aussi manifestement que dans un esprit inculte la volonté semble le principe premier de ses résolutions.

C'est que les apparences du dedans se comportent comme les apparences du dehors. Celles-ci défient la science. Nous avons beau savoir que la terre est une planète en mouvement, que les étoiles sont des mondes, ou que les couleurs, les sons, les parfums brillent, retentissent et s'épanchent en nous seuls. Physiciens ou astronomes, nous n'en éprouvons pas moins avec une intensité et une netteté égales à celles du sauvage, que la terre est immobile, que les étoiles sont des points lumineux, et que parfums, sons, couleurs sont des propriétés inhérentes aux choses.

Intérieures ou extérieures, les apparences sont indestructibles ; de plus, à la différence des idées réfléchies qui se présentent de loin en loin, elles se montrent continuellement. Sans doute nous savons que le soleil est une sphère énorme autour de laquelle gravitent les planètes. Mais d'abord nous l'apprenons à un âge déjà avancé, alors que, depuis des années, la sensation a dit et répété qu'il est un disque blanc, chaud et mobile. De plus, et à partir de l'époque tardive où nous acquérons cette connaissance, celle-ci s'offre à nous à des intervalles éloignés, alors seulement que le cours de nos méditations nous y amène ; au contraire à toute heure du jour, nous voyons, nous sentons le soleil, nous le cherchons, nous le fuyons, suivant le même aspect, pour les mêmes besoins, pour les mêmes raisons que le primitif. Pareillement l'idée que le son est un phénomène subjectif nous vient à nos rares heures de réflexion psychologique ; tout le reste du temps, au cours de la veille, à l'occasion des bruits de la nature, des voix animales, des communications du langage humain, nous l'entendons, nous l'interprétons, nous le traitons comme un phénomène objectif, comme une qualité des choses.

De la même manière, en nous, et en regard des idées acquises que nous avons seulement quand « nous y pensons », les données spontanées montent à la conscience dans un jaillissement perpétuel. La notion de notre existence finie vient lorsque des considérations d'avenir ou un mouvement de pensées philosophiques l'amène ; semblablement et de loin en loin, alors que la pente de nos rêveries nous y pousse, l'intuition de notre néant se lève. Dans tout le reste de la vie, c'est-à-dire dans l'immense majorité des cas, nous nous sentons, nous nous comportons comme des êtres qui ne doivent pas finir, comme des puissances auxquelles s'intéresse le monde entier.

Les apparences ne sont pas des fantômes inertes. Comme toute représentation elles agissent, elles sont causes de désirs ou de craintes, elles sollicitent la volonté. Des apparences permanentes deviennent ainsi des inclinations permanentes, et l'intensité inaltérable des premières fait l'efficacité inattaquable des secondes. Si une idée, par sa seule vérité, faisait taire toutes celles qu'elle exclut, l'infinité du monde accuserait tellement la vanité de l'existence que celle-ci, avec ses petitesses, ses soucis et ses misères, deviendrait accablante ; la pure logique s'achèverait en inertie ou en suicide. Néanmoins, dans le train ordinaire de la vie, à l'égard des nécessités quotidiennes du boire, du manger, du sommeil, dans nos relations journalières avec nos proches, avec nos amis, nous nous comportons comme ceux pour qui l'homme est le centre de tout.

La sensation est un principe d'information parce qu'elle est surtout un principe d'action ; et comme, malgré la science, elle persiste sans changement, le principe d'action, lui aussi, persiste et ne change pas. Pareillement la perception intérieure comprend des visions qui sont en même temps des tendances, et comme les visions se répètent constamment, les tendances se reforment incessamment. Ainsi se façonnent des besoins qui, contemporains de la conscience, compagnons fidèles de son développement, deviennent parties intégrantes de sa nature, ne disparaissent que si elle s'effondre, bref s'érigent en principes nécessaires. L'esprit continue comme il a commencé de se sentir sous forme d'infinité, comme cause première et comme fin dernière. De plus sa nature, ainsi envisagée, lui a paru pleinement expliquée ; l'absolu qu'il porte en lui est devenu le type de la parfaite intelligibilité auquel se mesurent tous les essais d'explication. Or, de même que les sensations du dehors, il se se renouvelle infatigablement identique à lui-même, et par là sans relâche il ravive en sa forme immuable le besoin d'intelligibilité. La réapparition continuelle du premier assure le continuel renouveau d'énergie du second. Aussi vienne l'expérience ! vienne la science ! Elle dissipera une à une nos premières illusions ; elle démontrera à l'homme qu'il naît et qu'il meurt, qu'il change, qu'en outre sa volonté est une simple cause seconde avec un rôle infime ; de la même manière hors de nous elle dépouillera une à une les forces de la nature, même les plus majestueuses, de leurs apparences d'éternité, elle fera de chacune un modeste phénomène : qu'importe ! sous tous ces chocs, à travers tous ces démentis, l'homme continue de projeter la même image. Par suite le même besoin se maintient de retrouver l'être immuable, une première cause, une dernière fin, d'expliquer tout en fonction de l'absolu ; pourchassé dans le monde de cause en cause, de loi en loi, d'un autre côté sans cesse reformé, toujours jeune, toujours avide, il fait effort pour s'exercer et pour se satisfaire ; avec son cortège de principes et de formes, il franchit l'univers sensible, se réfugie et s'installe au plus haut sommet des choses, en un ciel invisible où enfin il plane à l'aise, à l'abri de toute menace, inaccessible à toute atteinte.

L'absolu, a-t-on dit, explique l'homme et par lui
toute la nature. Bien au contraire, selon nous, c'est
l'homme qui d'abord en soi, ensuite hors de soi au
sein du monde, plus tard encore au delà du monde
et de l'humanité, pose l'absolu. Notre obstination à le
projeter à l'infini en Dieu est l'écho de notre obstination à le faire naître en nous.

CHAPITRE II

La Raison dans l'ignorance

LA SUBSTANCE

En face de lui l'homme trouve le monde, et la recherche dans le monde de ses modes d'assemblage, de ses groupements, de ses relations, est l'œuvre de la raison. La raison est en effet le besoin et le pouvoir d'appliquer aux choses les lois que nous croyons leur appartenir.

Elle y tend par l'emploi des principes qui la constituent. Tous ont des caractères communs ; par exemple ils sont nécessaires et universels. Un autre point encore les rapproche : tous se composent de termes accouplés, inséparables et nettement distincts. L'esprit ne conçoit pas la substance sans l'attribut, la cause sans l'effet, l'un sans le multiple, l'identique sans le contradictoire, le nécessaire sans le contingent. Il ne les confond pas davantage. Les propriétés de la cause ne sont pas les propriétés de l'effet, ni celles de la substance ne sont celles de l'attribut ; les caractères de l'un, de l'identique, du nécessaire, s'opposent aux caractères du multiple, du contradictoire, du contingent. Le rôle de la raison est ainsi de diviser et de classer les objets, de les répartir en cadres définis, de les ranger en catégories distinctes. Penser, c'est unir en séparant.

Toutefois les principes rationnels n'ont pas tous même structure. Ils sont des accouplements de termes mentalement inséparables, mais appliqués aux choses, ils ont des attitudes diverses : les uns maintiennent entre leurs termes une liaison nécessaire. S'il y a des causes, il y a des effets ; s'il y a des substances, il y a des attributs. Au contraire les autres se traduisent par une exclusion elle aussi nécessaire. L'unité affirmée, c'est la multiplicité niée ; l'identité acceptée, c'est la contradiction rejetée. A ceux-ci conviendrait surtout l'appellation de catégories.

Il y a donc deux espèces de principes, les uns à termes solidaires, les autres à termes antagonistes, les premiers qu'il faut accueillir ou repousser en bloc, les seconds qui sont des occasions permanentes de choix, des sources d'antinomies.

Pas plus que leur nature, leur rôle ne se ressemble. Les principes à termes solidaires semblent plus proches du réel, ils paraissent se mouler aux choses et les diriger ; ils ont ainsi quelque chose de vivant et d'actif ; les principes à termes antagonistes sont plus abstraits ; ce sont des aspects plutôt que des lois, des modes-de-pensée plus que des modes d'existence ; les uns semblent plus objectifs, les autres plus subjectifs.

Néanmoins ils se tiennent et leur diversité n'empêche pas leur dépendance. L'idée qu'on se fait de la cause ou de la substance décide du choix entre l'un ou le multiple, entre le contingent ou le nécessaire, entre le relatif ou l'absolu. C'est ce qu'on ne doit pas perdre de vue dans une analyse de la connaissance irréfléchie.

Cette analyse montrera deux choses : d'une part que notre raison raisonnante, en tant qu'elle conçoit le monde sous forme de catégories à termes doubles et distincts, est acquise, et qu'ainsi les principes, si l'on entend par là nos principes directeurs, loin d'être innés, sont une conquête de l'homme ; d'autre part qu'avant eux une autre raison, celle-ci spontanée, aussi loin qu'on remonte dans l'étude de l'intelligence humaine, se retrouve, s'étale, et, avec elle, ses idées directrices, indeterminées et pourtant visibles, flottantes et confuses, chacune d'elles réduite à un seul terme ; si bien qu'en un certain sens la raison est toute le résultat de l'expérience, et qu'en un autre elle est tout entière contemporaine de la conscience, véritablement innée. C'est ce dont nous allons nous assurer en examinant successivement les principes à termes solidaires et les principes à termes antagonistes.

I

LA SUBSTANCE

On sait les querelles interminables qu'on a soutenues à l'occasion de cette idée. Pour les partisans de l'*a priori*, elle exprimerait une tendance et une aptitude primitives de l'esprit avec ou sans conformité aux choses. Suivant les empiristes, elle proviendrait de l'expérience, elle serait le résultat de l'association, et ainsi se réduirait à une possibilité permanente de sensations. De part et d'autre il y a erreur parce que de part et d'autre on a en vue un concept immuable, un type immobile. L'analyse de son contenu nous en convaincra.

La substance est le sujet d'inhérence auquel on rapporte un groupe continu de propriétés. Elle a trois caractères saillants : elle est une ; pour reprendre l'exemple célèbre de Descartes, elle est présente à tous les points du morceau de cire, identique et indivisible; pareillement l'âme, selon les animistes, circule à travers les organes simple et indécomposable. De plus elle est permanente. Sous les changements de couleur, de dimension, de forme qu'affecte la cire, elle persiste sans altération ; derrière les modifications d'âge, de volume, de vigueur que parcourt l'organisme, elle se maintient immuable. Enfin elle est réelle, elle existe hors de l'esprit, indépendante de l'action de celui-ci ; elle existe hors des autres choses, voisine sans doute de celles-ci dans le temps et l'espace, néanmoins conservant son existence propre. Point par point, elle s'oppose à l'attribut qui, envisagé sous son aspect objectif, est la qualité. La qualité est multiple : la cire a tout ensemble une certaine teinte, une certaine grandeur, un certain poids. La qualité est changeante : soumise à l'action de la chaleur, la cire devient noire de jaune qu'elle était, et elle se dilate. Enfin la qualité n'a pas de réalité propre, elle existe dans la substance et par la substance, elle a une vie d'emprunt, elle est une *manière d'être*.

Telle que nous la concevons, l'idée de substance ne se suffit pas à elle-même ; elle forme avec l'idée de qualité un couple indissoluble. De plus elle n'est pas un concept nu, une notion simple ; elle contient des caractères multiples, elle a des éléments divers ;

bref elle est une synthèse de plusieurs autres idées.

Cette synthèse, volontiers on se la représente comme forgée d'une seule pièce ; on considère comme contemporains ses éléments, on les voit sur un même plan, avec le même âge, le même rôle, la même destinée. Pourtant c'est une illusion. La vérité est que notre idée de substance est un composé déjà tardif ; ses caractères, aujourd'hui soudés, cependant ont des provenances diverses ; une lente élaboration a enveloppé de notions peu à peu rapprochées un noyau premier, une notion plus ancienne, seule primitive. En d'autres termes il y a dans la substance avec des caractères secondaires et dérivés un caractère fondamental que l'analyse peut dégager.

Reprenons la comparaison avec la qualité. Celle-ci, disons-nous, est multiple ; toutefois elle ne l'est pas inévitablement. On conçoit un sujet doué d'un seul attribut, ne serait-ce que l'attribut de l'existence. La multiplicité est dans la qualité un caractère possible, fréquent, elle ne lui est pas nécessaire. De même le changement, s'il l'accompagne d'ordinaire, pourtant n'en est pas un aspect inséparable. On se représente en effet des qualités immuables, telles en Dieu l'infinité et la toute-puissance. Il n'en est plus de même pour le troisième caractère. Celui-là est réellement essentiel. Retrancher de l'attribut sa dépendance à l'égard du sujet, lui enlever sa vie d'emprunt, nier qu'il soit une manifestation d'autre chose, une manière d'être, c'est anéantir le concept de qualité. Les jugements qui rapportent à celui-ci les deux premiers aspects sont synthétiques, le jugement qui lui rapporte le dernier est seul analytique.

Qu'est-ce à dire sinon que, dans la substance, l'u-

nité et la permanence sont, en regard de la multiplicité et du changement dans la qualité, des caractères
dérivés. Par exemple certains animaux inférieurs se
séparent en tronçons et forment ainsi plusieurs individus ; inversement plusieurs animaux, soudés bout
à bout, forment un seul individu. Que devient au
cours de ces métamorphoses l'unité ? Pareillement si
Dieu qui est éternel est substance, si le soleil qui, sans
être éternel, dure des milliers de siècles, est lui
aussi substance, l'homme, la bête, la plante, qui
vivent un petit nombre d'années, même un petit nombre de mois ou de semaines, sont également substances. La permanence est un caractère variable, elle
oscille entre l'instant et l'infini. Une substance momentanée n'est pas une absurdité ni un non-sens.

Tout au contraire l'existence est un élément essentiel, à vrai dire l'élément fondamental et générique.
Toute substance, dès qu'on lui retire sa consistance
propre, son individualité, devient inconcevable. La
poser, c'est poser une chose à part des autres et à part
de l'esprit, c'est affirmer une réalité. Le jugement qui
énonce cette liaison est lui aussi un jugement analytique.

Réduite à sa plus simple expression, la substance
est en dernière analyse l'existence distincte. Ainsi
entendue, elle n'est nulle part plus agissante et plus
abondante que dans l'irréflexion. Pour l'ignorance,
nous le savons, l'existence est égale à la conscience.
Celle-ci fixe et mesure les choses : autant de représentations, autant de réalités ; autant de réalités,
autant de substances. De plus la nature et les conditions de celles-ci se déterminent d'après la nature et
les conditions de celles-là.

Les représentations distinctes sont des substances séparées, les représentations mêlées sont des substances confondues. Parmi les premières, les unes s'assemblent, vivent par groupes, d'autres au contraire, se détachant plus fortement de leurs voisines, semblent vivre d'une vie isolée : pareillement parmi les substances, les unes s'attroupent et forment des ensembles compacts, les autres paraissent se suffire à elles-mêmes dans leur existence solitaire. Dans la foule des apparences que les diverses perceptions édifient, il en est de rares et de fugitives à côté d'autres qui se renouvellent et qui durent : pour cette raison, les substances dont est peuplé le monde seront, les unes plus fluides et à consistance plus fragile, les autres plus résistantes et plus tenaces.

Mais aussi dans ce réalisme universel la qualité se noie. Sa notion, en effet, est étrangère à la pensée primitive. Pour nous, la qualité est un mode de la substance, une manière d'être ; pour l'ignorance elle est elle-même une substance, un être. Dès lors, une chose n'est plus un ensemble de propriétés inhérentes à un substratum d'ailleurs insaisissable, elle est un cortège de forces, en soi autonomes, groupées autour d'une force dominatrice. La masse, la teinte, la vitalité du chêne ; la forme, la vitesse, le hennissement du cheval ; l'habileté, l'énergie, l'autorité d'un chef sont, non les manifestations ni les expressions des êtres qui les possèdent, mais des puissances vivantes et régulièrement associées. La qualité est une petite substance accolée à une autre plus massive ; un corps, une plante, un animal, sont des sociétés de substances secondaires coordonnées autour d'une substance maîtresse. Toutes n'ont pas en face de la durée la même attitude; les unes, sous leurs lentes et insensibles modifications, semblent immuables, les autres sont sujettes au changement. C'est que les premières sont des sociétés plus stables; les autres des sociétés plus mobiles. Leurs changements de propriétés sont des départs et des arrivées; les qualités sont des personnes qui circulent autour de l'objet, glissent à sa surface, y pénètrent, s'en éloignent, portées dans un perpétuel tourbillon d'immigration et d'émigration. Pour nous, des attributs qui se modifient sont des transformations; pour l'ignorance, ce sont des échanges.

Il y a plus : parmi ces substances secondaires, il en est qui, parfois, reparaissent plus souvent, ou qui, par leur intensité ou par leur rôle, frappent davantage l'esprit. Pour cette raison, il revient plus volontiers et plus fréquemment à celles-là; il oriente vers elles avec plus d'empressement son attention; il amasse sur elles une multitude toujours grandissante de souvenirs et d'impressions. Par là se forment et s'étendent dans le voisinage des premiers groupes de nouveaux ensembles qui, à un moment donné, se détachent de leur sol natal pour vivre d'une vie propre. Et ainsi, de loin en loin, l'esprit essaime de véritables colonies d'images qui, élevées au rang de sociétés indépendantes, deviennent à leur tour de nouveaux centres et de nouveaux foyers.

La mythologie est une continuelle application de cette loi. En Grèce, les rayons du soleil sont des flèches; les Charites, Klyta et Phaenna représentent la lumière éclatante de l'astre naissant. Asclépios, fils d'Apollon, n'est en somme qu'Apollon guérisseur. Les

trois filles de Cécrops, Aglauros, Hersé et Pandrosos, premières prêtresses d'Athéna, expriment, selon M. Decharme, des épithètes de la déesse. Pareillement autour de Zeus se meuvent en foule ses femmes, ses fils, ses filles, qui ne sont que ses attributs et ses propriétés. « Héra (1), qui, suivant la tradition homéri-
« que, devenue celle de toute la Grèce, est la seule
« femme légitime du maître des dieux, est ici (dans
« Hésiode) la dernière des divinités auxquelles il s'est
« uni. Il a épousé d'abord Métis (la Sagesse, l'Intelli-
« gence), et il se l'est assimilée en l'enfermant dans
« ses entrailles ; il s'est associé ensuite Thémis et
« Eurynomè, mère des Charites, c'est-à-dire l'Ordre
« et la Beauté. Les épouses de Zeus ne sont donc au
« point de vue théogonique que les attributs attachés
« à sa divine substance, et les enfants qui naissent de
« ces unions sont les émanations, ou, comme diront
« les Alexandrins, les hypostases de cette puissance
« et de cette sagesse souveraines. »

Ces conceptions se retrouvent jusque dans l'interprétation déjà scientifique des phénomènes, et elles donnent la clef des plus anciennes doctrines de la nature. Chez les vieux alchimistes d'Egypte et de Chaldée, « la matière et ses qualités sont conçues
« comme distinctes, et celles-ci sont envisagées
« comme des êtres particuliers que l'on peut ajouter
« ou faire disparaître. Dans les exposés des adeptes, il
« règne une triple confusion entre la matière subs-
« tantielle, telle que nous la concevons aujourd'hui ;
« ses états, solidité, liquidité, volatilité, envisagés
« comme des substances spéciales surajoutées, et qui

(1) Decharme. *La Mythologie grecque*, p. 12.

« seraient même d'après les Ioniens les vrais éléments
« des choses ; enfin, les phénomènes ou actes mani-
« festés par la matière sous leur double forme stati-
« que et dynamique, tels que la liquéfaction, la vola-
« tilisation, la combustion, actes assimilés eux-mê-
« mes aux éléments (1) ».

Comme la mythologie, comme la science, la philosophie a subi et par là confirmé cette même attitude.
Dans le Théétète, Platon, discutant l'opinion de Prota-
goras, analyse la sensation ; à ce sujet il rencontre la
qualité, en propose successivement deux explications
différentes ; la première qu'il développe, par conséquent celle qui semble venir le plus naturellement à
son esprit, est d'une netteté parfaite. D'après l'exemple choisi, il s'agit de savoir ce qui se passe quand
notre œil aperçoit un corps blanc. La couleur fixée à
l'objet s'en détache, voyage portée par l'air, ébranle
l'œil, fait invasion dans les organes jusqu'au cerveau
où enfin elle retentit en sensation. La qualité est une
particule qui voltige autour de son objet, lutin vaga-
bond, génie ailé qui va des corps aux esprits, du
monde à l'homme, comme Hermès de l'Olympe à la
terre.

La tendance à réaliser les abstractions n'est qu'un
cas particulier de cette loi : elle est bien connue, elle
est moins bien comprise. On voit en elle d'ordinaire
un résultat du langage ; et le langage se développant
toujours, la tendance, d'abord faible et inappréciable,
irait se fortifiant, acquisition tardive de l'homme,

---

(1) Berthelot, *Les origines de l'Alchimie*, p. 281. — Voir un
autre exemple curieux sur la faim et la soif, dans M. Maspero, *Histoire ancienne des peuples de l'Orient*, t. I, p. 114 et
note 1.

rançon d'autres conquêtes plus précieuses. Le rôle du langage n'est pas contestable, il n'est pas non plus le seul facteur. L'abstraction consiste à considérer isolément ce qui n'existe pas isolément. C'est ce que fait déjà la sensation, qui est ainsi une abstraction spontanée. Mais alors en quoi diffère-t-elle de l'abstraction proprement dite ?

Il n'y a pas de sensations isolées. Celles qui nous frappent vont portées par leurs groupes, mêlées à des cortèges d'impressions de toute nature qu'elles effacent de leur éclat. Celles-là surtout qui offrent un vif intérêt pratique, teintes, sons, odeurs, saveurs, l'emportent sur leurs voisines; pour ce motif elles accaparent l'attention, elles paraissent exister seules. Les autres qui ont plutôt rapport à la forme, à la résistance, au mouvement, sont plus discrètes; elles restent à l'arrière-plan, plongées dans une demi-obscurité, presque inaperçues. Cette disposition dure tout le temps que dure le règne de la sensibilité, et celle-ci triomphe tout le temps que l'homme s'imagine que les propriétés pour lui les plus éclatantes sont les propriétés en soi les plus importantes. Durant toute cette période de soumission aux sens, l'abstraction est inconnue, ou plutôt elle n'existe pas encore. Mais sous l'influence de conditions que nous n'avons pas ici à rechercher, un moment vient où la perspective sur les choses se déplace, où, par une illumination décisive, l'homme se rend compte que les qualités les plus bruyantes ne sont pas nécessairement les qualités les plus solides, où enfin les représentations les plus tapageuses cessent d'être les représentations les plus écoutées. Ce jour-là une faculté nouvelle de l'esprit, l'entendement, prend naissance et avec lui l'abstraction. Le rôle de celle-ci consiste donc, en ce qui touche le monde matériel, à refouler le flot des sensations les plus séduisantes, en ce qui touche le monde moral, à écarter les impressions et les émotions les plus absorbantes, pour atteindre derrière elles d'autres émotions plus sourdes, d'autres sensations plus voilées, bref d'autres représentations plus modestes, mais que leur persistance, leur ampleur, leur action disent dans les objets d'où elles émanent, dans les êtres d'où elles rayonnent, essentielles et souveraines.

Ainsi entendue, l'abstraction n'est plus la négation de la sensibilité. Elle ne s'enlève plus au-dessus du monde vivant de la perception en un empire de formes silencieuses et rigides. Elle reste en contact direct avec les choses. Seulement elle dérange l'ordre que leur avait imposé les sens ; elle bouleverse la hiérarchie qu'ils avaient façonnée. Elle amène et maintient au premier plan, à la pleine lumière du sens intérieur de l'attention, les propriétés jusque-là masquées, les relations auparavant négligées. Comme la sensation, elle considère des qualités ; mais à la différence de la sensation, les qualités qu'elle observe, pâles à la vue, sont, dans les secrètes profondeurs de leurs objets, les plus actives et les plus fécondes.

L'abstraction n'est pas un néant d'impressions, elle est une réflexion sur celles-ci, un choix délibéré parmi elles, un triage voulu. L'abstraction est une direction de sensations, intérieures ou extérieures. Par suite, identique à la sensation, elle a la même efficacité que celle-ci, et puisque dans l'ignorance la sensation se projette d'emblée au sein des êtres sous forme de substance, de la même manière et pour les mêmes motifs l'abstraction se pousse et tend vers le dehors

14

en réalité. Le même mécanisme mène le primitif qui fait d'une saveur une chose, le poète qui érige la lumière en puissance, le philosophe qui voit dans les idées des principes ou dans l'étendue une essence. La tendance à réaliser les abstractions n'est pas une défaillance accidentelle de l'esprit qui, égaré par le mirage des mots, passe du conçu au réel, de l'abstrait au concret, du subjectif à l'objectif; elle est la continuation d'une des plus vieilles et des plus robustes habitudes de la pensée.

— On saisit maintenant l'erreur des empiristes. Ceux-ci voient dans l'idée de substance une élaboration subtile et compliquée; d'un autre côté ils posent l'identité de la sensation et du phénomène. Mais qu'est-ce que le phénomène sinon une manifestation de quelque réalité, une manière d'être, une *qualité*? L'esprit allant de l'expérience à la raison, de la sensation au principe, concevrait d'abord la qualité et plus tard en tirerait la substance; la première serait contemporaine de la conscience, l'autre viendrait plus tard et serait acquise.

C'est tout le contraire qui, à ce qu'il semble, a dû se passer; et c'est l'idée de substance qui est primitive, l'idée de qualité qui est acquise. Nous savons l'origine de la première; il reste à chercher la formation de la seconde. En premier lieu, on l'a vu, toutes les qualités, dès qu'elles éveillent des représentations saillantes, paraissent jouir d'une certaine liberté d'allure, et par suite sont érigées en substances. Mais à la longue on s'aperçoit que cette liberté est illusoire; on note que telle propriété, une odeur, un son, un rayon de lumière, ne se produit jamais toute seule, que sa présence tient à la présence d'un

corps déterminé, et que le rapprochement, l'éloignement, l'absence de celui-ci décident de l'accroisse-
ment, de la diminution, du départ de celle-là. La propriété perçue trahit ainsi l'étroite dépendance qui la
relie à son objet. Ce n'est pas tout : au commencement les qualités ne sont pas seulement libres à l'é-
gard de leurs substances, elles sont encore libres les
unes à l'égard des autres. La couleur, semble-t-il,
n'influe pas sur le son, ni le mouvement sur la chaleur ; parmi les couleurs elles-mêmes, le rouge ne
tient en rien au vert ni le jaune au blanc. Cette individualité à son tour, comme tout à l'heure l'indépendance, s'effondre. Tôt ou tard on se rend compte que
les propriétés, loin d'être fermées les unes aux autres
et de se succéder en se chassant, en réalité se trans-
forment les unes dans les autres ; que par exemple le
mouvement change d'aspect et devient chaleur ; que
le son, avant d'être résonance, est vibration ; et ainsi
on se dit que ces allées et venues de propriétés mobiles sont les formes successives et variables de quelque propriété immobile. Le jour où s'achève cette
double constatation, des catégories entières de représentations perdent leur autonomie et leur existence
propre pour devenir les modes inséparables des objets
qui les supportent ; elles n'ont plus qu'un reflet de
réalité, une existence d'emprunt ; elles tombent au
rang de manières d'être, elles dégénèrent en qualités.

Mais aussi ce concept nouveau amène un changement profond dans le concept de substance. Celle-ci,
avons-nous dit, se confond à l'origine avec l'existence
distincte. Ses expressions sont à la fois très nombreuses, puisqu'il y en a autant que de représentations, et

très pauvres, puisqu'elles tiennent tout entières dans
ces représentations. La réalité extérieure se résout en
une infinité de substances élémentaires, d'atomes
vivants.

Maintenant, dans cet océan, des existences d'abord
autonomes perdent leur spontanéité ; en retour, elles
se groupent et se serrent autour de celles qui conservent la leur ; celles-ci qui primitivement se déployaient
en quelque sorte toutes nues, attirent à elles les substances déchues, s'enrichissent de l'intimité qu'elles
leur imposent, se les assimilent et se les incorporent.
Dès lors, à leur caractère primitif, qui était la réalité,
elles en ajoutent de nouveaux ; et d'abord l'unité,
puisque, devenues la base à laquelle s'appuient leurs
propriétés, elles leur sont présentes et les relient en
faisceaux ; ensuite la permanence, puisqu'elles persistent et se retrouvent sous le flot changeant des aspects
et des modes. Dans ce travail, la substance subit des
pertes et réalise des bénéfices ; elle n'est plus coextensive à la conscience, éparpillée et présente à toutes les
apparences. Mais ce qu'elle perd en surface, elle le
regagne en profondeur : si ses manifestations se font
moins nombreuses, en revanche elles deviennent plus
riches et plus fermes. Chacune d'elles englobe une
portion plus large de réalité, couvre un plus long espace de temps. La nébuleuse par endroit s'éclaircit,
ailleurs se condense en masses résistantes. L'esprit
découvre enfin le monde avec ses êtres à structure
complexe, avec ses corps, ses forces et toute leur diversité d'attributs.

Une fois commencé, ce mouvement ne s'arrête plus.
Une observation plus curieuse et plus savante opère
sur le monde ainsi compris le même travail qu'une

expérience plus ancienne exerçait sur celui de l'irréflexion. A son tour, elle reconnaît que les substances
grossies de toute une alluvion d'attributs n'ont peut-
être, elles aussi, qu'une individualité illusoire, qu'un
fantôme de liberté ; elle dégage parmi elles des liens
inaperçus, de secrètes et profondes dépendances.
Bientôt elle leur enlève leur consistance et leur spontanéité, elle les rabaisse au niveau des modes, elle les
ravale au rang des qualités, et, en retour, elle leur
donne pour fondement un petit nombre d'essences,
matière, vie, pensée qui, enveloppant les individus,
dépassant les espèces, débordant les genres et les règnes, de proche en proche gagnent et embrassent toute
la nature. Un dernier élan emporte l'imagination jusqu'au terme de ce travail et l'élève à une suprême
réduction, celle du panthéisme, qui fait du monde un
infini de qualités suspendues à l'unité de l'universelle
substance.

Si les empiristes se sont trompés, de leur côté les
innéistes se sont mépris, parce que, eux aussi, ils ont
identifié la sensation au phénomène, c'est-à-dire à
l'attribut. Mais comme l'idée de substance leur a paru
irréductible à la sensation, ils l'ont rejetée par delà
l'expérience parmi les tendances primitives et les aptitudes innées. Pourquoi l'esprit naît-il avec ce besoin ?
C'est ce qu'ils ne disent pas. Comment, en possession
de cet instrument, l'emploie-t-il ? C'est ce qu'ils expliquent encore bien moins. Toutefois l'opinion la plus
nette paraît être que, expérimentant par lui-même en
lui-même la présence et l'action d'une substance,
l'homme aborde les choses avec l'intention de retrouver en elles le même caractère. La raison serait ainsi
la conscience s'éloignant pas à pas de son théâtre pro-

pre, s'épanchant progressivement à travers les objets
et guettant dans chaque envolée de représentations
celles qui coïncident avec ses propres inspirations,
dès lors se plient à ses exigences.

La pensée spontanée paraît se conduire tout autrement : apportant avec elle, non par une grâce d'état,
non comme un privilège, mais plutôt comme une
marque d'irréflexion, comme une faiblesse, l'idée de
substance, elle l'applique d'emblée à toutes ses perceptions; elle en enveloppe, comme d'un seul coup de
filet, toutes les données des sens. Avec le temps, la
sagesse vient, et alors la raison se fait moins confiante
et moins hardie; elle n'applique plus son concept indistinctement à toute sorte d'objets. Son progrès
n'est pas, comme on se l'imagine d'ordinaire, dans le
sens d'une marche en avant; il est plutôt un progrès
de mesure et de méthode, une démarche plus ordonnée et plus prudente. Le rôle de l'expérience n'est pas
d'exciter et de renforcer le principe de substance, encore moins de le fabriquer avec un art de prestidigita-
teur, mais d'épurer, de régler et de canaliser celui
qu'enfantèrent en nous les illusions de l'ignorance

CHAPITRE III

La Raison dans l'ignorance *(suite)*

LA CAUSE

Plus encore que le concept de substance, le concept de cause est un composé de caractères successivement acquis et groupés autour d'un caractère fondamental, seul essentiel et primitif. Envisagé dans son application présente au monde sensible, il se formule ainsi : tout fait est le conséquent invariable d'un antécédent invariable. On tire de là des principes qui ont des airs d'axiomes : en premier lieu, la relation de la cause à l'effet est une relation de nécessité : l'apparition de l'une détermine l'apparition de l'autre ; le départ de la première entraîne le départ du second ; une variation en croissance ou en décroissance de l'antécédent amène une variation équivalente, en croissance ou en décroissance, du conséquent. C'est ce qu'on entend quand on dit : une même cause produit toujours les mêmes effets ; à des effets différents il faut des causes différentes.

Il y a plus : la nécessité du rapport se ramène à l'identité. Comme l'effet, et en dépit des différences d'aspect qui l'en séparent, la cause n'est au fond qu'un

phénomène, que, comme tout phénomène, le déterminisme domine. D'elle-même, elle est impuissante à
précipiter ou à ralentir le train des événements. Im-
prime-t-elle un changement soudain, c'est qu'elle a
subi une modification subite. Elle ne donne qu'autant
qu'on lui remet ; elle ne retire que dans la mesure où
on lui retranche. Tout son rôle est de transmettre les
forces que d'autres agents lui communiquent : la loi
qui la mène est la loi d'inertie.

Mais aussi elle n'est cause que par une habitude de
langage, par métaphore. Toute la différence qu'il y a
entre elle et l'effet se réduit à une diversité extérieure
d'aspect ; l'un est le phénomène considéré du point de
vue de la postériorité, l'autre est le même phénomène
envisagé du point de vue de l'antériorité. Dès lors,
si le conséquent ne se suffit point à lui-même, s'il
soulève certaines questions, s'il entraîne certaines
recherches, les mêmes recherches, les mêmes questions se posent à propos de l'antécédent, et ce travail
de régression se continue tout le temps qu'on va de
phénomène en phénomène.

Les causes que la science atteint sont les causes
secondes, et comme telles incapables de satisfaire la
pensée, d'assouvir son appétit d'explication. Aussi
l'esprit, à tort ou à raison, leur ajoute-t-il un autre
type de cause qu'il appelle première. Celle-ci, comme
son nom l'indique, fonde et ouvre des séries entières
de faits sans que nul antécédent la prépare, mais si
elle n'a aucun antécédent, c'est que le besoin n'en
existe pas pour elle ; c'est donc qu'elle existe par elle-
même et qu'elle agit par elle-même. Elle porte en soi
le principe de sa force, la réserve de son action, le
moment, la durée et la mesure de leur emploi. Tandis

que l'inertie règle la cause seconde, la spontanéité caractérise la cause première.

Relation de nécessité, rapport de succession, double type de causalité, tels sont en résumé les principaux éléments que réunit notre concept. Il est aisé de voir qu'ils n'ont pas tous les trois même importance, par suite, et selon toute vraisemblance, même origine.

Et d'abord, si la nécessité semble en faire partie, elle ne lui est pourtant pas absolument indispensable. On conçoit des causes qui disposent à leur gré de leur action, et le libre arbitre n'est pas autre chose. Réel ou non, il est par définition une puissance des contraires, c'est-à-dire telle que, sans changer elle-même, elle change à volonté la nature de ses actes. Il n'est donc pas toujours vrai, au moins en ce qui touche l'homme, qu'une même cause produise inévitablement les mêmes effets.

La succession n'est pas davantage un caractère essentiel. L'esprit conçoit des cas où la cause et l'effet sont contemporains. C'est ainsi qu'il s'imagine que le soleil est visible en même temps qu'il s'élève à l'horizon. De la même manière certains théologiens acceptent que le monde soit tout ensemble éternel et créé.

Il n'en est plus de même du troisième caractère, qui est décidément l'élément générateur de la causalité. Celle-ci n'existe que si elle possède la spontanéité. Dès qu'on lui refuse le pouvoir d'agir par soi, immédiatement elle tombe de son rang de principe, elle dégénère en simple phénomène qui appelle comme tous les autres une explication : activité spontanée, énergie autonome, force intérieure, autant d'appellations diverses d'une seule et même chose où la cause a son caractère fondamental et primitif. Les jugements

qui lui rapportent les deux premiers sont synthétiques, seul le jugement qui lui attribue le troisième
est analytique.

Une telle variété de contenu rend bien invraisem-
blable l'hypothèse de l'innéité. En admettant qu'il soit
légitime de faire appel à une tendance innée, celle-ci
à la rigueur rendrait compte d'un concept simple,
non plus d'une notion complexe. Toujours, à un
moment donné, une part de celle-ci briserait le cadre
trop rigide des catégories à priori.

Acceptons un instant que l'idée de cause soit une
nécessité primitive. Cela signifie que l'esprit apporte
avec lui un besoin inconscient de dépasser le donné,
un appétit inné de savoir ce qui accompagne ou précède les perceptions actuelles. En aucun cas les représentations du moment ne lui suffisent ; une curiosité
instinctive le pousse vers la recherche de ce qu'elles
annoncent et dérobent. Le principe de causalité est
ainsi un désir permanent de l'au-delà. Mais qu'est-ce
que la cause première sinon une réalité sans au-delà?
Et alors comment expliquer le besoin que nous en
avons? La conséquence logique de l'innéité est, non
pas l'ἀνάγκη στῆναι d'Aristote, mais tout au contraire la
régression à l'infini.

L'empirisme associationniste, qui se place à un point
de vue tout opposé, pourtant se heurte à la même
difficulté. Soit qu'il agisse dans l'individu et par
l'individu, soit qu'il le dépasse et s'étende par l'héré-
dité à travers la race, toujours est-il qu'il s'appuie à
l'idée de succession constante et aux habitudes que
cette idée éveille. Or, s'il est vrai que, à force de voir
des phénomènes se succéder, peu à peu se façonne le
besoin, toutes fois qu'un fait se produit, de le rap-

porter à un autre fait, comment conciliera-t-on cette
tendance avec cet autre besoin non moins manifeste,
non moins impérieux de clore la série, de poser un
premier commencement ?

Impuissant à expliquer en nous la cause première,
l'empirisme ne l'est pas moins à rendre compte de la
cause seconde. D'ailleurs on l'a dit bien des fois : si la
succession constante en est la source, toute succession constante devrait être un cas de causalité,
et alors la nuit devrait être la cause du jour. On sait la
réponse de Stuart Mill : Il faut, disait-il, pour qu'une
succession constante devienne un rapport de causalité, qu'elle soit inconditionnelle, ce qui n'est pas ici
le cas, attendu que le jour succède à la nuit *à la condition* que le soleil se lève au-dessus de l'horizon.
L'argumentation est vieille. Pourtant, en raison même
de son succès, nous demandons à y revenir.

La vérité sur ce point est que Stuart Mill et ses
contradicteurs qui se sont inclinés ont une fois de
plus pris pour une croyance naturelle et primitive,
tant elle semble évidente, une interprétation pourtant
réfléchie et acquise. Il n'est pas vrai que pour l'ignorance le soleil soit la cause du jour. Rappelons-nous
le principe suivant qui l'apparence dans l'irréflexion
règle tout. Interrogée, elle répond que le jour est une
chose et le soleil une autre. Le jour se lève avant le
soleil, or quelle vraisemblance que l'effet précède sa
cause ? Il devrait en outre disparaître en même temps
que celle-ci, et il n'en est rien. Le soleil est déjà cou-
ché depuis un intervalle appréciable de temps, que le
crépuscule rend encore distincts les objets. Ce n'est
pas tout : le ciel se couvre-t-il de nuages, le soleil disparaît et le jour reste. Sans doute, nous avons l'expli-

cation du fait parce que nous connaissons la lumière
diffuse. Mais l'ignorance primitive n'a pas à son service cette notion, et pour elle un soleil invisible est un
soleil sans effet ; rayons disparus, action évanouie. Le
soleil renforce l'éclat du jour ; il ne le crée pas, il ne
le constitue pas.

Des vestiges restent de cet antique état d'esprit ; par
exemple dans la Bible : au commencement, Dieu dit
que la lumière soit, et la lumière fut. Plus tard, après
le ciel et la terre, après la mer, après la vie végétale,
il créa le soleil, la lune et les étoiles. D'autre part on lit
dans le Bundehesch : « la montagne céleste du Hara a
« mis huit cents ans pour atteindre toute sa hauteur :
« en deux cents ans elle a atteint le ciel des étoiles ;
« en deux cents ans le ciel de la lune ; en deux cents
« ans le ciel du soleil ; *en deux cents ans la lumière*
« *éternelle* (1). » L'Inde a fait la même distinction :
« Le sentiment de la nature, dit M. Roth, dans la
« période la plus antique, celle qui est représentée
« par les hymnes védiques, a ceci de particulier
« qu'il distingue nettement l'atmosphère du ciel.
« Cette séparation est très ancienne, comme le montre
« toute la mythologie des Védas, et elle a pour fonde-
« ment la distinction de l'air et de la lumière. La
« lumière a sa patrie non dans l'atmosphère, mais
« au delà, dans l'espace infini du ciel ; *elle n'est pas*
« *attachée au corps brillant du soleil*, elle existe
« indépendamment de lui comme force éternelle (2). »

Dans la mythologie grecque, la légende d'Hermès,
l'identité qu'il représente de l'aube et du crépuscule,

(1) Cité par Darmesteter, Ormazd et Ahriman, p. 139.
(2) Roth. *Les Dieux suprêmes des peuples aryens.* (Cité par
Bergaigne, *les Dieux souverains de l'Inde*, p. 280.)

sa rivalité avec Apollon, surtout son origine qu'on rapporte à l'union du ciel et de la nuit, montrent que pour les imaginations helléniques le petit jour du matin et les lueurs mourantes du soir furent autre chose que les premiers et les derniers rayons du soleil.

On le voit, le jour et la nuit constituent pour l'intelligence spontanée une succession inconditionnelle sans être causale. Que devient alors l'explication proposée ?

Reste la thèse biranienne qui fait appel, non plus à l'expérience du dehors, mais à l'expérience du dedans, et croit voir dans le sentiment de l'effort la source et le type de la causalité. Pas plus cependant que la précédente elle ne s'ajuste entièrement aux faits. En premier lieu, elle ne dit pas comment une notion d'origine subjective et de portée individuelle s'épanche au dehors, devient un principe objectif, une loi des choses. Et une fois cette mystérieuse métamorphose achevée, elle ne dit pas mieux comment le principe se comporte, suivant quelle règle il agit, ni pourquoi il s'applique à certaines choses et non à d'autres.

Il y a plus. Biran, parce qu'il a cru à l'identité de la conscience et du moi, s'est mépris sur la physionomie même du fait qu'il a choisi. Selon lui, l'intuition de la cause se mesure à la vivacité du sentiment de l'effort et, à son tour, ce sentiment a une intensité proportionnelle à l'effort lui-même. Pour ce motif, le sujet devrait d'autant plus manifestement se sentir auteur, se déclarer cause de ses propres mouvements que ceux-ci auraient exigé un plus violent déploiement d'énergie. Comment, dès lors, expliquer que, tout au contraire, dans les consciences jeunes, à mesure que l'effort s'exalte, la certitude d'en être la source décroît, si bien qu'au delà d'un certain degré le sujet aliène de lui-même, projette au sein des choses le principe de ses plus importantes actions ?

Au fond, Hume et Biran ont commis la même erreur. Ils ont ramené l'idée de cause à un rapport entre eux des faits de conscience. Peut-être est-elle plutôt dans le fait de conscience même. Peut-être ce concept, de même que celui de substance, de même que celui d'existence, dérive-t-il, non d'une relation entre elles de nos représentations, mais de leurs relations avec le sujet, de l'attitude primitive du moi à l'égard de ses propres modifications senties.

Cette attitude, nous la connaissons : elle est l'acceptation aveugle et totale des impressions perçues, par suite la transposition de celles-ci en réalités, et ces réalités ne sont pas inertes ou timides, elles ne sont point, comme disait Spinoza, des peintures mortes ; colorées et chantantes, âpres ou veloutées, savoureuses ou amères, joies bondissantes, douleurs aiguës, elles ont l'intensité, les frémissements, les agitations tumultueuses de la vie ; chacune d'elles est force et action.

De plus, dans cette première période, les représentations, de même que dans le corps les mouvements, émergent en quelque sorte au hasard des circonstances, indépendantes les unes des autres, isolées, et ainsi elles constituent autant de principes autonomes, d'existences originales. Maintenant ces existences, l'esprit les accueille sans hésitation, sans examen. Elles se suffisent à elles-mêmes, elles se soutiennent par elles-mêmes. C'est dire que derrière elles l'esprit ne cherche rien : il n'éprouve nullement le besoin de les dépasser et de les relier à d'autres existences invi-

sibles et supposées. En leur présence la pensée balbu-
tiante n'éprouve aucune curiosité. Au contraire, elles
lui procurent en même temps que le plaisir de se
sentir vivre la pure sérénité de la découverte, l'intime
jouissance de la contemplation. Mais dire que le soupçon de l'invisible ne l'effleure point, que le pressenti-
ment de l'au-delà lui manque, qu'en un mot le donné
lui suffit, n'est-ce pas dire que chaque réalité perçue
porte en soi sa raison d'être, qu'elle est pour soi,
qu'elle est cause de soi ?

Dans son premier essor, alors que les images ne sont
pas encore ordonnées en vastes systèmes, la conscience humaine traite ses représentations comme des
énergies qui se produisent d'elles-mêmes et s'expliquent par elles-mêmes. En chacune se retrouve
l'identité de la cause et de l'effet, de même que l'identité de la substance et de l'attribut. Autant de représentations, autant d'existences, autant de substances,
autant de causes.

On voit quelle distance nous sépare de l'associatio-
nisme. Selon celui-ci, il n'y a de causalité que par la
vertu de certains groupements d'images. Au contraire, selon nous, la causalité précède ces groupements : elle est contemporaine des états de conscience et elle leur est coextensive. Présenter le
principe de causalité comme un principe suivant
lequel tout ce qui existe a une cause, c'est prétendre que, par une intime et mystérieuse intuition, l'esprit croit que tout ce qui existe existe
par autre chose, c'est soutenir qu'il va d'un élan intérieur et par une inexplicable illumination du donné
au non-donné, qu'il pose d'abord l'effet et de là
s'élève à la cause, puis de celle-ci à une autre, jus-

qu'à une cause première. L'effet serait ainsi un point de départ, la cause première un point d'arrivée et un terme.

Tout au contraire, c'est elle que l'esprit au commencement conçoit et affirme. Il lui semble alors que tout existe par soi et se tire de soi, que choses et êtres ont en eux-mêmes le principe de leur développement, qu'ainsi la cause et l'effet se confondent en une énergie intérieure présente en ses propres manifestations. Ainsi se dégage le plus profond élément de la causalité, qui est l'activité spontanée, et se révèle son plus ancien aspect, à savoir la cause première.

Comment de cette vue primitive la notion d'effet, ou celle de cause seconde, identique d'ailleurs à la précédente, est-elle sortie et a-t-elle revêtu une forme distincte ? C'est cette élaboration qui a été le résultat de l'expérience. Le rôle de celle ci est double. En premier lieu, elle enrichit la conscience, elle accroît et multiplie la population mentale. A l'origine, seules les impressions les plus vives et pour ainsi dire les plus grosses, couleurs violentes, fortes odeurs, contours massifs, affectent l'esprit. Ce n'est que plus tard, à la longue, à la faveur d'une observation de plus en plus attentive, qu'il découvre les nuances, les affinements de dessins et de formes. Des objets autrefois jugés simples révèlent peu à peu des aspects multiples, tout un fourmillement de détails. L'expérience amène donc d'abord un progrès d'analyse. Elle en détermine encore un autre. En même temps que les choses dévoilent leur complexité toujours croissante de structure, les rapports entre elles des parties se dégagent de plus en plus fixes. Aux apparitions mobiles et changeantes de l'imagination primitive

succèdent des ensembles plus cohérents, des successions plus solides. Les représentations se forment en
ensembles résistants et solidaires, en touts compacts et
unis ; l'idée de gland fait corps avec l'idée de chêne,
l'idée de germination avec celle d'humidité. Bref ce
nouveau travail est un travail de systématisation.

Maintenant, admettons que l'une de ces représentations, encadrée dans un ensemble défini, se montre
à l'esprit. L'attitude de celui-ci n'est plus celle qu'il
avait auparavant : l'image évoquée invite ses associées
à reparaître avec elles, et l'invitation est d'autant plus
pressante que les liens qui les unissent sont plus
forts. Admettons, en outre, qu'une représentation
neuve, analogue toutefois à d'autres représentations
antérieurement perçues, jaillisse : immédiatement
la tentation s'éveillera d'évoquer et de construire tout
un ensemble neuf d'images, modelé toutefois en son
dessin essentiel sur des ensembles précédemment
construits. La représentation isolée a cessé de se suffire à elle-même et de satisfaire l'esprit ; celui-ci, en
sa présence, reçoit une impression d'inachevé, l'inquiétude d'une chose nécessaire et absente, le besoin,
en dépassant le donné, de la rejoindre. Et ainsi se
façonne l'appétit de l'au-delà qui n'est autre chose que
ce qu'on appelle d'ordinaire le principe de causalité.

L'empirisme, on le voit, n'a pas eu complètement
tort. L'association explique, sinon l'idée de cause, du
moins l'idée d'effet. Celle-ci s'édifie en même temps
que se façonnent les ensembles organisés d'images.
Elle est la dépendance de l'élément à l'égard du
groupe, de l'événement à l'égard de la série, de la
partie à l'égard du tout. Mais cette dépendance, l'esprit
ne l'a pas toujours saisie. Auparavant, il n'apercevait

partout que liberté et caprice. Ses visions flottaient en lui à l'état de tribus nomades : l'expérience les a en partie encadrées et fondues en sociétés gouvernées. L'effet trahit ainsi sa communauté d'origine avec l'attribut ; celui-ci est une substance tombée, celui-là est une cause déchue ; le premier est une indépendance perdue, le second est une spontanéité tarie. Et ainsi, tout ce qui se rapporte à la catégorie de l'effet, il le ravit à la catégorie de la cause, primitivement, et de même que la substance, universelle.

Ce travail de métamorphose et d'enchaînement est progressif : il ne s'étend pas d'emblée à tous les objets perçus. Certains y échappent et conservent plus longtemps leurs apparences d'activité propre et de spontanéité individuelle. Ceux-là continuent tout comme à l'origine de se suffire à eux-mêmes ; causes de soi, ils ont des effets sans être eux-mêmes des effets.

C'est d'abord le cas de ceux que la mobilité capricieuse de leurs apparitions ne laisse pas aisément enrégimenter. Ce sont les indisciplinés de l'expérience qui continuent dans la pensée déjà éprise d'ordre et de règle la liberté et le désordre de ses débuts. Le vent qui souffle où il veut quand il veut, les orages qui, à leur gré, sommeillent ou éclatent, sont ainsi des forces qui portent en elles le principe de leurs manifestations. Sans doute, elles commencent, mais elles commencent quand il leur plaît et sans faire appel à aucune influence extérieure. Leur production est une génération spontanée.

C'est aussi le cas, non plus des parties et des éléments, mais des groupes et des ensembles, masses résistantes qui se soutiennent par elles-mêmes, possèdent une existence continue, et que l'homme, à l'imitation de lui-même, a toujours connues, invariables dans leur aspect et dans leur rôle, en apparence éternelles et immuables, par conséquent incréées. Le fruit provient de l'arbre, le grain sort du sol, la chaleur du soleil ; mais la forêt, le fleuve, la montagne, le soleil ne viennent de rien : ils sont parce qu'ils sont.

C'est enfin le cas de certains objets en quelque sorte intermédiaires aux deux autres, durables comme ceux-ci, capricieux comme ceux-là ; par exemple les espèces vivantes, plantes ou animaux, qui, en tant qu'espèces, persistent indéfiniment sans modifications appréciables, mais dont les exemplaires individuels ont le plus souvent comme le vent et l'orage des apparitions imprévues, fauves rôdant dans les fourrés, serpents sortis du sol, oiseaux planant au plus haut des airs.

Le besoin de la cause est, selon Hamilton, l'impossibilité de concevoir un commencement absolu. Cette impossibilité se rencontre peut-être dans nos esprits largement informés et de longue date pliés à la réflexion. Elle ne se rencontre pas dans les intelligences jeunes ; pour celles-ci rien n'est plus simple, plus clair, plus fréquent qu'un premier commencement. Encore de notre temps, et d'après les Cafres, tout s'est fait de soi-même ; arbres et herbes poussent par leur propre volonté. Plus anciennement, en Chaldée, Bérose raconte qu'avant les espèces actuelles et l'humanité, il y avait eu au sein de l'eau et des ténèbres production spontanée d'animaux monstrueux, hommes à deux faces, à deux ou à quatre ailes, hommes-femmes, hommes avec jambes et cornes de chèvre, taureaux à tête humaine, chiens à quatre corps avec queue de poisson, bref êtres où toutes les formes ani-

males étaient confondues. En Grèce Platon oppose aux doctrines des philosophes, plus nouvelles et plus rares, l'opinion du vulgaire, plus vieille et plus commune. « La puissance de faire, si nous nous souve-
« nons bien de ce que nous avons établi en commen-
« çant, c'est, avons-nous dit, la puissance qui était
« cause que ce qui n'existait pas existe après. — Nous
« nous en souvenons. — Or tous les êtres vivants,
« qui sont mortels, toutes les plantes, qu'elles pro-
« viennent de plantes ou de racines, tous les corps
« inanimés contenus dans les entrailles de la terre,
« qu'ils soient fusibles ou non fusibles, est-ce une
« autre puissance, une autre action que celle d'un
« Dieu qui a fait que, n'existant pas d'abord, toutes
« ces choses ont ensuite commencé d'exister? *Ou*
« *bien faut-il adopter là-dessus la croyance et*
« *le langage de la foule?* — Quel langage, quelle
« croyance? — *Que c'est la nature qui engendre*
« *tout cela par une cause spontanée et sans*
« *pensée* » (1).

En nous le principe de causalité ne contredit pas seulement l'idée de génération spontanée, il contredit aussi la notion d'existence incréée. Il n'en est pas de même, on vient de le voir, pour la raison ignorante. Suivant elle les événements qui passent se déroulent au sein de forces qui ne passent pas. Celles-ci sont les causes premières et permanentes de ceux-là. L'esprit qui les rencontre se repose en elles comme en des principes complets. Ce point de vue n'est d'ailleurs pas définitif. A une observation plus éclairée et plus curieuse, ces ensembles puissants, à leur tour,

_____

(1) Sophiste, éd. Tauchnitz, p. 78.

rentrent dans des massifs encore plus larges, par
conséquent plus résistants et plus durables. Dès lors
ils perdent leur dignité première, ils tombent au
rang d'effets ; leurs vieux privilèges se réfugient dans
les systèmes dont ils ne sont plus que des pièces. La
terre, l'océan, le ciel deviennent ainsi les forces pri-
mordiales, génératrices de tous les êtres, de tous les
objets, mais en elles-mêmes étrangères et supérieures à la loi de la génération.

Enfin lorsque, par un suprême effort et dans un
dernier élan l'imagination embrasse d'un seul regard
et transforme en parties d'un seul tout le ciel, la mer
et la terre, elle replace dans le groupe total, qui est
l'univers lui-même, sous forme de matière primitive,
la force sans commencement, l'action sans origine, la
fécondité sans cause, l'existence incréée.

On comprend maintenant la présence et la nature
de l'ἀνάγκη στῆναι. Cette nécessité n'est en effet que la
persistance d'une très ancienne habitude de l'esprit.
Celui-ci d'abord, par son docile accueil aux représentations, les érige toutes indistinctement en causes premières, qui sont autant d'explications suffisantes auxquelles il s'arrête. Puis parmi les choses senties, les
unes tombent au rang d'effets, les autres conservent
leur vieux rôle. Cette fois la curiosité s'éveille et
agit ; en présence de nombreux phénomènes l'esprit
éprouve le besoin de les dépasser. Mais s'il remonte
plus haut, ce n'est que pour retrouver tôt ou tard
quelqu'une de ces forces dont il faisait en sa première
candeur sa pâture et sa joie ; et il les reconnaît dès
qu'il trouve sur son chemin des choses qui semblent
naître d'elles-mêmes ou qui au contraire paraissent
soustraites à la loi de la naissance. Une fois en pos-

session de l'une d'elles, son inquiétude s'apaise ;
comme aux premiers jours il s'arrête heureux et
comblé. Cette attitude, elle aussi, n'est que provisoire.
Les deux races privilégiées de forces, jusque-là envisagées comme premières, à leur tour et par l'action
prolongée de l'expérience, perdent leurs caractères
distinctifs, dépouillent leur antique noblesse ; elles
dégénèrent en phénomènes, en modestes causes secondes. Mais le besoin qu'auparavant elles assouvis-
saient, reste. Aussi de nouveau et derrière elles l'esprit prétend découvrir quelque principe capable de
reprendre le rôle de cause première. Il ira donc
d'objets en objets, d'agents en agents ; il traversera,
s'il le faut, le monde entier des sens, il le franchira
pour s'élever jusqu'à Dieu, forme suprême de la génération spontanée. C'est le double achèvement de cette
tendance mentale que les anciennes théologies de
l'Inde, de l'Iran, de la Grèce, de l'Egypte, ont recueilli
et exposé. « Au commencement était le Nou, l'océan
« primordial dans les profondeurs infinies duquel
« flottaient confondus les germes des choses. De
« toute éternité Dieu s'engendra et s'enfanta lui-
« même au sein de cette masse liquide sans forme
« encore et sans usage. »

D'abord éparpillée à travers toutes les choses perçues, la pleine causalité peu à peu se resserre et se
concentre en un nombre plus restreint d'objets, et
finalement se réduit à deux réalités, sinon à une
seule. Pourtant son essence ne change pas. Partout
où elle se montre, elle est et elle reste cause première.
De là dans son action certains caractères qui lui sont

propres et qui, un à un, s'opposent aux caractères de la cause scientifique.

Celle-ci dans les mêmes circonstances produit toujours les mêmes effets. Tout au contraire, selon la raison spontanée, hors de l'homme et dans l'homme chaque force est capable, sans changer elle-même, de changer ses effets. Tour à tour le soleil vivifie ou dessèche, l'orage féconde ou dévaste ; de la même manière en nous la volonté se tourne à son gré vers le bien ou vers le mal, se fait généreuse ou impitoyable.

Ce n'est pas tout. Suivant le déterminisme naturel, non-seulement la nature de la cause règle la nature de l'effet, mais l'intensité de l'une décide de l'intensité de l'autre. L'antécédent représente une quantité déterminée de travail susceptible d'une quantité déterminée d'action. Si la première somme reste invariable, la seconde reste sans changement ; et celle-ci ne croît ou ne diminue que si celle-là croît ou diminue d'autant. Il n'en est pas de même pour l'ignorance. Avec elle une force donnée peut, sans varier en elle-même d'énergie, enfler ou restreindre indéfiniment son essor ; une tempête qui déracine des chênes respecte une toiture de paille ; inversement un grain de sable, se détachant d'un pic élevé, détermine une avalanche. Une montagne accouche d'une souris et la rupture d'une veine bouleverse un empire. Les plus humbles effets ont parfois les plus hautes causes, comme aussi de petites causes souvent entraînent de grands effets.

Enfin, selon la raison réfléchie, l'antécédent présent détermine toujours la présence du conséquent. La science ne conçoit pas qu'un phénomène se perde dans le vide. Au contraire, selon la raison spontanée,

la cause est capable de se montrer sans montrer ses
effets ; à son gré elle suspend ou épanche son activité ;
c'est librement que son énergie s'épanouit ou sommeille et qu'elle choisit son heure. Un nuage menaçant, zébré d'éclairs, monte à l'horizon, remplit le
ciel et passe sur la campagne sans verser une goutte
de pluie. Pareillement Zeus, qui exerce le gouvernement de l'Olympe, parfois se retire sur l'Ida et là se
plonge en une contemplation paresseuse. Pareillement
enfin le Dieu de certains théologiens, avant la création du monde, vivait absorbé dans sa solitaire et
inactive éternité. D'un seul mot, pour la science, le
rapport de la cause à l'effet est un rapport de nécessité ; pour l'ignorance, il est une relation de contingence.

  Et cette relation n'est pas, comme se l'imaginent
certains philosophes, une donnée de la conscience
transposée et imposée aux données du dehors. Aucune
violence sur celles-ci n'est nécessaire. Tout au contraire elles s'entendent et conspirent avec les données
du dedans. Intérieures ou extérieures, les apparences
inclinent l'esprit aux mêmes interprétations, suggè-
rent les mêmes croyances, dictent les mêmes conclusions : la sensation et la conscience, le monde et
l'homme parlent une même langue.

  Mais aussi le processus, déjà rencontré à l'occasion
de la substance, ici se retrouve. Le principe de causalité n'est pas le laborieux enfantement d'une loi objective par une notion subjective. Comme l'idée de substance, comme l'idée d'existence, il embrasse dans sa
première étreinte la totalité des représentations. Dès
lors son progrès n'est pas plus que le progrès de l'être
ou de la substance un effort de plus en plus vigou-

reux vers le dehors; bien au contraire il consiste à
modérer en se transformant, à régler son aveugle
énergie. Lui aussi il est à l'origine, non pas une révélation ni une faveur, mais une illusion et un danger,
et le mérite de l'homme a été, en purifiant et en cor-
rigeant cette idole, de la tourner en puissance et en
privilège.

CHAPITRE IV

La Raison dans l'Ignorance (*suite*).

LES PRINCIPES A TERMES ANTAGONISTES OU CATÉGORIES

Comme les principes à termes solidaires, les principes à termes antagonistes, ou plus brièvement les catégories se composent de couples d'idées mentalement inséparables ; mais à la différence des premiers, ils sont dans la réalité incompatibles. La nécessité ne se conçoit que par la contingence qu'elle exclut, et de même le possible et l'impossible, le vrai et le faux, l'être et le non-être se supposent et se repoussent. Toutefois, pas plus que les couples de la substance-attribut ou de la cause-effet, ceux-ci ne se rencontrent dans l'ignorance ; et de même que dans les premiers l'un des termes associés, transformation de l'autre, manque tout d'abord, de même en chacun des seconds, l'un des concepts, acquisition tardive et laborieuse, fait défaut à la pensée primitive.

I

C'est le cas de l'idée de nécessité. Le nécessaire est ce dont le contraire implique contradiction. Son domaine favori est celui des mathématiques. On a dit, il est vrai, que seules les lois logiques, particulièrement le principe d'identité, en donnent la parfaite expression. Si l'on entend par là que des lois logiques rien de déterminé ne peut se déduire, on a entièrement raison. On aurait beau creuser la formule A est A, on n'en tirera jamais la plus modeste équation. Le nombre et la figure sont des données propres, nouvelles et irréductibles aux principes premiers du raisonnement. En revanche on ne peut contester que, les grandeurs une fois conçues, les vérités qui s'en dégagent n'offrent de toute évidence un caractère d'absolue nécessité. Si l'égal n'est pas l'identique, il en est pourtant un aspect ; il est l'identique dans la quantité, il est une espèce dans un genre.

D'un autre côté, les mathématiques ne se limitent pas à un monde de possibilités idéales ; elles débordent sur le réel, et le progrès scientifique n'est en un sens que le progrès de leur essor à travers les choses ; elles ont d'abord soumis à leur discipline le mouvement, puis elles ont gagné et couvert les divers aspects solide, liquide et gazeux des corps, leurs modes de composition et de décomposition. Maintenant elles s'attaquent aux phénomènes biologiques ; même elles se flattent d'englober un jour les états psychiques. Une géométrie d'un tissu infiniment diversifié, mais partout fidèle à elle-même, toujours inflexible, composerait l'univers.

Vraie ou fausse, la doctrine n'en est pas moins la forme systématisée d'une idée présente à tous les esprits, à ceux qui la contestent comme à ceux qui l'admettent, celle d'une nécessité logée au cœur des choses, capable sans doute de varier ses formes et ses courants, mais en soi intacte, absolue.

Cette idée, l'ignorance ne la possède pas. Et comment le pourrait-elle ? La pure nécessité se reconnaît à ce que son contraire est inconcevable. Or l'inconcevable ne sort pas de la quantité. Il est et il ne peut être que la négation d'une identité mathématique. Quels que soient nos efforts d'imagination, il nous est impossible de nous représenter un cercle carré. Il n'en est plus ainsi dans l'ordre de la qualité. Ici, exception faite du cas unique où l'esprit prétendrait énoncer en même temps sur la même chose deux propositions contradictoires, opération en effet impossible, en revanche les jugements les plus étranges peuvent à la rigueur se tenir debout. Que par exemple je dise : cet homme que je vois en ce moment, qui marche et qui parle, est mort ; la proposition, pour extravagante qu'elle paraisse, ne sera pourtant pas inconcevable ; elle tombera sous les prises de la pensée, elle sera objet de représentation possible, car elle se ramènera à cette autre proposition : ce vivant est un fantôme. — Soit un autre exemple : cette montagne est une flèche. — Quelque disparates que soient les deux images rapprochées, pourtant elles peuvent s'unir en une seule intuition. Une montagne ressemble à une autre montagne, et celle-ci peut-être, soit par son sommet qui s'enfonce comme une pointe aiguë dans le ciel, soit par les lignes légères et bleuâtres qu'elle dessine à l'horizon, évoquera aisément la vision d'une flèche. Une imagination complaisante et abondante démêle ainsi des analogies sous les formes les plus différentes. L'inconcevable, ce n'est ni l'incroyable comme se l'imaginait Stuart Mill, ni même l'impossible, c'est l' « *irreprésentable* ». Or un pareil concept n'existe que chez ceux qui ont quelque édu-

cation mathématique. Il manque chez ceux qui n'ont
à leur service que des intuitions qualitatives.

On dira peut-être que la littérature révèle la présence dans les imaginations jeunes de la Nécessité. La
conception si répandue chez les anciens du destin, la
profusion des termes qui, chez les Grecs, le désignent,
ἀνάγκη, μοῖρα, εἱμαρμένη, αἶσα, etc., semblent en effet attes-
ter l'existence et l'action du Nécessaire. Ce serait pourtant une illusion. D'abord cette idée est relativement
récente ; on la trouve chez les Grecs, on la trouverait
peut-être aussi dans toutes les anciennes civilisations;
on ne la trouverait pas dans d'autres pensées encore
plus anciennes, car elle suppose connue la distance
qui sépare le désir du pouvoir, et cette connaissance,
on l'a vu plus haut, le primitif ne l'a pas. De plus, telle
qu'on l'observe chez les Grecs, l'idée de nécessité
diffère totalement de la nôtre. Pour eux, le destin est
toute force dont la puissance dépasse notre puissance
et que pour ce motif nous subissons. Ses décisions
sont inévitables de la même manière que le sont pour
le sujet les ordres de son souverain ou dans un
combat la défaite du moins vigoureux. Bref le destin
c'est la loi du plus fort ou du plus heureux. Il s'en suit
qu'il est relatif à l'homme. Il varie et se déplace avec
chaque individu, avec chaque peuple, avec chaque
espèce. Son domaine et son action sont localisés,
limités à un point précis de l'espace, à un moment
déterminé du temps. Ailleurs il fléchit et s'efface.
Aussi pour un homme, pour une cité, pour une race
qu'il atteint, combien d'autres hommes, combien
d'autres cités, combien d'autres races vivent sans le
connaître ! Combien évitent son voisinage ! Combien
lui échappent ! La Nécessité des modernes est une

nécessité pure, inhérente aux choses. Aussi s'impose-
t-elle à toute existence. Dieu lui-même, malgré sa
puissance infinie, la subit ; il ne dispose pas librement
des vérités éternelles. Sans doute Descartes les rapporte à sa volonté ; il ne va pas jusqu'à prétendre que,
créées, elles pourront être un jour détruites. Tout autre
est la nécessité des anciens mêlée de réserves, traver-
sée de restrictions. Même sous sa forme la plus nette,
dans ses plus hautaines manifestations, celle de
l'Orestie, celle de Prométhée, celle d'Œdipe-Roi,
elle semble s'appuyer à une base chancelante,
incertaine de sa propre valeur ; elle n'a pas les
raisons de ses actes, elle ne justifie pas ses origines ; elle n'est en dernière analyse que le décret d'un
despote qui ne veut pas se démentir. Mais aussi elle
participe bon gré mal gré des caractères inséparables
de toute volonté capricieuse ; en soi elle loge tous les
contraires ; elle n'est pas la parfaite et immuable détermination de la géométrie, elle est la suprême indétermination du hasard.

Aussi au lieu que pour les savants qui expliquent
les choses en fonction de la mécanique, tout est nécessité, pour l'irréflexion primitive tout est contingence.

Sans doute cette dernière formule est aussi celle de
certains philosophes de notre temps, adversaires déci-
dés du déterminisme naturel. Toutefois une différence
capitale persiste. Ceux-ci, il est vrai, refusent de soumettre le monde à la nécessité ; mais s'ils la rejettent,
du moins ils la conçoivent ; elle existe dans leurs
esprits en tant que système d'idées, et si clairement,
avec des formes si cohérentes, que bon gré mal gré
ils la réintroduisent par un détour et lui conservent
un rôle. Pour eux en effet la contingence se montre

à la source de chaque série d'événements. A ce moment la série pouvait n'être pas donnée ou sa nature pouvait être différente. En revanche, aussitôt commencée, le branle une fois donné, ses manifestations se déroulent suivant les exigences de la causalité scientifique. A vrai dire, contingence et nécessité, loin de s'exclure, se complètent en se succédant, de même que dans le phénomène de l'habitude l'acte initial qui est délibéré et l'acte ultérieur qui est automatique. Une pareille doctrine, est-il besoin de le dire, n'a rien de commun avec l'opinion de la pensée ignorante. Suivant celle-ci la nécessité n'existe ni en tant que propriété des choses ni en tant qu'idée. Son concept n'a pas encore pris place dans l'ensemble des catégories intellectuelles. Il en résulte que la contingence ne réside pas seulement à l'origine des larges courants de phénomènes ; elle n'est plus uniquement un point de départ ou une base d'élan ; elle se répand tout le long de la série, présente et agissante à chaque moment. Il ne s'agit pas comme pour nos modernes métaphysiciens de savoir si, à une date déterminée de son évolution, la nature, par exemple, produira ou ne produira pas la vie, ou bien se décidera à créer la conscience ou à l'abandonner à un éternel sommeil. Il s'agit de savoir si en chaque point de l'espace, à toute heure du jour, tel fait, comme le lever du soleil, continuera ou ne continuera pas tel autre fait, comme l'apparition de l'aurore, ou encore si dans l'échelle des vivants telle forme annoncée reproduira ou ne reproduira pas les grandes lignes de son espèce ; ou bien enfin si dans l'humanité telle naissance attendue perpétuera ou ne perpétuera pas le type de la race. Dans le détail comme dans l'ensemble, la nature

semble avant tout soumise à la loi de l'hésitation.
Chaque pas en avant, au lieu d'être, comme nous
nous le figurons, la suite logique du précédent, paraît
le terme d'un effort, l'achèvement d'une incertitude.

II

Il résulte de là qu'une nouvelle distinction, celle du
possible et de l'impossible, tombe. C'est un nouveau
couple de concepts qui disparaît, c'est une lacune de
plus qui s'étend. Pour l'ignorance l'impossible n'existe
pas, ne se conçoit pas. Et qu'on ne dise pas qu'à nous
aussi il arrive de croire que tout est possible. Une telle
opinion en effet ne se présente qu'avec l'appoint d'une
autre idée, celle d'une puissance infinie qui du dehors
intervient dans le tissu des choses, en dérange et en
renoue à son gré la trame. Le possible ne franchit
toutes limites qu'à la condition de franchir toutes
choses et de revêtir, en s'installant au sein de la
volonté divine, un caractère de transcendance. Tout
au contraire, pour la pensée irréfléchie, c'est au cœur
même de chaque chose, l'accompagnant dans tout le
cours de son existence, qu'il réside et agit sans contrôle, sans frein, sans degré. Aussi rien n'est absolument impossible, ni les plus étranges rencontres, ni
les plus bizarres amalgames, ni les plus extraordinaires conséquences. Au milieu de sa course, dans
un ciel sans nuage, le soleil brusquement se voilera.
Plus près de nous un mammifère donnera naissance
à un oiseau, une femme aura des relations avec un
cygne. Dans l'espace, les classes les plus éloignées,
les espèces les plus disparates se rejoignent, se mêlent,

se marient ; dans le temps les enchaînements les plus solides se rompent, les successions les plus inattendues se révèlent.

De là, en face de la durée et de la destinée du monde, une attitude qui, à la longue et l'imagination aidant, devient singulièrement caractéristique. Ce qui nous frappe maintenant dans l'univers, c'est sa consistance. A travers tous ses changements, derrière toutes les révolutions qui le secouent, il conserve un fond inattaquable de vitalité. Ses espèces, ses formes, ses qualités se combattent, se détruisent ; sa masse et son volume restent fixes, sa quantité d'énergie est immuable. Ses lois changent de termes et d'aspects, elles ne changent pas de nature.

Au contraire, l'instabilité caractérise le monde de l'ignorance. N'y ayant nulle part de nécessité, aucune relation n'est certaine, aucune conséquence n'est entièrement sûre d'elle-même. A tout instant, un subit revirement des choses, une apparition soudaine et spontanée risquent de dérouter les prévisions les plus sages, de déjouer tous les calculs. Sans doute, il y a des uniformités régulières, il y a des répétitions fidèles : partout on observe que le cheval a une crinière, que le lion a des griffes ; chaque année, invariablement, les crues du Nil reviennent à la même date. Qu'importe ! cette belle ordonnance, en dépit de sa durée, reste en son fond arbitraire. Un jour ou l'autre, les débordements du Nil peuvent cesser ; tôt ou tard, en un pays quelconque, le lion et le cheval échangeront contre d'autres attributs leurs attributs ; les métamorphoses animales sans cesse et sur tous les vivants, hommes et bêtes, planent comme des espérances ou comme des menaces.

Et ce qui est vrai des éléments l'est encore du tout.
Le monde lui-même, en son ensemble, reste accessible à des effondrements imprévus où s'abiment tous
les êtres. C'est ce sentiment de l'universelle fragilité
des choses qui se fait jour dans tant de mythologies :
en Perse où la lutte d'Ormuzd contre Ahriman, de la
lumière contre les ténèbres, recommence toujours ; en
Grèce, où Zeus doit à un accident heureux sa victoire
sur les Titans, avec la perspective, inévitable selon
Prométhée, d'une défaite finale ; au Mexique où, au
terme de chaque siècle de cinquante-trois ans, le peuple guettait dans le silence et dans l'angoisse le lever
des Pléiades, promesse d'un siècle nouveau.

L'instabilité tient si bien à la structure intime et à
l'essence de l'être, que ce qui étonne la pensée primitive, quand elle s'élève jusqu'à l'étonnement, c'est le
contraire de l'instable, c'est-à-dire l'ordre. Pour nous,
l'ordre et le rationnel s'appellent ; ce sont deux mots
qui désignent une seule et même chose. En revanche,
le surnaturel, le miracle, se conçoivent plutôt comme
une perturbation introduite par la main de Dieu dans
le cours ordinaire des événements. Nous nous figurons
volontiers la marche des choses à la manière de Gœthe,
comme l'action rigide, impassible et fatale, des Mères
du second Faust figées dans leur éternité silencieuse.
La pensée ignorante attribue à son univers de tout
autres tendances ; elle lui prête plutôt l'appétit du
changement, le goût du nouveau, un indéracinable
instinct de caprice. La matière abandonnée à elle-
même penche vers le désordre ; elle s'alimente du
mouvement sans but ; elle tourne et retourne ses éléments, les agite, les roule et les emporte en de perpétuels tourbillons. Même ordonnée et disciplinée, elle

frémit volontiers avec des bouffées de révolte; elle favorise les explosions tumultueuses des forces de la nature; elle se complaît invinciblement dans les orages et dans les tempêtes. Mais aussi, que dans ce monde accessible à tous les bouleversements une continuité régulière se montre, s'impose, et, malgré tous les obstacles, en fin de compte l'emporte, cette régularité infaillible sera pour l'imagination émerveillée le plus prodigieux des spectacles. Elle y reviendra avec amour, infatigablement elle en reprendra le thème, et ses chants les plus émus, ses hymnes les plus enthousiastes iront à Varuna, « le dieu à la sagesse souveraine, le dieu aux lois fixes, le dieu aux décrets inébranlables. » Pour nous, la nature c'est la loi, c'est l'ordre; le miracle, c'est le désordonné, c'est l'exception. Pour l'ignorance, c'est le chaos qui est la nature et c'est l'ordre qui est le miracle.

III

Serrons de plus près ce milieu mental, et nous verrons un nouveau couple, celui du relatif et de l'absolu, se dissoudre à son tour comme les précédents, et la catégorie du relatif, de même que la catégorie du nécessaire, de même que la catégorie de l'impossible, disparaître; enfin et en retour, de même que les concepts de la contingence et du possible, le concept de l'absolu rester debout.

L'absolu, on le sait, enveloppe une double signification : il est principe d'existence et principe de connaissance; dans le premier cas, il s'entend de tout ce qui existe par soi et persiste par soi; dans le second,

il est l'explication définitive du donné; il est donc
tout ensemble le pur inconditionné et le pur intelligible. Pareillement, le relatif comprend un double sens :
du côté de l'esprit, il signifie que tout objet, pour être
pensé, doit être situé et classé; que, de plus, il doit,
pour pénétrer dans la conscience, s'adapter à celle-ci,
se plier à ses conditions, de même que les aliments,
avant de devenir chair et sang, subissent l'action de
l'appareil digestif. Du côté de l'être, il veut dire que
dans le monde toute chose se rapporte à une ou à plusieurs autres, a en celles-ci les conditions détermi-
nantes et les raisons de son existence, de sa nature,
de son rôle. Tout phénomène est ainsi un point où
aboutissent, un carrefour où convergent une multitude
d'antécédents, il est un faisceau d'éléments constitutifs, un réseau de lois. Poussé à ses extrêmes conséquences, le relatif, envisagé du premier point de vue,
devient le relativisme des psychologues, et, considéré
du second, le déterminisme de la science.

Or l'ignorance ne soupçonne ni l'une ni l'autre de
ces significations. Il est à peine besoin de le noter pour
le premier. Aujourd'hui même, autour de nous,
parmi ceux qui n'ont pas reçu une éducation spéciale,
combien en est-il qui se doutent que connaître c'est,
au moins en partie, créer l'objet connu? Pour toute
personne étrangère aux recherches psychologiques, la
pensée est une intuition, et les qualités des corps existent hors de nous telles que nous les sentons. En outre,
l'acte même de connaître apparaît comme simple et
immédiat. Tout l'édifice de discrimination, de comparaison et de reconnaissance que l'analyse restitue passe
inaperçu. A sa place, l'observation spontanée trouve
des aperceptions formées d'un seul jet et sans effort.

L'esprit est un œil qui, sans éducation, sans appren-
tissage, n'a qu'à s'ouvrir, et la connaissance est une
contemplation aisée, claire et fidèle, du monde.

Le premier aspect du relatif échappe donc à l'irréflexion primitive, l'autre ne lui échappe pas moins.
Non pas qu'on veuille dire que la pensée ne conçoit et
n'applique aucune espèce de rapport. Quand elle ne
ferait qu'étaler les impressions dans un même espace
ou que les dérouler en un même temps, par là elles
les aurait réparties en séries et en groupes, elle leur
aurait imposé des relations. Le lui défendre, c'est lui
enlever tout moyen de se manifester. La complète disparition de tout rapport, c'est l'anéantissement total
de la conscience.

Mais le rapport n'est pas le relatif. En celui-ci, il y a
quelque chose de plus, à savoir l'idée de dépendance.
Poser le relatif, c'est admettre que le tout dépend de
ses éléments, que l'attribut dépend de sa substance,
que l'effet dépend de sa cause. Toute chose a en d'autres choses ses conditions d'existence; par suite, ce
sont les conditions qui gouvernent, règlent et déterminent la chose même; dans un fait, ce sont ses relations qui mènent et dominent le fait; c'est la loi qui
décide du phénomène. Il en est tout autrement suivant
l'ignorance. Pour celle-ci, nous le savons, il n'y a pas
de relation certaine, pas de connexion nécessaire.
Sans doute, il y a des simultanéités et des successions;
il y en a même de plus fréquentes, de plus durables,
de plus fermes que les autres. Mais toutes restent en
leur fond fragiles et arbitraires. Les enchaînements et
les groupes que la pensée découvre sont des assemblages de hasard et de surface. Nulle part on ne démêle un de ces rapports internes, une de ces intimes

affinités qui, comme le rapport de l'individu à son espèce, de la lumière au soleil, de la chaleur au mouvement, se résolvent, suivant la science, en des identités.
Chaque chose a, pour ainsi dire, son domicile favori,
par suite un voisinage qui lui est habituel, par suite
encore des sympathies ou des répugnances inégale-
ment vives. D'ordinaire, un cheval naît d'autres chevaux, un chien sort d'autres chiens. Pourtant, il n'est
pas impossible que l'un ou l'autre se faufile en quelque
sorte dans une espèce toute différente ou même dans
un milieu inanimé comme le sol terrestre où il aura
son origine et sa raison d'être. En d'autres termes,
chaque chose a ses conditions, mais aucune ne lui est
nécessaire : toutes sont susceptibles de varier et même
d'être remplacées par d'autres. En dernière analyse,
chaque chose a ses conditions qu'elle-même choisit.
Sans doute il lui en faut par cela seul que d'autres se
produisent et vivent à ses côtés, avant ou après elle.
Mais si elle en subit l'existence, elle n'en subit ni la
forme ni l'action. C'est qu'au fond elle est à elle-même
sa propre cause, elle a en soi le principe de sa nature.
Elle peut donc disposer à son gré de son mode de formation, de son rôle, de ses effets. Pour la pensée réfléchie, c'est la relation qui décide de l'objet, celui-ci est
subordonné à celle-là. Pour l'irréflexion, c'est l'objet
qui décide de la relation, c'est lui qui règne et qui gouverne.

Cette différence en amène d'autres. Selon le point de
vue scientifique, chaque phénomène dépendant de ses
conditions et celles-ci, à leur tour, d'autres conditions,
une solidarité ininterrompue rapproche et relie entre
elles toutes choses. Chacune aide à l'ensemble et celui-
ci agit sur celle-là. Le déterminisme naturel incline à

concevoir le monde comme un vaste système dont toutes les pièces se tiennent et s'appellent. Un atome de moins, a-t-on dit, et l'univers s'écroule. Tout au contraire, l'opinion qui subordonne la condition à l'objet, par suite rompt tout vrai point d'attache avec les autres objets ; chaque être, tirant de lui-même son origine et ses raisons, est ainsi rejeté sur lui-même. Le monde se résout en une infinité d'énergies qui, volontiers, vivent ensemble, mais qui, à la rigueur, se contenteraient chacune d'une existence solitaire ; elles se connaissent, mais elles pourraient s'ignorer ; elles ouvrent leurs fenêtres sur le dehors, elles pourraient les refermer et, en se recueillant, continuer de vivre. Chacune est un petit univers qui s'est créé de lui-même et se suffit. Toutes les autres disparaîtraient peut-être sans la compromettre. Le monde soumis à la loi du relatif est pour ce motif soumis à la loi du déterminé. Le monde où les choses se font leurs conditions est un monde d'universelle indépendance, par conséquent d'universelle indétermination. Il est une monadologie sans harmonie préétablie. Mais n'est-ce pas dire qu'il est un monde de forces qui existent, qui durent, qui s'expliquent par soi, de principes affranchis de toute condition et par là pleinement intelligibles ? De ce point de vue, penser c'est inconditionner; et si, selon l'esprit scientifique, tout dans le monde sensible est relatif, suivant l'ignorance tout est absolu.

IV

Principes à termes solidaires, principes à termes antagonistes, tous gravitent autour d'un couple dominateur qui est leur âme commune, leur guide, leur soutien, à savoir le couple de la vérité et de l'erreur, ou, comme disaient les anciens, de l'être et du non-être. L'irréflexion réduit les autres à un seul terme qu'elle comprend d'ailleurs tout autrement que la raison réfléchie. Nous allons voir que sur celui-ci elle procède de même par simplification, et que, là où elle prédomine, la catégorie de l'erreur s'efface au profit de la catégorie de la vérité, seule et à l'imitation de la cause, de la substance, du contingent, du possible, de l'absolu, conçue et employée.

Il y a de cette attitude d'abord des raisons générales. Concevoir le vrai et le faux, c'est savoir que nos jugements n'ont pas tous la même valeur. Les uns correspondent à quelque chose de réel hors de nous, ils ont une portée objective ; les autres traduisent une synthèse mentale qu'on extériorise à tort et qui en droit ne dépasse pas la conscience. Prévenu une fois pour toutes, armé de ce principe qui trouve sans cesse son application, l'esprit exerce dès lors sur ses pensées une surveillance et un contrôle continuels. Il s'oblige à réserver son adhésion, à conserver la maîtrise de soi. Son travail est désormais double : trouver des idées d'abord, les juger ensuite.

Ce doute méthodique, véritable principe générateur de l'entendement, est inconnu à l'ignorance. Celle-ci, nous le savons, est l'acceptation confiante et entière

des représentations. Avec elle, ce n'est plus l'esprit
qui possède ses idées, ce sont les idées qui possèdent
l'esprit. Par là, conception et croyance se confondent ;
par là aussi s'évanouit toute distinction réelle, toute
répartition, toute hiérarchie. Une conception qui se
forme est une existence qui s'affirme. Et ainsi toutes
indistinctement se déroulent sur un même plan,
égales devant une adhésion qui accueille tout en bloc
et ne fait point de jaloux. Ignorer c'est ignorer le
doute, et ignorer le doute c'est ignorer la possibilité de
l'erreur, c'est identifier la pensée et la vérité.

Ces considérations a priori se fortifient des résultats
auxquels amène l'examen des diverses espèces
d'erreurs. On peut classer celles-ci en s'appuyant au
sujet où elles prennent naissance. Les unes sont individuelles et, dans l'individu, limitées à un instant de
son existence. Elles ont leur cause dans quelque
défaillance momentanée de l'attention ou dans une
imperfection accidentelle des sens. C'est le cas de
celui qui prend un arbuste pour un animal, un ballon
pour un oiseau ou qui entend un mot pour un autre
mot. D'autres sont également d'origine individuelle,
mais, se répandant par voie de contagion, envahissent
des pays entiers, se prolongent en toute une suite de
générations, croyances durables de la race. Celles-là
proviennent d'un travail imparfait de l'imagination
divinatrice. Les fausses explications se rattachent à
ce groupe, et aussi les superstitions. D'autres enfin,
présentes en tous temps à tous les esprits, se maintiennent au moins à titre d'apparences permanentes
dans l'espèce : telles la croyance à l'immobilité de la
terre ou l'attribution aux objets de leurs couleurs
comme de propriétés qui leur seraient inhérentes.

Elles ont leur principe dans les conditions essentielles, par là même indestructibles, de la connaissance. On pourrait appeler les premières erreurs de l'expérience, les secondes erreurs scientifiques, les dernières erreurs métaphysiques. L'ignorance est sujette à commettre les unes et les autres. Mais les unes aussi bien que les autres, tout en la dominant, lui échappent.

Déjà cela est évident pour l'erreur métaphysique. Pendant de longs siècles, l'humanité a vécu de la persuasion que le monde tel que le façonnent avec ses dimensions, ses distances et ses masses apparentes, les sens, était le monde véritable. Elle a cru en outre, et aujourd'hui encore, sauf la petite phalange des esprits rompus à la réflexion et désillusionnés par l'analyse, elle croit d'une foi absolue que la sensation est, non une construction, mais une intuition.

L'erreur du second degré, bien que cela soit moins manifeste, pourtant lui est tout aussi étrangère. Elle se rencontre lorsqu'on prend une relation fortuite pour une relation constante, ou pour un rapport réel un rapport apparent. Or l'idée qu'il y a là une source de méprises possibles n'est elle-même possible que par la présence d'une autre idée, celle de loi ou de liaison nécessaire. En revanche si celle-ci manque, toute distinction positive s'efface entre le constant et l'accidentel, comme entre l'accidentel et l'apparent. On a vu dans la première partie que c'est ce qui arrive à l'ignorance. Avec elle l'imaginaire, loin de s'opposer au réel, fait corps avec lui et par là prend rang dans le monde dont il est partie intégrante. Sentir et tout pareillement imaginer, c'est savoir, c'est voir.

Restent les erreurs du premier degré. Il semble
que celles-ci doivent faire exception, et que cette fois,
par elles, la pensée s'élève enfin à la distinction du
vrai et du faux. On ne peut raisonnablement contester que le primitif très souvent expérimente quelque
désaccord entre ses perceptions et leurs objets. L'animal lui-même y est exposé. Pourtant si les déceptions
de ce genre ne font pas doute, la façon de les envisager est peut-être tout autre que chez nous, et elle
demande qu'on s'y arrête.

D'abord une distinction essentielle s'impose : autre
chose est la constatation à un moment déterminé
d'une erreur déterminée, et autre chose est l'idée
même d'erreur. Le premier état est une expérience
momentanée, le second est un concept définitif. L'un
est l'intuition d'une manière d'être sentie et actuelle,
l'autre est la représentation d'une possibilité indéfinie
de cas analogues appliqués à l'avenir. C'est toute la
distance qui sépare le particulier du général, le
concret de l'abstrait, le sensible de l'intelligible.

La divergence s'augmente encore des conditions et
des difficultés toutes spéciales qui précèdent et entou-
rent le concept en question. L'apparence favorise plus
qu'elle ne contrarie l'éclosion des idées générales
d'objets matériels. Un cheval ressemble à un autre
cheval, un pommier à un pommier, un épi de blé à
un épi de blé. Il y a plus : à la faveur de l'éloignement
ou d'une demi-lumière, un quadrupède ressemble à
un quadrupède, un arbre fruitier à un autre arbre
fruitier, une céréale à une autre céréale. L'extraction
des caractères communs se fait en quelque sorte d'elle-
même et prépare ainsi ces types mentaux que Taine
appelle les idées copies.

Il n'en est plus de même dans le cas qui nous occupe. L'élaboration du concept d'erreur suppose dans l'esprit l'aptitude à s'affranchir des impressions du moment, à tourner sa vue vers le passé, et là, dans la foule bigarrée des souvenirs, à évoquer, rapprocher et grouper ceux qui offrent avec l'état présent quelques caractères communs. Mais si ce travail est d'autant plus aisé que les ressemblances parlent plus haut, en revanche il est d'autant plus difficile qu'elles sont plus pâles et que les différences tirent davantage l'œil. C'est précisément ce qui arrive avec les illusions de l'expérience. On ne peut pas dire qu'une erreur ressemble à une autre erreur : l'acte de prendre un herbivore pour un carnassier ne s'adapte pas au fait d'entendre un mot pour un autre. Pas davantage la méprise de celui qui prend une plante pour un animal ne moule ses contours sur les contours d'un mirage. Et si l'aspect varie sans cesse, les circonstances ne changent pas moins. On ne peut ni les classer ni les prévoir. Elles se lèvent indifféremment de tous les points de l'espace, à tous les moments de la durée. L'homme les rencontre au repos comme dans la marche, dans son intérieur comme au dehors, dans le travail et dans le jeu. Elles ont la diversité mouvante et tumultueuse de la vie.

Un seul point dans ce pêle-mêle se retrouve le même, et c'est un état moral qui le constitue. Cet état se caractérise par un sentiment d'attente trompée, de déception. On retombe alors dans la vie affective. La déception se montre en bien des cas où il n'est pas question d'erreur. L'erreur qui s'y ramène rentre ainsi dans la catégorie des sentiments dont elle n'est plus qu'un cas particulier. Elle n'a pas encore son

autonomie, son existence propre. Un esprit qui aurait
assez de vigueur et d'haleine pour traverser le tourbillon des apparences irréductibles qu'il porte en lui-
même, qui saurait jeter à l'écart le contenu matériel
de ses événements, aliment principal de la sensation,
celui-là atteindrait la relation, enfin purifiée et déli-
vrée, de la pensée en désaccord avec son objet, il
saisirait le concept de perception fausse. Mais n'est-ce
pas trop demander à une intelligence fraîche éclose,
que tout au contraire le présent obsède, que l'apparence gouverne, que la sensation captive ?

On peut donc être le jouet d'une illusion, redresser
celle-ci et n'avoir pas la notion de l'erreur. Pourtant
tout n'est pas dit. Il reste à savoir ce qui se passe au
moment même où l'illusion déjà produite se rectifie.
A la limite, il n'y a rien autre chose qu'une succession
d'états psychiques différents. Un certain travail d'association avait, en prévision d'un objet attendu, édifié
un ensemble déterminé d'images, et c'est un autre
groupe qu'à la place du premier l'expérience impose.
L'un et l'autre apparaissent successivement dans la
conscience, tellement possédée par la vision présente,
tellement docile, tellement inerte, que le désaccord
lui échappe, et qu'elle les accueille tour à tour sans
surprise, sans inquiétude. Toutefois, il faut bien
l'avouer, un pareil degré de passivité n'appartient
plus à l'ignorance humaine, il trahit la plus épaisse
stupidité animale. Or nous n'avons pas à sortir de
l'humanité. Il faut donc bien admettre que l'intelligence, là où elle surprend ses perceptions en flagrant
délit d'inexactitude, s'explique leur provenance.

Bien entendu celle-ci n'est pas dans le travail
mental ; elle n'est pas un ensemble de représentations

substitué par le sujet à un autre ensemble. L'esprit, ne produisant rien, accueille sans intervenir les données du dehors. Mais alors si la sensibilité est uniquement pour les impressions matérielles un centre de rendez-vous, comment des impressions matérielles peuvent-elles être fausses ? Ne semble-t-il pas que pour elles réalité signifie exactitude, et existence vérité ? La difficulté n'avait pas échappé à Platon. Mais elle n'en était une que pour lui qui, ignorant le rôle actif de la pensée, d'autre part savait déjà qu'il y a des nécessités inéluctables et que le rapport de la cause à son effet est fatal. L'irréflexion primitive n'avait pas de ces scrupules. Une même cause est capable d'effets différents : pourquoi un objet ne serait-il pas capable d'images différentes ? Dès lors rien de plus simple que l'illusion des sens. A-t-on pris la masse inerte d'un bloc de pierre pour un animal accroupi ? ou bien le souffle du vent pour un murmure de voix humaine ? ou bien encore un sable brûlant pour une nappe limpide et fraîche ? D'un côté ou de l'autre la raison en est que, en vertu de l'universelle indétermination, tantôt l'image de l'objet s'est au cours de son voyage spontanément modifiée et altérée, tantôt l'objet lui-même a, dans une minute de caprice, échangé sa forme contre une autre, tantôt enfin il a, tout en conservant sa structure et son aspect propre, projeté une figure différente de la sienne. La perception extérieure est ainsi l'affluence des fantômes que les corps et les êtres délèguent à la conscience. Tous ne remplissent pas sans défaillance leur office. D'ordinaire ils reproduisent docilement le dessin et les propriétés de leurs modèles. D'autres fois ils ne sont plus que d'infidèles reflets. Dans tout le cours de ce travail nous trouvons des métamorphoses, des ruses, des fraudes, nulle part des erreurs. L'esprit aperçoit toujours ce que le monde lui communique. Mais le monde lui communique ce qu'il veut, et il fait de l'esprit tour à tour sa victime ou son jouet (1). Nous retombons hors du domaine de la connaissance dans le domaine de l'action. L'erreur du premier degré n'est au fond qu'un incident de la lutte éternelle de l'homme avec la nature. Il prétend la dominer, et celle-ci prétend l'en punir : de là les efforts de l'un et les résistances de l'autre. Les pièges de celle-ci sont les illusions de celui-là : l'erreur est le dénoûment d'un conflit, elle est une défaite.

De toute manière, elle semble être autre chose que ce qu'elle est, c'est-à-dire une pensée fausse. Celle-ci ne se rencontre à aucun moment, ni dans la perception individuelle, ni dans l'attribution aux choses de leurs rapports, ni dans l'interprétation générale des intuitions sensibles. A tous les degrés la connaissance conserve son caractère de simple aperception du réel. Les contours de l'idée reproduisent invariablement les contours de son objet. La vérité est coextensive à la pensée comme la pensée est coextensive à l'existence. La catégorie de l'erreur et avec elle la notion du non-être s'évanouissent. En revanche la catégorie du vrai et le concept de l'être envahissent et embrassent dans l'esprit la totalité de ses croyances et de ses visions.

---

(1) V. dans Tylor, *Civilisation primitive*, t. II, chap. XII (trad. p. 475), une prière des Khonds d'Orissa où ceux-ci paraissent expliquer par l'action des dieux les erreurs que commettent les animaux.

Des manières d'être envisagées comme des êtres et des êtres envisagés comme des forces ; des causes conçues comme des volontés ou comme des ébauches de volonté, maîtresses de leur apparition et de leur action ; en conséquence toutes choses, animées et inanimées, vivantes et inertes, ramenées au seul type de l'âme, et, à la place des trois règnes hétérogènes de la matière, de la vie et du sentiment, le règne unique du désir ; d'autre part, dans l'universalité des énergies partout éparses, une complète liberté de détermination, une aptitude illimitée de chaque chose à se maintenir ou à se modifier, à se séparer des autres ou à s'unir à elles, par suite une égale possibilité d'existences solitaires et de communications de toutes avec toutes ; des coexistences et des successions, les unes plus rares, les autres plus fréquentes, pourtant les unes et les autres extérieures et de surface ; le monde compris comme une immense agglomération d'activités individuelles avec toutes les variétés qu'on retrouve dans les agglomérations humaines, ici les vents, les orages, les comètes, tribus isolées et errantes, joyeuses de leur farouche indépendance ; ailleurs la succession des jours et des nuits, des saisons et des années, la marche du soleil, les phases de la lune, les archipels d'étoiles ; plus près de nous, les familles de plantes, les espèces animales avec leur climat, leurs habitudes, leurs fonctions, sociétés sédentaires, nations à demeure d'événements et de formes, plus stables, mieux gouvernées, plus régulières, néanmoins portant toutes en elles un germe secret de désordre, un principe latent de dissolution, et, à la ressemblance des peuples les mieux civilisés que guette sans cesse la rechute dans la sauvagerie, susceptibles elles aussi d'un instant à l'autre de bouleverser leur ordonnance, ou même de retomber dans le chaos : telle est, dans ses grandes lignes, l'interprétation par la raison spontanée du monde extérieur et de ses principaux aspects. Cette raison diffère doublement de la nôtre par son contenu et par son mode d'exercice.

La raison réfléchie est un système de principes à la fois connexes et distincts. Ceux-ci s'appellent et se tiennent. Substance, cause, loi, communiquent l'une avec l'autre par des éléments communs, et pareillement le nécessaire, le contingent, le relatif. En même temps ils ont leurs caractères propres, tels qu'on ne peut les confondre. De plus chacun d'eux comprend deux termes, tantôt solidaires, tantôt ennemis, en tout cas inséparables et irréductibles. En revanche un ensemble homogène de tendances à la fois vivaces et confuses composent la raison spontanée. Chaque principe se ramène à un seul terme qui dès lors, au lieu de s'appliquer à une portion seulement de la réalité, s'étend à toute la réalité. Ensuite, comparés les uns aux autres, les principes perdent toute individualité tranchée. Substance, cause, contingence, possibilité, vérité, ne sont que les divers aspects d'un seul et même principe, celui de la réalité présente en chaque représentation. Et ainsi l'affirmation confiante de celle-ci est le fond premier de la raison. L'apparence, ou, ce qui revient au même, le fait de conscience, est le point de départ, le fait générateur de tous les principes rationnels. De là il suit que la raison n'est ni à posteriori ni à priori. Elle n'est pas acquise, au moins dans sa totalité, puisque le fait originel qui la prépare n'est pas un résultat de l'expérience ; elle n'est pas

davantage innée, parce que le fait de réaliser la représentation dérive non d'un besoin antérieur, c'est-à-
dire d'une aptitude préorganisée, mais bien plutôt
d'une incapacité de comprendre sa vraie nature, d'une
impuissance. La raison est primitive, parce qu'en ses
commencements, de même que le monde extérieur,
elle est identique à la conscience, et que la conscience,
dont on ne peut dire ni qu'elle est acquise ni qu'elle
est innée, est en effet primitive. La raison réfléchie
est en un sens une extension de la première. Elle
ajoute aux conceptions de celle-ci des conceptions
nouvelles ; elle est une conquête de catégories auparavant insoupçonnées, celles de l'attribut, de l'effet, du
nécessaire, du relatif, de l'erreur : par là elle est un
progrès en richesse. Mais en un autre sens elle est la
raison primitive comprimée et réfrénée. Elle limite
l'essor d'abord déréglé et démesuré des premières
tendances ; tour à tour elle leur enlève des provinces
entières d'objets, qu'elle rapporte aux tendances alté-
rieurement constituées ; elle fixe à chacune son domaine, elle le parque en un canton défini. Par là aussi
elle lui assigne un rôle déterminé qui ne risque plus
de se confondre avec le rôle des autres principes. La
raison réfléchie n'est ni une lente stratification comme
se l'imaginent les empiristes, ni le pur et simple passage à l'acte de puissances sommeillantes prêtes à
s'exercer : elle est une organisation, c'est-à-dire une
métamorphose. Elle est à la raison spontanée, à la
conscience primitive, ce que le vertébré supérieur est
aux espèces les plus informes d'invertébrés, ou bien
encore ce qu'une armée dressée et éduquée est à une
cohue. Les éléments constitutifs peuvent être de part
et d'autre également nombreux, également actifs, le

volume peut se retrouver le même. Mais une armée
diffère surtout d'une bande, un mammifère d'un
annelé, par la qualité, c'est-à-dire par l'arrangement
plus savant, par l'unité plus forte et plus complexe
des parties : pareillement la raison réfléchie diffère de
la raison spontanée par ses fonctions plus diverses,
plus distinctes et plus fortement reliées. Aussi, comme
sa nature, son action se modifie. Et de même que
l'annelé pousse en tous sens et au hasard ses tenta-
cules, de même que la cohue a pour caractère essentiel l'impétuosité aveugle, mais que par contraste le
mammifère choisit son endroit et son heure, et que
l'armée a pour première vertu la discipline; de la
même manière, à l'essor débordant et tumultueux de
la raison ignorante, la raison réfléchie substitue son
action mieux dirigée et mieux réglée. Celle-ci n'est pas,
comme l'ont cru Biran et ses disciples, la lente et
mystérieuse effusion du moi au dehors, parmi les
choses et les êtres : elle est plutôt la méthode et la
mesure imposées à une première et folle expansion
de la conscience. Elle est la raison ignorante, elle est
l'imagination transformée, organisée, disciplinée par
l'expérience.

CHAPITRE V

L'ignorance et l'expérience.

Cette action de l'expérience ne produit pas ses fruits en un jour; lentement, péniblement elle se révèle et s'impose. Il semble cependant qu'elle devrait être prompte et aisée. Si l'ignorance est l'accueil docile des représentations, comment n'accepte-t-elle pas aveuglément les données de l'expérience qui, parmi toutes les représentations, ont le plus de consistance et de solidité? Elle est le règne des apparences : mais qu'est-ce que l'expérience, sinon un ensemble de phénomènes, c'est-à-dire d'apparences. L'ignorance devrait donc être aussi le règne de l'expérience. Comment se fait-il que tout au contraire elle se nourrisse d'illusions et se repaisse de chimères? Il y a là une question à laquelle il importe de s'arrêter.

A première vue, rien de plus simple et de plus clair que le concept d'expérience. Il a pourtant ses points obscurs parce qu'en réalité il est complexe. Il enveloppe deux significations qui se soudent l'une à l'autre et se confondent. L'expérience est d'abord l'action des choses sur nous et elle se ramène aux données de la sensation. Ainsi comprise, elle est un accueil d'impressions, rien de plus. Elle a aussi un autre sens qui se trahit dans la locution courante : un homme d'expérience. Elle est alors un ensemble d'opinions

acquises au prix d'une longue suite d'observations,
elle est la maturité d'esprit qui s'obtient quand on a
traversé des circonstances heureuses ou difficiles,
quand on a recueilli successivement succès et déceptions ; dans sa forme la plus achevée elle est la sagesse
des vieillards. Mais aussi elle n'est plus seulement le
résumé des données du dehors ; il y a en elle autre
chose qu'un dépôt spontané d'impressions qui grave-
raient d'elles-mêmes dans l'âme le souvenir de leur
nature et de leur portée ; il y faut le concours d'une
intelligence ouverte, capable de rapprocher, de comparer, d'embrasser d'un seul regard les événements du
jour et les échos du passé, d'en rechercher les caractères communs, d'en dégager les suites habituelles :
en un mot l'expérience est ici une réflexion sur des
expériences. Ne sait-on pas en effet qu'elle ne se mesure pas exclusivement au nombre des années? qu'il
y a des gens sur qui les leçons de la vie glissent sans
les pénétrer ni les corriger ? qu'enfin, suivant la remarque d'un écrivain de notre siècle, soixante ans
d'existence peuvent être soixante ans de sottises?

On dira peut-être qu'ainsi entendue l'expérience
n'est plus ce qu'on appelle de ce mot en philosophie
et dans la science, qu'elle est prise en un sens dérivé
et métaphorique. On se tromperait cependant. C'est
que si le rôle de la réflexion reste visible tout le temps
qu'il s'agit d'apprécier tel ou tel genre de vie, la portée de telle ou telle passion, l'attitude de la volonté à
l'égard du désir, il n'en est plus de même en d'autres
cas où il s'agit uniquement de connaissances, où dès
lors et fatalement son action s'oublie et se perd dans
l'ombre. Liée à des états affectifs, mêlée aux incertitudes, aux angoisses douloureuses d'une âme inquiète

elle se colore des mêmes teintes violentes, et pour
cette raison elle prend rang parmi les souvenirs les
plus vivaces. Qu'en revanche elle se rapporte à des
états intellectuels, qu'elle figure dans un travail d'observation où la conscience conserve son calme et sa
sérénité, elle risque alors de se voir méconnue. Et
comment en serait-il autrement ? Elle s'exerce sur
des données sensibles : celles-ci ont leur apect propre,
leurs contours, leurs qualités bien-apparentes, qui,
aisément aperçues, sont aisément retenues. Elle-est,
au contraire, invisible, inaccessible aux sens, elle
n'est qu'une attitude fugitive de l'esprit, une vapeur
incolore que rien ne fixe, une insaisissable abstraction.
Ce n'est pas tout. Dans les cas d'extrême concentra-
tion intellectuelle, par exemple dans la recherche
scientifique, elle a tout ensemble la force et la durée ;
elle s'impose alors aux regards les moins clairvoyants
et on lui rend justice. Mais ces cas sont rares. Dans
d'autres plus nombreux elle s'exerce par poussées
rapides avec de longs intervalles de repos. Au lieu
d'une tension aiguë et prolongée elle se contente d'une
action modérée et intermittente. Le plus souvent elle
laisse faire l'expérience toute seule, elle laisse les phénomènes affluer, s'ordonner et se classer d'eux-mêmes ; puis, de loin en loin, dans un accès de curiosité,
elle intervient, opère quelque rapprochement nouveau, dégage un caractère commun jusque là inaperçu et, de proche en proche, par bonds successifs,
s'élève à une vue d'ensemble pour retomber ensuite
dans son sommeil. Discrète et silencieuse, elle s'efface au profit de la sensation qui, plus bruyante et
plus en vue, tire à elle tous les regards, revendique le
rôle de cause unique et souveraine. La transmission

héréditaire, au moins sous la forme de l'éducation, achève l'illusion. Par le langage écrit ou parlé elle communique aux nouveaux venus les résultats que les anciens durent à leurs propres efforts. D'emblée, en quelques années, en quelques mois, en quelques heures, elle amène un esprit d'enfant au même point que celui où atteignirent, au terme de leurs investigations, les ascendants. Or si nous oublions volontiers ce qu'au travers de nos observations nous dûmes à notre propre réflexion, combien plus aisément nous perdons de vue la part de travail intellectuel inhérente aux remarques d'autrui ! Et même, nous faisons mieux que de l'oublier, nous l'ignorons. Aussi, pour peu que les informations de ce genre remontent à la première enfance, elles perdent bien vite dans la conscience où elles pénètrent le souvenir de leur apparition, elles s'insinuent dans le tissu des observations quotidiennes et des plus précoces habitudes, elles se fondent dans l'ensemble des connaissances simples et primitives, des dictées immédiates de la nature. Ainsi s'édifient en foule des opinions que l'on croit être des données des sens au même titre que la chaleur du soleil ou que la dureté de la pierre, et qui, en réalité, présupposent par derrière nous, chez de lointains ancêtres, un sourd et long travail de discernement, d'analyse, d'organisation : telle la croyance que le soleil est la cause du jour, telle la connaissance de la périodicité des saisons, telle encore l'idée des phases de la vie, enfance, jeunesse, âge mûr, vieillesse, telles enfin les notions de la naissance et de la mort.

Ce que nous appelons l'expérience est donc un composé d'éléments divers de provenances diverses. Les uns sont les sensations avec les arrangements d'ima-

ges que la loi de contiguïté ajoute aux sensations.
D'autres sont les résultats qui s'appuient à de véritables massifs de faits, que ceux-ci semblent avoir
d'eux-mêmes et d'emblée indiqués à l'esprit, mais
dont l'acquisition appelle toute une évolution et des
facteurs multiples, entre autre l'intelligence avec
toutes ses ressources. En d'autres termes, il y a dans
l'expérience deux expériences, l'une primitive, stric-
ment limitée aux données des sens, l'autre qui fait
corps avec la première, que l'on confond avec celle-ci,
mais qui est une expérience déjà interprétée ; la première pure de tout alliage, entièrement spontanée, la
seconde grossie de tout un afflux de réflexions cris-
tallisées ; celle-ci qui est une pensée diffuse et incons-
ciente d'elle-même, celle-là qui est une expérience
sans expérience.

Souvent les opinions de l'ignorance qu'à notre avis
les faits semblent démentir sont en dissentiment avec
cette seconde espèce d'expérience, c'est-à-dire avec la
nôtre, c'est-à-dire avec la réflexion. Le conflit se
réduit à un désaccord entre des croyances acquises
et déjà très vieilles avec d'autres croyances encore
plus vieilles. Aussi faut-il écarter tous les cas qui prêtent à contestation, et dès lors la question dégagée de
toute équivoque devient la suivante : comment l'*expérience pure* n'impose-t-elle pas invariablement
ses conclusions ? Elle ne le peut pas, car si elle est
l'apparence, elle n'est pas toute l'apparence. A côté
d'elle il y a, nous le savons, une expérience intérieure, tout un ensemble de modes à manifestations
incessantes que le sujet s'attribue. De plus, ces modes
ne vivent pas d'une vie à part, ils fraternisent avec
ceux du dehors, ils font avec ceux-ci de continuels

échanges ; tous ensemble, comme le corps et l'âme, ils forment un seul tout. Cette action mutuelle est un véritable principe de transformation : il y en a encore un autre. Sur les données réunies des sens et du moi l'imagination travaille, et, suivant sa force et sa tournure, suivant la nature de ses matériaux, inévitablement, irrésistiblement, par un automatisme que nous connaissons, elle ajoute aux réalités visibles ses fantaisies qu'elle prend pour des réalités invisibles. L'expérience pure n'est plus dès lors qu'une partie d'un édifice : l'apparence la déborde et l'englobe. Mais l'expansion de celle-ci ne va pas sans surprises. Dans son perpétuel enfantement d'êtres et de formes, elle rencontre des forces dont elle attend certains effets, des propriétés dont elle sait d'avance les résultats. Parfois les événements lui donnent raison ; mais il arrive aussi qu'elle se heurte à d'éclatants démentis. Que fait-elle alors dans cette déroute de ses prévisions ? Pour nous, une seule attitude, la soumission, est légitime. L'expérience a toujours le dernier mot, et quand elle trompe nos calculs, nous nous reconnaissons en flagrant délit d'erreur. Il y a, il est vrai, le cas fréquent de l'homme, au besoin du savant, qui refuse d'incliner ses préjugés devant les faits. Pourtant, à moins de n'avoir à aucun degré le don de réfléchir, il prétend justifier son entêtement. Il se flatte de l'espérance que, derrière les faits qui lui donnent tort, des circonstances inconnues, si elles se révélaient, résoudraient le désaccord apparent et tourneraient au triomphe de ses principes. Il ne veut pas s'être trompé, mais il consent qu'il y ait des limites à sa science. Il suppose donc l'existence de conditions qui lui échappent, sans se prononcer sur leur nature.

C'est ainsi que pour les disciples convaincus de Darwin le cas des neutres constitue, non une condamnation sans appel de la doctrine, mais simplement une difficulté provisoire. Tout autre, et bien plus sûre d'elle-même, bien plus hardie est l'ignorance.

En premier lieu elle accepte les constatations attendues ou inattendües des sens, et elle le fait d'abord parce qu'elle est passive, ensuite parce que ses observations ne se prêtent pas volontiers à la négation. Il ne s'agit pas avec elle de phénomènes comme ceux qu'au cours d'une recherche scientifique on conteste quelquefois : le plus souvent ceux-ci se dérobent à l'observation courante ; seul un art minutieux d'investigation, avec toutes les ressources des laboratoires, les provoque et les amène à la lumière. D'ordinaire ceux qui les nient ou ne les ont pas vus ou les ont mal vus. Ici les faits sont à portée de sensation, ils sont écrits en gros caractères, et s'ils ne se montrent pas à tous en tout temps, le premier qui les cherche les trouve.

Mais si l'ignorance accueille, quelles qu'elles soient, les données du dehors, en retour elle prétend ne rien perdre de ses anciennes opinions, elle conserve intact son trésor de croyances. Il n'en est pas de celles-ci comme de nos vérités scientifiques qui constituent un monde à part et pour cette raison s'accommodent de toutes les natures d'homme, bien mieux de toutes les doctrines philosophiques et religieuses. Les croyances de l'ignorance ne sont pas encore des vues désintéressées sur les choses, elles sont à base de sensation et de désir, elles représentent un monde de forces amies ou ennemies, par suite pour l'homme des règles de conduite ; elles sont des principes d'action qui plon-

gent par leurs racines jusqu'à nos instincts vilaux.
Comme Descartes le disait des sens, elles annoncent
ce qui nous est utile et nuisible. De plus elles se tiennent entre elles tout comme elles tiennent à nos tendances ; toutes ensemble elles font cause commune.
Aussi en ébranler une c'est les compromettre toutes,
c'est mettre tout l'homme en danger. C'est pourquoi, si
l'une d'elles est menacée, les autres accourent à son
appel, toutes les énergies se coalisent, c'est l'individu
tout entier qui donne. L'effort pour maintenir des opinions établies est l'aspect intellectuel de l'instinct de
conservation.

Une autre raison, que nous connaissons d'ailleurs,
incline encore davantage l'ignorance à cette attitude:
elle n'a pas la notion d'erreur, elle ne comprend pas
que parmi ses opinions aucune soit fausse ; en conséquence nul frein ne la retient dans sa tendance à maintenir la vérité des idées qui entrent en conflit avec les
choses.

Pourtant elle ne s'en tient pas à une acceptation
telle quelle de conclusions qui s'excluent. Sans doute
elle ne répugne pas à la contradiction ; nous verrons
bientôt qu'elle y tombe souvent, et pourquoi. Mais elle
n'y tombe qu'à son insu. Dès qu'elle l'aperçoit, elle la
rejette. Car à moins de dégénérer en une inertie où il
n'y a plus trace d'intelligence, elle ne peut pas dire
en même temps et sur la même chose oui et non. Aussi
quand avec elle une idée et un fait rapprochés composent à propos du même objet une affirmation et une
négation simultanées, l'imagination s'ingénie à récon-
cilier les termes antagonistes. Elle y réussit tantôt en
travaillant sur le fait, tantôt en travaillant sur l'idée.
Dans le premier cas elle procède par métamorphose ;

non pas qu'elle altère le fait dans son aspect extérieur : elle en respecte au contraire le dessin et les propriétés sensibles ; mais elle en dérange le jeu intérieur, elle surajoute à ses qualités visibles tout un cortège de qualités imaginaires, elle l'enrichit de pouvoirs à essor intermittent tels que, capables de longs sommeils, ils défient tout contrôle hostile. Ainsi en lui conservant ses dehors, elle change sa structure intime, ses aptitudes, ses effets, elle modifie sa nature et son rôle, au besoin elle le transporte de son premier milieu en un milieu tout différent : elle fait de lui une chose nouvelle.

Les vieux Égyptiens, comme tous les primitifs, crurent que le mort est un vivant qui conserve les besoins du vivant, qui a faim et qui a soif. En conséquence et toujours à la ressemblance de ce qui se fit partout, ils prirent l'habitude de déposer auprès du mort des aliments qui, comme les nôtres, à intervalles réguliers, auraient dû être absorbés et disparaître. Cette attente se heurta aux démentis répétés, accablants, de l'expérience. Les Égyptiens en conclurent, non pas que les morts n'éprouvent plus de besoins, mais qu'en eux l'esprit, ou le double du corps, le *ka*, se nourrit du double des aliments.

A six mille ans de distance, de nos jours, une interprétation identique se retrouve chez les indigènes de Madagascar. « A la mort, dit le docteur Louis Catat, « l'âme d'un Malgache s'en va à Ambondrombe ou « ailleurs, suivie des âmes de ses troupeaux, de sa « maison, de son mobilier ; elle se nourrit même des « âmes de son riz, de sa viande (1) ».

---

(1) D' L. Catat. Extrait des *Annales politiques et littéraires,* 19 mai 1895.

A l'autre extrémité de l'Afrique, le même mécanisme mental se montre chez les nègres de Guinée.
Ils adorent les arbres, dont ils font des êtres vivants
et sentants : ils leur offrent donc des aliments qu'ils
s'attendent, eux aussi, à voir disparaître. Puis, comme
les faits démentent de la même façon leurs prévisions,
ils attribuent à tout aliment un esprit, et c'est de l'esprit de l'aliment que l'esprit de l'arbre se nourrit (1).

Mais l'expérience n'est pas toujours aussi complaisante ; elle a souvent des réponse d'une netteté impérieuse qu'il est impossible de contester et de discuter.
C'est le cas surtout des événements qui intéressent
notre sensibilité. Avec eux toute équivoque est inutile ;
la plus habile imagination ne transforme pas un échec
en succès, la tristesse en joie, la maladie en santé.
C'est alors que, changeant de point de vue, elle se
rejette sur l'idée que l'événement semble condamner ;
elle examine celle-ci, non pour l'interroger sur sa
valeur, non pour la juger, mais pour la perfectionner,
et elle emploie à cet effet un procédé qu'on pourrait
appeler la méthode des complications.
Les révélations imprévues des choses lui montrent
en effet que son idée, sans être fausse, ne s'adapte
pas à toute la réalité. Elle est un principe qui en gros
correspond aux faits, mais qui ne les suit pas tous
dans leur mouvante complexité ; elle pèche par insuf-
fisance, non par inexactitude. A ce défaut l'ignorance remédie en reprenant sa croyance, en y intro-
duisant des divisions. Elle la dépouille de son unité et

---

(1) V. d'autres ex. dans Tylor, *Civilisation primitive*, t. II,
ch. xii, p. 52-53, ch. xviii, p. 491....

de sa simplicité primitives, elle la décompose en vues multiples et dérivées comme un genre en ses espèces, et ainsi elle met en regard de la diversité des événements la diversité de ses conclusions. Malgré ces précautions, elle n'est pas à l'abri de déceptions nouvelles. Celles-ci viennent-elles à se produire, elle y pare en reprenant son travail, elle trouve d'autres distinctions, découvre dans les divisions des subdivisions, s'enfonce en un détail encore plus minutieux de modifications. Puis, comme l'expérience en se prolongeant ne se lasse pas de multiplier les surprises, elle de son côté, sans trêve, sans repos, multiplie les applications de ses principes, ajoutant toujours les nuances aux nuances, raffinant et subtilisant de plus en plus ses conceptions, par là même capable de braver indéfiniment l'assaut des faits.

La complication apparaît ainsi comme une conséquence inévitable de l'ignorance. L'homme que celle-ci possède est à la merci des forces de la nature qu'il essaie de gagner ; de là les formules et les rites qui, suivant toute vraisemblance, furent d'abord simples. Puis, soumise à l'épreuve de l'expérience, leur efficacité fléchit. C'est alors qu'il les retouche et les corrige en les chargeant d'actes et de signes nouveaux. Voilà pourquoi dans la plupart des peuplades primitives et, plus tard encore, dans des sociétés bien plus avancées, comme à Athènes ou à Rome, la vie humaine est encombrée d'incessantes et minutieuses formalités. La complication est partout parce que l'illusion est partout et avec celle-ci l'obligation de tenir tête aux faits.

Elle a toutefois ses degrés. C'est que l'illusion a aussi les siens que fixent les besoins d'où elle sort. Parmi nos désirs, les plus profonds résistent à tous les chocs, se relèvent après tous les désastres, ils sont indestructibles. Les illusions qui se greffent sur eux participent de leur vitalité; aussi elles durent plus que les autres; par là même elles voient plus de choses et ainsi sont exposées à plus de démentis : de là pour elles des variations et des changements plus fréquents; de là enfin toute une végétation exubérante et inextricable de jugements et de pratiques.

La médecine, qui a pour elle l'amour si violent dans la maladie de la santé, l'alchimie qui est le rêve en action de la richesse, furent, chacune de son côté, dans les races chercheuses et inventives, le point fixe autour duquel, parmi toutes les tempêtes d'idées, s'amassèrent à l'infini formules et procédés. La divination s'appuie à un instinct peut-être plus vigoureux encore ; aussi elle a été sans rivale dans l'art de varier pendant des siècles et infatigablement son thème primitif. Nous avons dit par ailleurs et d'après M. Bouché-Leclercq un mot de l'extraordinaire multiplicité de règles où versèrent finalement les astrologues ; nous n'y reviendrons pas. En revanche nous nous arrêterons un instant au rêve. On se rappelle que, pour les Grecs comme pour tous les primitifs, il fut à la lettre une vision du lointain dans l'espace et dans le temps. Puis voilà que les déceptions se montrent ; il résiste, mais il se scinde en deux groupes, celui des rêves vrais et celui des rêves trompeurs, qui ont chacun leur séjour et leur issue. Plus tard le second groupe, à la lumière d'une observation plus savante, se dissipe ; c'est alors un progrès nouveau en distinctions qui s'opère ; on a, selon Hérophile, trois espèces de songes, « ceux qui « sont envoyés par les dieux, ceux qui naissent dans « l'âme même et qui, selon la doctrine d'Aristote,

« peuvent aussi contenir un élément prophétique, et
« enfin les songes mixtes qui viennent du dehors,
« mais appelés par un désir ou par une préoccupation
« de l'esprit (1) ». On ne s'en tient pas là. Sous la
poussée ininterrompue des faits, on va plus loin. Avec
Artémidore, « un songe peut être heureux en soi dans
« sa forme et heureux dans son effet ; malheureux en
« soi et malheureux dans son effet ; mais il peut être
« heureux dans sa forme et malheureux dans son
« effet, ou au contraire d'aspect menaçant et d'effet
« heureux. C'est au devin à juger du caractère du
« songe d'après la fortune ou les habitudes, la préoc-
« cupation ou l'âge du client (2) ». Comme si ce n'était
pas assez, on distingue en outre dans les songes leur
quantité, c'est-à-dire l'énergie et l'intensité des
images ; puis leur *qualité*, dont il y a cinq espèces et
dans chaque espèce une multitude de formes. Enfin
un dernier afflux d'objections provoque une dernière
subdivision, la plus étrange, la plus hardie aussi,
celle des équivalents par laquelle on explique le sens
d'un mot au moyen d'un autre mot de même valeur
arithmétique ; méthode précieuse par la richesse
inépuisable de combinaisons qu'elle rend possibles et
par la liberté illimitée d'interprétations qu'elle prépare. C'est ainsi, pour ne citer qu'un exemple, que
« si un individu âgé de 70 ans entend quelqu'un lui
« dire : « tu vivras 50 ans », il vivra encore 13 ans.
« Car il ne saurait être question des années écoulées,
« puisque leur nombre dépasse 50 ; et, d'autre part,
« il est impossible qu'on ait 50 ans à vivre quand on

(1) Bouché-Leclercq, *Histoire de la Divination*, t. I, p. 297.
(2) Ibid., p. 306.

« en a 70. Ainsi l'individu vivra encore 13 ans, parce
« que la lettre L occupe dans l'alphabet le 13ᵉ
« rang (1) ».

Comme toutes les doctrines de chimère, la divination est en elle-même stérile. Elle a son développement qui consiste à ajouter non des résultats à des
résultats, mais des distinctions à des distinctions, des
répliques à des répliques. Son progrès, comme celui
des spéculations byzantines ou des arguties scolasti-
ques et pour les mêmes raisons, est un progrès de
complication et d'obscurité. La science débute par le
désordre relatif des sens et s'achemine vers des systèmes géométriques de lois. La divination, et à sa
ressemblance toute recherche qui procède de l'illusion,
commence par un ordre relatif et s'achève en chaos.

Cette attitude de l'ignorance précise, ce semble, le
rôle tant discuté de la volonté dans la croyance. La
volonté exerce sur la croyance un pouvoir d'arrêt ;
elle ne fait rien pour la produire, elle fait tout pour la
conserver. C'est qu'elle est la synthèse consciente des
énergies individuelles parmi lesquelles figure la
croyance elle-même. Aussi quand elle s'efforce d'en
maintenir une, au fond c'est pour elle-même qu'elle
travaille. Si parfois elle semble contribuer à l'éclosion
d'une croyance neuve, c'est qu'elle luttait en réalité
pour une autre plus ancienne et que, mettant en
branle toutes les facultés, elle a par celles-ci, mais à
son insu et sans s'y attendre, préparé la nouvelle.
Dira-t-on qu'il y a des cas où elle semble, de parti pris,
orienter l'esprit vers une foi qu'il n'a pas et qu'en fin
de compte il se procure ? Ce serait méconnaître

(1) Bouché-Leclercq, *Histoire de la Divination*, t. I, p. 318-320.

d'abord que la foi ainsi conquise est plutôt une foi retrouvée et qui ne fut jamais entièrement perdue. Ce serait en second lieu oublier qu'une résolution pareille présuppose la pleine, l'absolue conviction du prix infini qui s'attache à la foi désirée et qu'ainsi c'est à légitimer cette conviction qu'elle s'applique. On veut croire parce que d'abord on croit qu'il faut croire.

Mais aussi ce qui ressort de cette ardeur à se défendre, c'est entre l'ignorance et la science une filiation inattendue. Deux idées, dit-on couramment, font la science : la curiosité désintéressée et la préoccupation d'éviter l'erreur. De là l'insistance avec laquelle, dans tous les traités de logique, à la suite de Bacon et de Cl. Bernard, on recommande de bannir les considérations utilitaires et de secouer le joug des idées préconçues, de garder sa liberté d'esprit. Pourtant il y la de de l'exagération. Il n'est pas vrai que le commencement de la science soit la curiosité scientifique. Les exigences de l'échange commercial ont fait l'arithmétique, les nécessités de la vie sociale, routes à tracer, ponts à construire, temples et palais à élever, ont enfanté la géométrie et la mécanique. De leur côté, la physiologie qui dérive de la médecine, la chimie qui est l'alchimie transformée, l'astronomie née de l'astrologie, ont leurs sources dans des besoins profonds et permanents. Les spéculations les plus désintéressées ont dans la loi de l'intérêt leur lointaine origine.

Si le principe de l'utilité a été la base d'élan de la recherche scientifique, c'est l'opiniâtreté à défendre des erreurs, c'est l'obstination dans le préjugé qui l'a façonnée. Toute science en effet suppose, pour pren-

dre conscience d'elle-même, un minimum de résultats
déjà acquis, un petit nombre de vérités décisives,
inspirations de hasard, inattendues et trouvées à force
de tâtonnements. Mais ces tâtonnements, c'est à des
illusions aimées, cultivées avec passion malgré les
échecs, malgré les déboires, que l'homme doit de les
avoir infatigablement essayés, repris, continués. Il est
heureux que l'homme n'ait pas débuté d'emblée par la
réflexion ; né avec l'esprit scientifique, il n'aurait
jamais créé la science. M. Joseph Bertrand (1) a raconté
que, après la découverte de la rotation de la terre, on fit
à Copernic des objections qui, vu les connaissances du
temps, étaient sans réplique. Plus fidèle aux habitudes
d'une critique rigoureuse, Copernic aurait abandonné
son hypothèse. C'est en raccourci le cas de l'humanité. Qu'on se représente une race joignant à l'ignorance l'instinct de réflexion : une première fois
l'imagination l'invite à chercher dans des alliages le
secret de la fabrication de l'or ou bien à surprendre
dans les planètes le mystère de la destinée. Puis
l'expérience, que sa précoce maturité écoute, survient, la détrompe et dissipe à jamais son rêve. Qui ne
voit qu'en même temps elle étouffe dans son germe
toute une famille d'esprits, la longue lignée des son-
geurs patients que leur chimère mena et soutint
toujours ? Qui ne voit qu'avec eux disparaît toute
promesse d'une astronomie ou d'une chimie futures ?

Sans doute l'erreur n'est pas la vérité ; mais le désir n'est pas davantage le vouloir. Et de même que
sans le désir tumultueux et aveugle le vouloir n'est
plus qu'un fantôme, qu'un mot vide, de même la

(1) J. Bertrand, *Les fondateurs de l'Astronomie moderne.*

vérité n'est rien sans l'erreur, sa condition nécessaire.
De son côté et sans nul doute le parti pris expose à
mal observer, à dénaturer les faits. Mais en retour il
est un excitant sans pareil, un incomparable principe
d'énergie et de persévérance. Sur ce point les grandes
découvertes et les grandes illusions disent la même
chose : l'histoire de la pensée est l'histoire d'un
sublime aveuglement.

CHAPITRE VI

L'ignorance et l'intelligence

L'ignorance n'est pas l'*inintelligence*. Celle-ci est une incapacité qui se trahit surtout de deux manières : ou bien elle se rencontre chez l'homme qui, changeant de milieu, tenu de faire face à des difficultés imprévues, conserve sans les varier ses vieux moyens d'action ; ou bien elle est le cas de celui qui, en présence d'explications ou d'expositions suffisamment claires, ne dégage pas de la première les idées, de la seconde les faits qu'elles désignent. En d'autres termes l'inintelligence est l'impuissance à innover et à comprendre. De plus, si l'on remarque que comprendre c'est retrouver derrière un ensemble momentané de signes visibles un autre ensemble momentané de réalités actuellement invisibles, qu'ainsi c'est faire œuvre de pénétration et de divination, on pourra conclure que l'intelligence est surtout l'aptitude à atteindre par delà le donné le non-donné, à découvrir ou à inventer, et que l'inintelligence est le manque complet de ce pouvoir.

Ce n'est là d'ailleurs qu'un caractère négatif, et l'inintelligence, étant une manière d'être, possède en conséquence des attributs positifs. Ils se ramènent au règne de la contiguïté. Des impressions que l'expérience façonne et qu'elle associe suivant des rapports

de simultanéité ou de succession, voilà tout son contenu. L'une d'elles vient-elle à reparaître, les autres
également reparaissent. Le caractère le plus frappant
de la contiguïté est ainsi la répétition, c'est-à-dire la
routine et la monotonie. Celui qu'elle domine tourne
dans un cercle immuable : c'est toute la vie de l'animal, c'est tout l'instinct. Il y a plus : une fois le mécanisme monté, les images défilent dans la conscience
qui laisse faire ; ou plutôt chaque image est, tout le
temps qu'elle dure, la conscience. Celle-ci, captivée
par l'impression présente, a déjà oublié la précédente
et ne pressent rien de celle qui approche. Elle réduit
la portée de son regard à la constatation de son état
actuel. Comme d'autre part, et conformément à une
opinion aujourd'hui en faveur, son intensité est en
raison directe de la quantité ou de la complexité de
ses éléments, il s'ensuit qu'un champ visuel qui perd
en surface par là même perd en netteté. Réduire la
conscience à l'impression du moment, c'est éteindre
sa lumière. La contiguïté toute puissante, c'est la pure
sensation, et la pure sensation n'est qu'une ébauche de
sentiment. L'inintelligence se perd dans l'inconscience.

L'ignorance, au moins dans les races besogneuses
et actives, est tout autre chose. A la torpeur et à la
stérilité elle substitue l'effort vers le nouveau ; elle a
l'abondance et la souplesse, elle a la fécondité. L'expérience toute nue ne lui suffit plus ; elle lui ajoute
des visions jaillies de sources intérieures ; elle incor-
pore au monde des sens un monde de formes imaginaires, toute une flore de contes, de mythes et de
légendes. Elle est donc l'intelligence possible ; mais
elle n'est pas la réflexion : l'intelligence n'est pas

l'entendement. La réflexion, qui est l'entendement en
acte, est aussi la considération de la valeur de nos
idées. A la confiance aveugle de la connaissance spontanée elle substitue la réserve, à la passivité la possession de soi, à la crédulité sans limite l'esprit de
critique et le doute raisonné. Cette attitude entraîne
un certain nombre de conséquences caractéristi-
ques.

Pour examiner une idée, il faut l'avoir présente à
la pensée ; il faut donc entraver le jeu et la poussée
des associations ; il faut immobiliser et retenir ce qui
de soi tend à s'évader. L'automatisme de la contiguïté
se traduit par un flux ininterrompu d'images ; la
réflexion exerce sur celles-ci un rôle d'inhibition :
son premier pouvoir est un pouvoir d'arrêt.

Elle en a d'autres. On ne peut apprécier une idée, —
doctrine ou méthode d'action, — qu'en démêlant
quelles idées l'accompagnent volontiers, la précèdent
ou la suivent, quels sont ses tenants et ses aboutis-
sants. De là un travail de comparaison qui exige la
recherche et le rappel des représentations emmaga-
sinées dans la mémoire. La réflexion ajoute à son
pouvoir d'arrêt un pouvoir d'évocation.

Ce n'est pas tout. La raison déterminante de cet
effort est la nature des résultats, la dose de vérité ou
d'erreur, d'avantages ou d'inconvénients qu'est susceptible de contenir l'idée en question. De là, ses
éléments et ses conditions une fois déterminés, l'obligation de chercher les diverses directions possibles de
ses conséquences. En d'autres termes, la réflexion
appelle la représentation des effets, c'est-à-dire de
l'avenir et du lointain. Elle suppose donc un pouvoir
de prévision, et ceci est l'œuvre propre du raisonne-

ment. La réflexion est un raisonnement qui se cherche, le raisonnement est une réflexion qui s'achève.

Réfléchir c'est avoir simultanément présentes à l'esprit un grand nombre d'idées, dégager leurs rapports, fixer leur portée. C'est donc élargir progressivement le champ visuel de la conscience, donner aux états de celle-ci plus de couleur et plus de relief ; enfin, c'est introduire parmi eux la considération de la finalité.

L'ignorance, c'est-à-dire l'intelligence spontanée, n'est ni la contiguïté pure, ni la pure réflexion. Elle est une espèce mentale intermédiaire à la sensibilité et à l'entendement. Elle est encore un automatisme comme la première, mais elle déjà comme la seconde un pouvoir créateur. Elle est l'exercice de l'association par ressemblance, elle est le règne de l'analogie.

On a voulu réduire celle-ci à l'association par contiguïté, et, par voie de conséquence, l'imagination à la mémoire. Rien de plus exact si l'on n'a en vue que les commencements et les origines où d'ailleurs toutes choses se confondent. A vrai dire, la contiguïté pure n'existe pas, et la définition qu'on en donne d'ordinaire est fausse. Que dit-on en effet ? Deux ou plusieurs états de conscience s'étant produits simultanément ou successivement, la réapparition de l'un entraîne la réapparition des autres. En réalité un état de conscience ne se reproduit jamais. Pas plus que notre nature physique, il n'échappe à la loi du changement. Les circonstances ont beau être dans l'ensemble les mêmes aujourd'hui qu'elles étaient hier, qu'elles furent autrefois. Le monde a vécu depuis, et ce n'est plus le même air que nous respirons, ce n'est plus le même soleil qui brille ; les bouffées de l'un, les rayons de l'autre ne déterminent plus en moi les mêmes impressions. Qu'est-ce à dire sinon que la ressemblance intervient dans toutes les conséculions mentales? Une sociélé d'i... ?es s'est-elle une fois édifiée : si, par la suite, l'e? ... a ice éveille une représentation très ressemblante ... 'une de celles qui composent cette société, tout l'ensemble remontera à la mémoire.

Mais c'est là un cas limite. Il faut alors que les ressemblances emportent les différences, ou plutôt qu'elles les étouffent ; il faut que les caractères distinctifs passent inaperçus. C'est ce qui arrive journellement, soit que la sensation actuelle de la faim ramène le cortège d'actes et d'images qui d'ordinaire accompagnent une sensation de même nature, soit que la rencontre d'un ami, qu'on n'avait plus revu depuis longtemps, ressuscite le souvenir des émotions traversées jadis en commun. Mais ce cas extrême n'est pas le seul. Il y en a d'autres, avec une infinité de degrés, depuis les ressemblances frappantes, depuis celles à qui les différences font pour ainsi dire équilibre, jusqu'à celles qui se dérobent derrière des apparences contraires, secrètes et fuyantes analogies, dont la découverte est la gloire des savants et des poètes.

La loi de ressemblance rentre dans la loi de contiguïté tout le temps que les divergences échappent à la sensation. Celles-ci, inaperçues, n'agissent pas; n'agissant pas, elles n'existent pas. Mais dès l'instant que les caractères différentiels se montrent, l'association par ressemblance apparaît, et à mesure que son domaine s'étend, à mesure que son action s'affermit, de plus en plus elle se dégage, s'affranchit, s'élève à l'existence propre et à l'indépendance.

Il y a plus : non seulement elle n'est pas une variété de la consécution, mais elle est une réaction et une lutte contre celle-ci. Des objets de toute forme, des choses de toute nature sont données : elle les rassemble des points extrêmes de l'horizon, elle les embrasse et les domine, elle les dépasse pour atteindre par derrière elles aux profondes et mystérieuses affinités. Or ce travail n'est possible qu'à la condition de défaire ce que la contiguïté a fait. Les choses qui diffèrent entre elles sur un grand nombre de points, que ne rapprochent ni leur aspect, ni leur rôle, ni leurs effets, n'ont que peu de chances de figurer dans un même ensemble ; elles vivent isolées, étrangères les unes aux autres ; aussi les groupes de représentations qu'elles constituent s'ignorent-ils, et ils constituent à leur tour autant de systèmes fermés. L'esprit qui paresseusement s'abandonne à leur action, jamais de lui-même ne passe d'un de ces cercles à l'autre ; au contraire la présence de l'un écarte et empêche la présence des voisins. Seule, une impression inattendue, d'origine extérieure, chasse le groupe installé et en amène à sa place un nouveau.

Tout autrement se comporte un esprit plus actif et plus hardi. Celui-ci prétend jouer à l'égard de ses propres images un autre rôle que le rôle de prisonnier. Secouant le joug de leurs relations primitives, il sépare celles que l'expérience avait réunies, rapproche celles que la même expérience maintenait séparées. Par lui les choses les plus éloignées, de la matière inanimée, de la vie, de la pensée, se donnent la main, fraternisent dans l'harmonie de leurs fonctions et de leurs destinées. Pourtant si, par ses audaces, il dépasse de haut le pur automatisme, il ne s'en affranchit pas tout à fait. C'est que son attitude à l'égard des analogies reste la même qu'à ses débuts à l'égard des consécutions. Indistinctement il accepte les premières, il subit leur action, il proclame leur vérité, avec la confiance docile, l'aveuglement qu'il montrait envers la contiguïté. Pour lui comme pour l'instinct l'apparence est la règle souveraine. Seulement l'apparence s'est étendue et s'est compliquée, elle est devenue l'invention ajoutée à la sensation, elle est la synthèse du réel et de l'imaginaire.

L'intelligence spontanée est ainsi tout entière dans l'imagination divinatrice, dans ses inspirations soudaines. Bien supérieure à la pure sensibilité, elle retient néanmoins de celle-ci un de ses traits les plus saillants, qui est la passivité. Par là elle se sépare de la réflexion, que caractérise une attitude toute contraire. Elle en diffère aussi par son action, par le mode d'assemblage de ses éléments.

Ce mode d'assemblage nous est connu. Une analogie étant donnée, les deux termes qu'elle relie rapprochent point par point, suivant des rapports de contiguïté, les deux ensembles dont ils font partie. L'intuition première n'est qu'une base d'élan ; le travail qui suit est l'analogie propagée et systématisée. On pressent dès lors en quoi une construction de l'ignorance se distingue d'une construction de la réflexion, c'est-à-dire du raisonnement. Le point de départ de l'une est l'intuition individuelle et accidentelle pleinement acceptée ; le point de départ de l'autre est un principe éprouvé, général et permanent, ou bien une divination momentanée, mais maintenue au rang des conjectures, une vue provisoire, une hypothèse. Dans la première, l'analogie initiale, outre qu'elle annonce et prépare l'élaboration ultérieure, en est aussi la pièce capitale, le moment essentiel, la raison d'être ; elle est à la fois principe et fin. En revanche, dans le raisonnement, le principe, quelle que soit sa valeur, n'est pas tout ; ce n'est pas pour lui que les conséquences qu'il détermine se montrent ; au contraire il est là pour elles ; seules, les conclusions intéressent et comptent ; seules, elles sont la raison du raisonnement, son but et sa fin. Ce n'est pas tout. Autour de l'intuition première comme autour d'un noyau s'amassent spontanément les images associées ; d'elles-mêmes, les consécutions agissent, procurent et situent les éléments ; si l'analogie commence et par la suite colore de ses reflets les assemblages de l'intelligence spontanée, c'est la contiguïté qui les continue et qui les achève. Le raisonnement procède d'une autre manière. Lui aussi emploie la contiguïté, emprunte à celle-ci ses éléments ; mais au lieu de les accepter pêle-mêle, il opère en eux un triage ; il est un choix parmi les associations. De là une dernière différence. Les rapports des diverses parties du raisonnement sont plus étroits, plus solides, leur intimité plus profonde. Elle l'est tellement que les idées semblent naître les unes des autres. Au contraire, dans les constructions mentales de l'ignorance, les pièces de l'ensemble, bien que soudées, restent distinctes. L'analogie centrale agit sur elles en quelque sorte par aimantation. Un raisonnement est une déduction, c'est-à-dire une génération. Le produit de l'ignorance est une coordination spontanée, un travail d'agglutination.

Les résultats ne diffèrent pas moins que les détails de structure. La réflexion, c'est par-dessus tout la

préoccupation des conséquences, le souci du succès
lointain. Aussi vise-t-elle par delà la liaison des idées
en un même raisonnement, la liaison de plusieurs
raisonnements en un seul. L'entendement, c'est la
faculté des doctrines et des théories, c'est le besoin
d'ordre dans les pensées, c'est l'aspiration vers
l'accord et vers l'unité. Non pas que l'unité et l'accord
soient toujours réels. Bien peu de systèmes échappent
entièrement à la contradiction. Même celle-ci se
glisse dans l'intérieur d'un raisonnement en cours ;
elle se loge jusque dans les idées, comme en témoignent les concepts d'atome ou de vitesse infinie.
C'est que le principe d'identité est loin d'être, comme
on se l'imagine, le ressort positif et efficace de l'esprit ;
il est plutôt pour celui-ci un objet de désir qu'une
nécessité ; il est un idéal plus qu'une réalité. Pourtant
si la contradiction a sa place dans les produits de
l'entendement, elle l'a à l'insu de celui-ci, malgré lui,
malgré ses efforts pour l'éviter. Elle marque la part
des inévitables défaillances. Mais l'usage défectueux
d'un instrument n'empêche pas l'existence de l'instrument. Aussi la réflexion reste-t-elle la recherche
dans les idées de leur suite et de leur enchaînement,
la cohésion sinon possédée, du moins recherchée,
sinon à l'état d'acte, du moins sous forme de tendance.
Elle est ainsi une vue qui élargit sans cesse ses hori-
zons. A la limite, elle est la réflexion philosophique,
la plus haute peut-être, à coup sûr la plus ambitieuse,
celle qui prétend comparer entre elles toutes nos
idées, toutes les réunir en un seul ensemble, toutes
les embrasser d'un seul coup d'œil.

Rien de tel dans l'ignorance. Celle-ci procède par
créations intermittentes et isolées. Qu'une intuition

la traverse, fasse son œuvre, et de proche en proche
s'épanche à travers toute une société d'images, l'ignorance laisse faire. L'intelligence est tout entière à
l'édifice mental qui peu à peu s'élève, captivée par
celui-ci, oublieuse de tout le reste. Elle se comporte
ainsi à l'égard du travail en cours comme la sensibilité à l'égard de la représentation présente. Elle ne
voit que l'assemblage en train de se façonner ; elle
perd de vue ses productions de la veille, les croyances
ou les mythes antérieurement constitués. Pareillement elle poursuit son œuvre actuelle, indifférente
aux conséquences, indifférente aussi aux inspirations
à venir, qui peut-être détruiront en partie l'inspiration du jour. Elle limite donc la portée de son regard
à un seul système, à celui que dans le moment présent elle contemple ou crée. Son champ visuel, plus
étendu que celui de la pure sensibilité, en revanche
l'est moins que celui de la réflexion. De là tout autre
chose entre ses pensées que l'accord voulu et cherché.
L'inspiration naît des circonstances, soudaine et imprévue comme celles-ci. Elle déroute l'attente,
échappe au calcul ; elle jaillit tout entière d'un seul
coup, comme une fulguration. Elle n'a par suite avec
les autres inspirations d'un même esprit, à plus forte
raison d'esprits différents, aucun rapport préor-
donné, elle ne supporte avec celles-ci aucune dépendance nécessaire. Elle existe par elle-même, elle se
suffit dans sa pleine liberté. Or elle est, nous le savons,
l'intuition mère, la vision génératrice de toute une
société d'autres représentations qui se ramassent
autour d'elle, se cherchent et s'organisent en un
système complet. Dès lors ce que l'analogie première,
conçue ou découverte, est aux autres analogies,

l'édifice qui dérive d'elle l'est aux autres assemblages. Lui aussi s'élève indépendamment de ceux-ci, sans eux ; lui aussi les ignore, et en retour est pour eux un étranger ; lui aussi constitue une réalité isolée, une individualité affranchie de toute pression extérieure, vivant par elle-même. L'entendement s'occupe de démêler parmi les idées leurs points de contact, par où elles se tiennent, leurs communes relations et leurs mutuelles dépendances. Au contraire l'intelligence spontanée laisse ses inventions se former d'elles-mêmes et s'épanouir à leur gré, suivant leurs aspirations intimes. Ses poèmes, ses légendes, ses mythes germent et grandissent, chacun d'eux libre dans sa sphère, maître de ses contours et de sa direction. Ils émergent au hasard à la surface de la conscience comme à la surface de l'océan des ilots épars. De là l'incohérence qui les guette et les envahit.

On ne la rencontrerait pas, il est vrai, dans le contenu de chaque construction envisagée isolément. Celle-ci essentiellement se ramène à la fusion de deux séries d'apparences distinctes, ce qui revient à l'acte d'attribuer à un groupe déterminé de formes un groupe déterminé de fonctions, ou plus simplement à un objet donné une qualité donnée. Or il peut y avoir une contradiction pour nous à concevoir comme vivant un corps inerte, puisque ce serait dire d'une chose qu'elle est animée et inanimée. Mais la contradiction n'existe pas pour l'ignorance qui, entre le règne de la matière et le règne de la vie, ne tire aucune ligne de démarcation tranchée.

On ne la trouverait pas davantage dans les rencontres de l'imagination et de l'expérience. On a vu que les surprises de celle-ci ne sont pas pour effrayer celle-

là. D'ailleurs et le plus souvent, à l'égard des enfante-
ments de l'imagination, l'expérience reste muette, et
son silence n'est pas nécessairement un désaveu.
Une propriété peut être tout ensemble réelle et invisible, soit que, par la distance dans l'espace ou dans
le temps, elle dépasse la portée du regard, soit que
l'objet qui la possède, maître comme toute chose de
ses mouvements et de ses actes, la dissimule derrière
d'autres qualités et la laisse prospérer dans l'ombre.
Les conceptions de la pensée peuvent avoir toutes les
audaces, être capricieuses, être fantastiques, sans être
incohérentes. L'incohérence n'est pas dans le contraste d'une réalité affirmée et non constatée, elle ne
résulte pas du désaccord de la sensation et de l'invention. Elle se trouve dans le conflit des sensations entre
elles ou bien des édifices d'images entre eux, quand
les uns ou les autres se rapportent à un même objet.
C'est en effet le résultat auquel aboutit l'ignorance, et
d'autant plus sûrement qu'elle est plus intelligente,
plus féconde, plus hardie. Alors elle ne s'en tient pas
à quelques rares et timides rapprochements, elle ne
se contente pas d'un petit lot de pauvres et pâles
combinaisons ; sans cesse elle varie, renouvelle et
multiplie celles-ci. Il arrive ainsi qu'en un même
objet, comme le soleil ou comme la lune, qu'en un
même phénomène, comme l'atmosphère ou comme
l'orage, elle démêle successivement des analogies
avec plusieurs formes, plusieurs êtres entre eux tout
à fait différents. De là l'abondance dans les grandes
mythologies des métamorphoses qui se repoussent,
des aptitudes prêtées à une même force et qui
s'excluent. Par exemple la lune est tour à tour une
vache céleste et une chasseresse ; la même divinité

aura donc tour à tour deux bras ou quatre pieds.
Par exemple encore : « Zeus est le premier de
« tous les êtres, et cependant il a un père et une
« mère. Il est tout puissant, et cependant son
« enfance et sa jeunesse ont eu à traverser de
« périlleuses épreuves. Il est le plus majestueux des
« dieux, et sa majesté s'abaisse à de honteuses fai-
« blesses et se compromet dans de scandaleuses aven-
« tures d'amour (1). » Le même Zeus, et, à sa ressemblance, en Perse Ormazd, dans l'Inde Varuna et Indra,
tous dieux brillants et éclatants, ont le soleil pour
œil, ce qui ne les empêche pas, remarque Darmesteter, d'avoir deux yeux. « Seul, ajoute-t-il, Odin est
« resté borgne jusqu'au bout. » Pareillement enfin,
dans les Védas, le ciel et la terre sont conçus tantôt
comme le père et la mère de toutes choses, tantôt
comme les deux milieux d'où tout sort, les deux ma-
trices d'où tout s'élance, les deux femelles qui simultanément enfantent le monde. « Les Orientaux, dit
« M. V. Bérard (2), acceptent de leurs prêtres une
« doctrine déraisonnable sur la nature, la naissance
« et la mort de leurs dieux. Ils réunissent autour de
« leurs déesses les épithètes les plus contradictoires :
« vierges et mères, filles et femmes, vie et mort, mala-
« die et santé, enfance et éternité; .....elles s'appellent
« la Toute-Bonne et la Furieuse, la Sainte et la Pros-
« tituée, la Céleste et l'Infernale; elles sont myrio-
« nymes parce qu'elles contiennent toutes les idées. »
Le principe d'identité, en un sens le plus ancien
dans l'esprit, en un autre est le plus récent. Il som-

---

(1) M. Decharme, *La Mythologie grecque*, p. 35.
(2) V. Bérard, *Cultes arcadiens*, p. 318.

meille dans l'intelligence spontanée. Sans ombre d'inquiétude, celle-ci élabore et accepte les antinomies les plus palpables. Le passage de ce principe à l'acte est le signe que la réflexion s'éveille.

Le mécanisme et les effets de l'ignorance décident de ses avantages et de ses inconvénients. Elle est en effet et tout ensemble force et faiblesse. Son entière confiance envers ses créations propres, sa complète absence de scrupule sur leur contenu et sur leur portée, l'accueil également favorable qu'elle assure à toutes, aux plus étranges et aux plus disparates, la préserve des timidités et des lenteurs de la réflexion, au contraire excite puissamment en elle la fécondité mentale. D'autre part toute activité jouit de son propre essor, et, par cette jouissance même, prolonge, renouvelle celui-ci. Pareillement l'intelligence spontanée, libre dans ses mouvements, à qui chacune de ses œuvres est, par le fait même de son apparition, une joie, s'exalte par le sentiment de son action triomphante ; elle redouble d'ardeur, multiplie les inventions ; avec l'insoucieuse magnificence de la prodigalité, elle projette incessamment le feu d'artifice de ses fantaisies, guerriers fabuleux, fantômes insaisissables, mystérieuses divinités qui peuplent et mènent l'univers. Heureuses dans les races bien douées les imaginations de poète qui ont vécu cet âge éteint sans retour ! A l'abri du doute et de ses misères, elles ont, dans le monde enchanté de leurs rêves, savouré longuement les voluptés de la méditation songeuse. Au hasard et dans tous les sens elles ont poussé leur curiosité, promené leur contemplation. Autour des

hautes conceptions mythiques elles ont enroulé leurs
légendes, entrelacé en lianes leurs contes merveilleux.
Ainsi elles ont, comme le soleil des tropiques, créé
toute une végétation exubérante et sauvage de visions
et de sentiments. Les grandes poussées de l'ignorance
sont les forêts vierges de la pensée.

La volonté continue l'intelligence, et quand le doute
épargne l'une, l'indécision épargne l'autre. C'est le
cas, il est vrai, de l'instinct. Mais celui-ci est la renais-
sance continuelle d'un désir unique ; de là sa pauvreté
et le cercle étroit où il se meut. En revanche, une
intelligence enlevée au dessus de la stérile contiguïté
dans le domaine sans limites de l'analogie multiplie
à l'infini, en même temps que ses visions, ses besoins.
D'autre part, sa foi qui attribue au réel et à l'imaginaire une égale consistance, assure à la volonté une
audace qui successivement, avec le même calme, avec
le même élan, poursuit tous les objets de désir, les
plus chimériques comme les plus accessibles. Aussi
elle la lance dans les lointaines aventures, elle lui fait
braver toutes les difficultés et tous les périls ; elle
entraîne les armées des Pharaons vers le nord jusque
dans la vallée de l'Oronte, vers le sud dans le voisinage des sources du Nil ; elle précipite les troupes
assyriennes sur les plateaux de l'Iran et à travers les
neigeux défilés du Taurus ; elle pousse les barques
phéniciennes de rivage en rivage, tout le long des
côtes méditerranéennes, et, plus loin, en plein océan,
de la Bretagne aux îles Fortunées, malgré les écueils,
les tempêtes et les brumes. Elle enfante les conceptions colossales, les ambitions gigantesques d'où, au
prix de longues guerres, les grands empires sont
sortis ; elle crée les premières civilisations.

Toutefois ces spendeurs cachent des misères.
L'ignorance, en effet, souffre de deux inconvénients.
D'abord elle n'a pas de méthode. La méthode est
l'obéissance à des règles fixes : or l'imagination n'a
pas de règles ; elle s'abandonne aux caprices et aux
hasards de ses inspirations. Celles-ci jaillissent d'elles-
mêmes, et l'intelligence les accueille au fur et à mesure
qu'elles s'élaborent. De là pour l'ignorance une évidente infériorité. Ses assemblages appuyés à des analogies initiales tiennent de celles-ci leur consistance
et leur valeur. Or, dans la multitude des ressemblances qu'elle croit découvrir parmi les êtres, les
plus nombreuses, préparées par des coïncidences fortuites, suggérées par d'accidentelles relations, sont
tout en surface, sans portée et sans fondement. Aussi
la plupart de ses interprétations et de ses desseins
sont-ils à base de chimère. Son lot, comme celui de
la nature, est, du point de vue des résultats définitifs,
l'effort d'ordinaire stérile, une énorme déperdition de
forces, un vaste gaspillage. Des centaines de semences
dans certaines espèces végétales meurent, des milliers
de germes chez les animaux périssent, pour qu'une
plante, pour qu'un animal naisse et grandisse. De
même la pensée dans l'ignorance prodigue follement
conceptions et entreprises pour atteindre à une vérité
ou à un succès. Astrologues et alchimistes égarent
dans un océan d'erreurs quelques purs joyaux, çà et
là une observation exacte, une précieuse découverte.
Pareillement, bien des empires naissants se sont
évanouis, bien des civilisations commençantes ont
avorté dans les larmes et le sang, lourde rançon de
celles qui devaient aboutir.

L'autre inconvénient est l'absence de progrès. Le

progrès tient dans la science à une idée directrice,
qui est la croyance à un déterminisme naturel, et, par
suite, à une mutuelle dépendance de chaque chose
avec toutes choses, de chaque maille avec tout le
réseau. L'ignorance, on l'a vu, part d'une idée bien
différente : elle fait du monde une collection de forces indépendantes, d'énergies libres et étrangères les
unes aux autres. De plus ses propres inventions, de
la même manière, constituent des ensembles sans
lien, des systèmes clos. Il s'en suit que la formation
de l'un n'aide nullement à l'élaboration de l'autre. Au
lieu de l'appui fécond que, dans la réflexion, les idées
se prêtent, au lieu de l'accumulation progressive des
résultats, capital qui va toujours grandissant, œuvre
de tous et qui appartient à tous, c'est à chaque objet
nouveau qui se montre, à chaque difficulté nouvelle
qui se lève, un travail toujours aussi intense de combinaison et d'invention qui reparaît et s'impose. Chacune de celles-ci, loin de continuer la précédente, est
à elle seule tout un édifice qu'il faut reprendre dès les
fondations. L'intelligence spontanée, comme l'art,
comme la poésie, est un perpétuel recommence-
ment.

Mais s'il en est ainsi, son œuvre vaut ce qu'elle-
même vaut. La fortune de la première suit la fortune
de la seconde. Celle-ci plus vigoureuse fait celle-là
plus riche, tandis que le déclin de l'une entraîne un
appauvrissement correspondant de l'autre. Et ainsi
non-seulement le progrès fait défaut, mais la certitude de se maintenir et de vivre manque. C'est en effet
un caractère propre à l'ignorance que ses plus hautes
inspirations sont aussi fragiles que magnifiques. Dans
le domaine de la pensée comme dans le domaine de

l'action elle réalise des prodiges ; puis un accident survient, un hasard de bataille, une soudaine fatigue de produire, et bientôt il ne reste rien de ce qui fut parfois une poussée splendide de visions et de rêve.

Pourtant tout ne se perd pas sans retour. Sous les mirages qui à la longue se dissipent, sous les illusions qui s'envolent, sous les écroulements d'institutions et de peuples, peu à peu un résidu se dépose de connaissances solides et de règles sûres, levain latent de science et de sagesse. De ce moment commence pour l'intelligence qui se transforme une destinée tout autre. Non pas que toute ignorance et toute spontanéité disparaissent. Au contraire l'irréflexion persiste à côté de la réflexion ; toutes deux coexistent avec des rapports mutuels qu'on pourrait dégager. L'ignorance prolonge son action parallèlement à la science ; il lui arrive même de pénétrer celle-ci, de lui imposer en partie ses vues et ses goûts. Mais son rôle a cessé d'être dominateur, sa foi dans l'apparence a cessé d'être entière, sa raison se métamorphose en un autre raison armée de nouveaux organes, prête à de nouvelles fonctions. C'est dans l'histoire de la pensée une ère nouvelle qui commence.

TABLE DES MATIÈRES

DEUXIÈME PARTIE

IMPRIMERIE BARBIER-MARILIER — DIJON

ERRATUM

P. 181, lignes 22-23. *Au lieu de* : « les préoccupations immédiates, de même que l'individu, l'absorbent. » *Lire* : « les préoccupations immédiates l'absorbent de même que l'individu. »

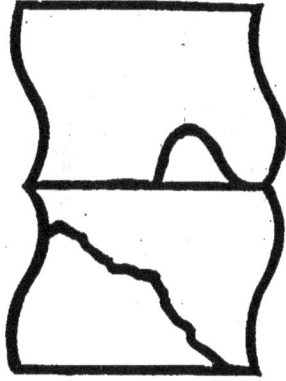

Texte détérioré — reliure défectueuse

NF Z 43-120-11

EXTRAIT DU CATALOGUE

Coulommiers. — Imp. PAUL BRODARD. — 1051-98.

www.ingramcontent.com/pod-product-compliance
Lightning Source LLC
Chambersburg PA
CBHW050510270326
41927CB00009B/1985